BIBLIOTHÈQUE DE PHILOSOPHIE EXPÉRIMENTALE
Directeur E. PEILLAUBE

III

DIEU

L'Expérience en Métaphysique

par

Xavier MOISANT

PARIS
Marcel RIVIÈRE, ÉDITEUR
30, Rue Jacob
1907

DIEU

L'Expérience en Métaphysique

BIBLIOTHÈQUE DE PHILOSOPHIE EXPÉRIMENTALE
Directeur E. PEILLAUBE

III

DIEU

L'Expérience en Métaphysique

par

Xavier MOISANT

PARIS
Marcel RIVIÈRE, ÉDITEUR
30, Rue Jacob
1907

DIEU

L'EXPÉRIENCE EN MÉTAPHYSIQUE

INTRODUCTION

OBJET ET BUT DE L'OUVRAGE

1. On étudiera, dans ce travail, une question de méthode : les rapports de l'expérience et de la dialectique en théodicée. — 2. Le point de vue logique est distinct, mais non séparable, des points de vue psychologique et apologétique. — 3. Les doctrines en théodicée peuvent se classer d'après leur esprit plus ou moins expérimental. — 4. La controverse actuelle relègue au second plan certaines questions vivement discutées autrefois, et introduit dans la théodicée certaines préoccupations théologiques. Le plan de ce travail ne pouvait être purement logique et théorique. — 5. L'expérience et la méthode scolastique.

1. — Nous voudrions préciser ici la part de l'expérience et la part du raisonnement, le rôle de l'analyse et celui de la logique, la proportion de vérité constatée et de vérité déduite, dans les thèses principales de la théodicée.

C'est, d'abord, une question de *méthode et de logique appliquée* que nous allons discuter. Il est vrai que les rapports de l'expérience et de la dialectique intéressent les autres branches de la philosophie. Il est vrai que la psychologie et la cosmologie ne doivent pas moins recourir à l'observation que la théodicée. Mais plus volontiers, on fera large part à l'expérience en psychologie ou même en cosmologie. Le rôle de la méthode expérimentale en théodicée semble plus réduit, pour ne pas dire nul. A tel point que le seul titre de cette étude, où nous juxtaposons les mots d'expérience et de théodicée, pourra sembler paradoxal et contradictoire à plusieurs lecteurs. Ils se diront : l'induction a-t-elle prise sur l'existence de Dieu, comme sur les faits du monde externe ou interne? Peut-on constater cette divine existence, comme l'on constate la dilatation d'une barre de fer, ou la vérifier, comme l'on vérifie la loi de la chute des corps? Qu'un ignorant ou un téméraire s'avise de méconnaître une des lois relatives à la chaleur ou à la pesanteur : le démenti de l'expérience ne se fera pas attendre. Qu'un homme agisse en négateur et en blasphémateur de la divinité : il ne se blessera à aucune réponse expérimentale, il n'entendra pas ce plaintif gémissement de la nature dont parle saint Paul, il pourra répéter à son aise ce que disaient ses lointains devanciers en incrédulité : *Quid mihi accidit triste?* L'existence de Dieu ressortit-elle vraiment au tribunal de l'observation? Comment appeler expérimentale une doctrine qui échappe à la vérification ?

Ces objections, qui ne pourront trouver une solution qu'au terme de ce livre, nous justifient peut-être, dès maintenant, d'étudier le rôle de la méthode expérimentale dans les matières de la théodicée. Si l'entreprise paraît téméraire, c'est donc qu'elle n'est pas oiseuse ou indifférente. Si l'on juge le problème insoluble, c'est donc que la solution n'en est pas évi dente à tous les yeux.

Quand on remarque la multiplication des théories autour de certains sujets, par exemple dans la question du mal et de la Providence, on est à bon droit tenté d'examiner si le problème est bien posé et s'il est traité d'après une méthode définitive. Puisque tant de laborieux raisonnements ne parviennent pas à faire accepter des esprits, que Dieu n'ait pas créé un monde meilleur, il est naturel de vérifier les données initiales non moins que les connexions dialectiques, à moins qu'on ne préfère abdiquer et se soumettre au pessimisme.

L'occasion nous sera offerte de rechercher s'il importe plus, en théodicée, d'élargir et d'approfondir l'expérience, que de perfectionner le mécanisme du raisonnement. Nous verrons s'il s'agit d'étirer les données de l'observation intégrale par je ne sais quelle traction extérieure, ou bien d'en suivre le développement interne et spontané. Nous étudierons où, comment et dans quelles limites, intervient l'expérience.

2. — Au terme de cette discussion, qui peut sembler, au premier abord, pure affaire de méthodologie, nous serons peut-être en face de résultats intéressants pour la *psychologie* et pour l'*apologétique*.

Suivant, en effet, que nous aurons trouvé plus importante et plus laborieuse en théodicée, la part de l'expérience ou celle de la déduction, nous saurons que l'athéisme, considéré dans son inspiration générale et dans ses causes intellectuelles, dénote surtout manque d'observation ou bien vice de logique ; nous saurons s'il convient plutôt d'inviter l'athée à mieux regarder ou à mieux raisonner ; à moins que l'observation et la dialectique ne nous apparaissent, en théodicée, chargées de rôles également importants, et qu'il faille maintenir l'une et l'autre au premier plan. En ce cas, nous devrions accuser l'athée, tout à la fois, d'inexpérience et d'illogisme. Il faudrait conclure qu'il méconnaît, tout ensemble, les lois de la nature et celles de la pensée.

Non seulement l'athée proprement dit, c'est-à-dire le négateur de la divinité, nous apparaîtra ainsi d'un nouveau point de vue. Non seulement la question première de la théodicée, celle qui concerne l'existence même de Dieu, se présentera sous un aspect particulier. Mais nous connaîtrons mieux et les autres adversaires que rencontre la théologie naturelle, et les autres sujets qu'elle discute.

Qu'un esprit reste profondément troublé par le problème de la personnalité divine, ou par le problème du mal ; que, pour résoudre le premier, il se réfugie dans un agnosticisme voisin du panthéisme, ou que, désespérant d'apporter au second une solution qui concilie l'Infinie Perfection de Dieu et la réalité du mal, il retombe sur quelque système inspiré du dualisme manichéen : il y a lieu encore de rechercher où finit l'erreur d'observation et où commence la faute de calcul.

S'il était possible de montrer que les partisans du Dieu impersonnel ou du Dieu fini subissent, soit une illusion d'ordre expérimental, soit une illusion d'ordre rationnel, l'objet de la controverse ne serait-il pas, du même coup, délimité ? Ainsi la psychologie montrerait la route à l'apologétique.

Enfin, en-deçà des frontières de la théodicée traditionnelle, au sein même de la grande famille orthodoxe, parmi les partisans du Dieu Un, Personnel, Infiniment Parfait, des discussions se poursuivent. Nous ne pourrons régler, ni même exposer dans cet ouvrage, tous les débats soulevés en théodicée. Mais, du point de vue de la méthode expérimentale, tous s'éclaireront peut-être d'une lumière nouvelle.

Est-ce Dieu qui détermine la liberté humaine à agir dans tel sens ou dans un autre ? Est-ce l'homme qui, dans ses actes libres, use ou abuse à son gré d'un concours que Dieu met volontairement à sa disposition ? On sait que l'alternative n'est point tranchée d'un commun accord. Dieu a-t-il fixé, tout d'abord, le nombre des élus et, comme moyen pour obtenir cette fin, le genre et la quantité des secours qu'il distribuerait à chaque homme ? Ou bien, la récompense comme le châtiment ne sont-ils que la conséquence, ratifiée par le vouloir divin, de l'usage bon ou mauvais des secours libéralement accordés à toutes les âmes ? Il se trouve des esprits que satisfait le premier membre de l'alternative. Les autres y voient la négation même de la justice divine.

Pourquoi ne peut-on se convaincre de part ou d'autre ? Comment se fait-il que les adversaires ne puissent se communiquer la persuasion dont chacun semble animé ? D'où vient que des esprits, parfois si ouverts, nous apparaissent ici impénétrables et isolés, véritables monades sans portes ni fenêtres par où puisse se propager leur pensée, ou entrer la pensée d'autrui ? Fixer, dans cet antagonisme, l'influence de la dialectique et le rôle de la méthode expérimentale, ce ne serait pas, bien probablement, le résoudre. Un bienfait de paix et de clarté serait pourtant obtenu, si, en expliquant aux deux groupes opposés le mécanisme et la psychologie de leurs théories respectives, on précisait d'autant les causes de leurs divergences.

Je ne sais si, dans la vie sociale, il y a toujours profit à rechercher et à critiquer les raisons des malentendus et des dissentiments. L'homme d'action ne doit pas faire trop de psychologie. L'art de vivre en société ressemble à celui de la lecture. Il faut savoir glisser, atténuer, sauter parfois, ou « faire des coulées », et non pas s'appesantir sur tous les mots, et marteler chaque syllabe. La prétermission ne joue pas le même rôle en philosophie ; bien que là aussi on doive parfois laisser tomber, négliger, oublier. Mais, quand deux doctrines se heurtent, il convient de préciser impitoyablement les raisons des antinomies essentielles. Ainsi l'on circonscrit le débat. On supprime, en les expliquant, les divergences secondaires.

Le présent travail voudrait donc être psychologique et atteindre, fût-ce dans une mesure restreinte, un résultat de conversion ou de pacification.

3. — En tout cas, nous espérons faire œuvre de *classification*, et éclairer d'une certaine lumière l'histoire de la théodicée.

L'esprit qui parcourt cette vaste portion du champ de la philosophie s'aperçoit qu'ici comme ailleurs les routes ou les sentiers ne forment pas des lignes parallèles, mais qu'ils s'entre-croisent et dessinent des carrefours où le voyageur se voit en demeure de prendre parti. Deux directions générales, qui peuvent elles-mêmes se ramifier, sollicitent en sens inverse la pensée humaine à chacune de ces étoiles. Chaque fois, c'est un dilemme qu'il faut trancher.

Appliquant la méthode expérimentale au choix des questions que nous allons étudier, comme au détail des analyses qui vont suivre, nous observerons, dans ce travail, l'ordre historique et le mouvement de la pensée religieuse, plutôt que le plan tout spéculatif d'une théodicée purement rationnelle. Nous omettrons des questions qui, du point de vue théorique, s'imposeraient ; et nous discuterons, d'autre part, tel problème étranger à la théodicée rigoureusement définie et enclose dans les limites traditionnelles.

4. — Quel que soit le principe de répartition qu'on admette, au premier plan le même dilemme se pose toujours : Dieu existe ou il n'existe pas.

Il est doué, ou non, d'une existence personnelle.

Il nous permet d'entrevoir quelques-uns de ses attributs, ou il nous les dérobe tous.

Il est, ou il n'est pas, la Providence du monde.

Problème de l'existence de Dieu, problème de sa personnalité et détermination de ses attributs, problème du mal : la logique voudrait peut-être que ces divers problèmes n'en fissent qu'un, car elle ne conçoit guère un Dieu qui ne posséderait pas les attributs de la personnalité et le caractère de la Providence. Rationnellement, la solution du premier dilemme détermine la solution des autres questions.

L'histoire et la psychologie ne permettent pourtant

pas ce genre de simplification. Nous devons remarquer que des esprits convaincus de l'existence de la divinité se demandent si elle est, comme nous, douée de conscience personnelle. C'est un fait, qu'après avoir reconnu que Dieu existait, certains hommes se prennent encore à douter de Lui, parce que le spectacle du mal les scandalise.

C'est-à-dire que, de nos jours, trois ou quatre grandes questions jalonnent le terrain de la théodicée. A ces embranchements surtout, l'esprit humain hésite, et finalement doit faire une option décisive.

L'expérience psychologique nous permet-elle de découvrir, ou de pressentir, le Dieu du christianisme : telle sera la dernière alternative de notre théodicée.

Pourquoi omettons-nous certains problèmes classiques de l'ordre rationnel? Pourquoi posons-nous celui-ci, qui est de l'ordre théologique?

Du point de vue spéculatif et didactique, il convient de se demander si Dieu est unique ou multiple. Mais à notre époque, où les esprits se partagent entre l'athéisme, un panthéisme plus ou moins consenti, et le spiritualisme chrétien, l'intérêt se porte d'un autre côté. A notre époque, William James est l'auteur le plus célèbre, sinon le seul, qui montre quelque indulgence pour une hypothèse polythéiste. Quant à la solution dualiste, que propose le Dr Flournoy, pour répondre au problème du mal, et qu'il renouvelle, en somme, du manichéisme, elle ne compte guère de partisans. Cette dernière théorie, du reste, se rattache plus naturellement à l'étude de l'action divine dans le monde et reviendra dans la discussion de notre troisième dilemme.

Théoriquement, il faudrait encore examiner si Dieu est corporel ou spirituel. Mais qui donc, de nos jours, s'il parle de Dieu, entend autre chose qu'un pur esprit, ou bien une pensée pure? Ici, du reste, se pose une question d'un intérêt actuel, et cette question se ramène à celle de la personnalité divine : Faut-il appeler Dieu esprit ou pensée? Mais entre théistes on ne discute pas si Dieu possède un corps. Le moins cultivé de ceux qui l'adorent sait à merveille, quoi qu'on en dise, que le Père n'est pas un vieillard à longue barbe, que le Verbe ne s'est point matérialisé lui-même en s'unissant une nature humaine, et que le Saint-Esprit n'est pas une colombe. Si l'on nous objectait la religion de peuplades qui croient encore à une divinité matérielle, nous dirions qu'après tout, si leurs âmes nous touchent, leur philosophie ne dirige pas le mouvement de la pensée humaine, et leurs erreurs ne sont guère contagieuses pour un Européen.

Le stade est dépassé, où l'on se demandait si Dieu est corporel. Mais la philosophie examine toujours le problème de son infinité. Dieu est-il, ou non, infini? N'est-ce pas hier que Charles Renouvier posait ce dilemme, et le tranchait, on sait dans quel sens, au début de sa métaphysique religieuse? De même qu'un monde illimité n'aurait ni commencement, ni principe; de même un Dieu sans bornes absorberait tout en lui-même et perdrait sa propre personnalité en toutes choses. Point d'infini : sans quoi, déclare Renouvier, c'est la Contradiction qui triomphe, et, avec elle, c'est la victoire de l'antique Substance, c'est le règne de la Chose, c'est la tyrannie du Déterminisme, c'est la nuit de l'Absolu. La philosophie, depuis bien des siècles, considérait comme synonymes les termes d'absolu, d'infini et de divin ; elle croyait à tout jamais dissipé le long malentendu qui, mêlant les notions d'infini et d'indéterminé, identifiait, par suite, le fini et le parfait ; elle se reposait sur cette notion chrétienne de l'infinité divine, comme sur une de ses acquisitions irrévocables. Et voici qu'un des plus célèbres penseurs de notre temps, écartant vingt siècles de spéculation dont il ne semble retenir que la critique kantienne, pour se rattacher directement à la philosophie de Platon, remet en question, bien plus, accuse d'absurdité, une alliance de termes, dont nul ne songeait plus à discuter la parfaite cohérence et la nécessaire connexion. Voici qu'en l'année 1901, Charles Renouvier déclare sans hésiter : Si Dieu existe, il n'y a pas d'infini ; et parce que, seul, le fini est concevable, Dieu existe.

A cette prétention d'un criticisme qui subit l'influence hellénique, s'ajoutent des témoignages venus de l'autre extrémité de l'horizon philosophique. Le pragmatisme, pour lequel il s'agit moins de connaître Dieu que de s'en servir, le pragmatisme, qui s'appelle aussi l'humanisme, professe, par la bouche de M. Schiller, que l'activité religieuse de l'homme ne trouve son terme et son point d'appui que dans la personnalité d'un Dieu fini, et non absolu.

Après cela, ne faut-il pas avouer que le problème de l'infinité divine n'est pas plus terminé qu'il n'est classé, et qu'il rentre dans la catégorie des questions actuelles ?

Si l'on veut seulement dire qu'il offre plus d'intérêt polémique que le problème du polythéisme ou de la spiritualité divine, nous acceptons la conclusion. Sans aucun doute, il répond mieux aux préoccupations contemporaines. Mais il reste à l'arrière-plan. Le public des soutenances philosophiques en Sorbonne se rappelle peut-être la discussion d'une thèse sur l'*Infinité divine depuis Philon le Juif jusqu'à Plotin*. Dans les affirmations doctrinales mêlées à ses conclusions historiques, l'auteur prétendait, entre autres choses, qu'il y avait opposition entre les deux termes d'infini et de Dieu personnel. Ses juges lui firent entendre qu'il reprenait là une antinomie désormais archaïque et que son opinion était étrange.

Nous nous en tenons à cette appréciation. L'auteur touchait, il est vrai, un problème actuel, mais il n'a fait que l'effleurer, et il a passé à côté. Oui, l'on oppose encore l'infinité et la personnalité, mais ce n'est pas tant le premier terme qui déconcerte que le second ; et si l'on hésite à considérer l'Infini comme personnel, c'est moins par suite de scrupules logiques, nés de l'analyse comparée des deux termes, que pour des raisons suggérées par la science expérimentale.

Jadis on refusait d'unir en Dieu l'infinité et la personnalité, sous prétexte que le premier attribut était un défaut. Aujourd'hui plusieurs formulent le même refus, mais sous prétexte que le second terme est illusoire ou dégradant.

Nous croyons en un Dieu personnel, mais nous repoussons comme un blasphème la prétention qu'il soit infini, c'est-à-dire indéterminé et inachevé : telle est l'hérésie de la théodicée païenne. Nous admettrions bien un Dieu infini, mais nous ne saurions lui attribuer l'illusoire réalité et les réelles imperfections de la personnalité : tel est le langage de l'hérésie moderne.

L'hérésie démodée consistait à dire : Dieu est trop parfait pour être infini. L'hérésie actuelle exprime une autre objection : Dieu est trop parfait pour être personnel. Et cette seconde dénégation revendique pour elle le témoignage de l'expérience.

Presque tout l'intérêt actuel des questions relatives à la nature de Dieu se rattache, directement ou indirectement, au problème de la personnalité divine.

Pourquoi parler ici de l'apologétique d'immanence? Parce que les partisans de cette méthode, malgré les nuances ou les oppositions qui les distinguent les uns des autres, s'accordent à proposer leurs arguments au nom de la philosophie, comme au nom de la théologie. C'est un fait, qu'ils invoquent l'autorité de l'expérience interne, non moins que les intérêts de la foi. L'expérience et la théologie, également mises en cause, ont le droit de répondre l'une et l'autre. La théodicée contemporaine, si persuadée qu'elle soit de son autonomie et de ses limites, ne peut ignorer cette méthode de démonstration chrétienne que Mgr Bougaud appelait l'apologétique intime.

Tel est notre plan ; telle est la suite des problèmes que nous allons discuter, sans prétendre rédiger un traité complet de théodicée.

Or, il nous a semblé que la valeur de la solution adoptée dépend davantage, en bien des cas, de l'exactitude des données que de la rigueur du calcul, et que les erreurs auxquelles aboutissent, en théodicée, certaines argumentations, se trouvent en germe dans les prémisses. Il nous a semblé que, souvent, si le raisonnement faiblit ou délire, c'est manque d'une nourriture assez expérimentale.

Donc, au-dessus des catégories habituelles suivant lesquelles on distingue athées et déistes, partisans du Dieu personnel et partisans d'une divinité inconsciente, monothéistes et manichéens, thomistes et molinistes, nous proposerons une classification plus générale, qui les répartirait tous en disciples, plus ou moins fidèles, et adversaires, plus ou moins obstinés, de l'expérience.

Les représentants de la théodicée traditionnelle opposent justement à l'indigence prétentieuse de l'empirisme brut, les conclusions de l'expérience raisonnée. Ils apprécient, à bon droit, l'importance et les bienfaits de l'élaboration logique. Peut-être y a-t-il lieu de préciser la part de l'expérience dans leurs argumentations.

Il faut bien convenir que l'objet même de la théologie naturelle dépasse et défie l'expérience ordinaire. Mais, si la seule expérience ne nous porte pas jusqu'à Dieu, encore est-il intéressant de mesurer à quelle hauteur elle peut nous élever vers Lui.

Étudier la valeur et tâcher d'atteindre les dernières limites de l'expérience, dans le domaine de la théodicée, c'est encore s'inspirer d'une philosophie qui, par tradition et en principe, respecte et consulte l'expérience intégrale.

LIVRE PREMIER

L'EXISTENCE DE DIEU

LIVRE PREMIER

L'EXISTENCE DE DIEU

CHAPITRE PREMIER

L'ATHÉISME EST-IL CONFORME A L'EXPÉRIENCE?

1. L'athéisme se réclame de l'expérience. — 2. Mais, dans sa teneur générale, il contredit autant de fois l'expérience qu'il repousse les données des arguments classiques. — 3. Dans ses formes particulières ou ses négations atténuées, il s'oppose encore aux vérités de l'expérience humaine.

1. — Si nous écoutions les prétentions de l'athéisme, au lieu d'en étudier l'esprit, nous devrions penser qu'il naît de l'expérience. De fait, l'opinion courante ne veut-elle pas qu'athéisme et empirisme soient termes synonymes ou du moins connexes? L'athée, répète-t-on tous les jours, reste attaché au monde des phénomènes, incapable de dépasser l'expérience, et il s'absorbe tellement dans l'étude des faits, qu'il perd de vue la liaison des idées. Volontiers donc, on lui concéderait le mérite d'être fidèle observateur, et on attribuerait son erreur à un culte idolâtrique pour la méthode expérimentale. Moins attentif aux lois, il serait, pense-t-on, plus curieux des causes. Nous qui professons l'existence de Dieu, nous n'aurions rien à lui

apprendre en matière de faits. Ses informations seraient plus que suffisantes, sur les apparences de cet univers et sur la nature de l'homme. Entre lui et le déiste, nul désaccord sur les données du problème. Seulement le dernier saurait les dépasser, tandis que l'autre s'y renfermerait. Voilà bien la conception habituelle de l'athéisme, conception que ses adversaires ne songent guère à discuter : l'athéisme serait une doctrine qui pose des fondements solides, mais qui ne construit rien au-dessus du sol.

Or, il se pourrait, au contraire, que le vice du système résidât moins dans l'absence de génie constructeur que dans un défaut d'observation. Son insuffisance psychologique est peut-être aussi déplorable que sa faiblesse métaphysique. Si les faits du monde matériel et moral n'offraient pas d'autres caractères et des éléments plus intéressants que ceux qu'y découvre l'athée, celui-ci aurait-il vraiment tort de n'en pas conclure l'existence de Dieu? A partir des données qu'il choisit, il ne raisonne pas mal en général. Mais il pose des données partiellement arbitraires et incomplètes.

Ces fautes et ces lacunes expérimentales se révèlent dans les linéaments généraux de l'athéisme, comme dans ses formes particulières.

2. — Considéré d'ensemble, l'athéisme est un système philosophique qui admet une série, sans commencement, de phénomènes, et qui exclut de notre univers toute Pensée Ordonnatrice, tout Souverain Législateur et toute Fin Dernière. Nier l'existence de Dieu, c'est affirmer que les phénomènes et les êtres se suivent,

sans cause initiale, que personne n'a dressé le plan du monde, que l'homme n'a point de Maître à servir, et qu'il ne trouvera nulle part le Bien réalisé. En vain l'athée voudrait-il simplifier ou condenser sa doctrine ; il ne saurait l'exprimer, sans poser, indissolublement et du même coup, ces quatre thèses.

Quatre thèses, auxquelles l'expérience apporte autant de démentis.

Tout d'abord, si l'on peut, sans dénaturer l'expérience, admettre l'existence d'un Être éternel, c'est à condition que cet Être ne soit pas engagé dans la succession des choses contingentes. Chacune de celles-ci commence. Chacune nous apparaît suspendue à un terme antérieur. Se comprendrait-on soi-même, si l'on disait qu'il n'est point de premier terme, que la série est indéfinie, que, dans cette indétermination, elle trouve son explication, et que la chaîne n'est fixée nulle part ? S'il n'existe point de premier chaînon, les autres s'évanouissent et retombent dans le néant. La méthode expérimentale ne saurait admettre qu'à un clou peint sur la muraille on puisse suspendre une chaîne de fer. C'est reconnaître, tout ensemble, la nécessité d'un Être éternel, et l'impossibilité d'un monde contingent qui se suffirait éternellement.

Quand même on pourrait concevoir une suite indéfinie d'antécédents et de conséquents ; quand même on parviendrait à se représenter une chaîne sans fin et sans commencement d'êtres contingents, on ne purifiera pas l'ensemble du stigmate de dépendance qui frappe essentiellement chacun des individus. Ce n'est pas au nom de l'expérience que l'on affirmerait la nécessité d'un ensemble dont tous les éléments sont précaires. Nous restons en face d'un monde qui ne se suffit pas à lui-même. L'expérience empêche notre esprit d'y trouver son repos et d'oublier le Premier Principe.

Ce n'est pas davantage au nom de l'expérience, qu'on attribuerait une valeur absolue à un univers, dont toutes les parties ont une relativité plus ou moins changeante.

L'expérience ne nous autorise pas à considérer le total des êtres et des phénomènes comme la raison dernière et adéquate de chacun. Elle ne nous suggère pas de chercher, soit dans une addition, soit dans un déroulement illimité, d'effets ou de causes partielles, la plénitude d'être et de puissance que suppose en dehors de lui tout élément.

De ce que deux nombres impairs ajoutés l'un à l'autre forment un nombre pair, et qu'ainsi dans le groupe disparaisse un caractère des éléments, on ne saurait conclure, par analogie, qu'une somme de causes imparfaites peut constituer une cause parfaite et suffisante. L'analyse, en effet, c'est-à-dire une sorte d'expérience encore, une expérience voulue et dirigée, nous permet de retrouver le nombre total dans les nombres composants, et réciproquement. Distinguez les unités qui font les nombres 5, 7 et 12 : vous verrez à la fois que le jugement $5 + 7 = 12$ n'est pas une synthèse *a priori*, et que deux nombres impairs doivent, par leur addition, former un nombre pair. L'analyse de deux ou plusieurs effets groupés ensemble n'y découvre pas la causalité interne qui les expliquerait entièrement.

Mais voilà précisément la comparaison que certains adversaires de la théodicée traditionnelle repoussent comme nous. Ils ne veulent pas non plus que les êtres et les phénomènes soient assimilés à des chiffres. Ils condamnent même, sous le nom de morcelage artificiel, toute distinction de l'univers en éléments individuels. Des tendances pratiques, la commodité du discours, les exigences de l'action, des préjugés, aussi, de l'ordre spéculatif, introduiraient dans notre vision du monde, ces lignes de démarcation et ces arêtes vives qui dessinent les limites de l'individualité. La vérité se révélerait tout autre à l'intuition spontanée du contemplateur non prévenu et à la réflexion du philosophe détrompé. L'univers serait un flot ininterrompu, une « hétérogénéité fuyante et continue ». Dès lors, comment parler de causes et d'effets, pourquoi chercher un. suprême antécédent ? Le principe de causalité ne s'applique qu'à un monde discontinu, c'est-à-dire au monde conventionnel de l'action toute pratique et de la spéculation abusée. Le réel est continu et, par suite, échappe à la catégorie de la causalité. Un terme ne saurait être l'effet ou la cause d'un autre, si le second terme ne se distingue pas réellement du premier.

Par ces diverses objections, on pense éluder la démonstration traditionnelle d'une cause première et nécessaire. Or, si l'objet du litige ne ressortit pas à la seule observation, si le débat est, pour une part, d'ordre dialectique ; il semble que, des deux côtés, on fasse appel tout d'abord à une expérience, non d'ordre purement sensible, il est vrai, à une expérience rationnelle, que le procédé d'argumentation le plus subtil ne saurait suppléer. Il s'agit, en effet, de décider si l'esprit humain conçoit une suite d'antécédents et d'effets, s'expliquant les uns les autres parce qu'ils se sont succédé dans les ténèbres d'un passé indéterminé. Il s'agit de décider jusqu'à quel point le tout explique les parties et en transfigure les imperfections, jusqu'à quel point le monde que nous connaissons est formé d'éléments indistincts. D'un camp à l'autre les raisonnements se croisent, il est vrai. Les adversaires ne s'arment pas les uns contre les autres d'observations banales et de faits bruts. Mais en face de l'athée qui repousse la nécessité d'une Cause transcendante, ou du déiste, qui, croyant à cette Cause, en rejette la preuve classique, la première démarche comme la dernière instance ne sont-elles pas de les mettre directement en présence du principe ou du doute qu'ils énoncent, c'est-à-dire de les inviter à un examen de conscience philosophique et à une observation réfléchie ?

En second lieu, l'athéisme conteste que le monde soit l'œuvre d'une Intelligence ordonnatrice. C'est bien de la méthode expérimentale qu'il se réclame. Mais la méthode expérimentale le désavoue. Au nom de l'observation, proclament les athées, nous restreignons aux objets artificiels la loi que les déistes veulent étendre à toute la nature. Nous avons vu, ou nous savons que d'autres ont vu, fabriquer des horloges. Aussi affirmons-nous sans restriction que toute horloge suppose un horloger. Du reste, les objets de l'industrie humaine dénotent, quelle que soit leur perfection, une inertie ou une influence caractéristiques. L'intervention de l'artiste ou de l'artisan s'y montre nécessaire. Les produits du travail humain ne manifestent pas de principe spontané ou de force naturelle et intrinsèque. Aussi, à leur vue, notre pensée cherche-t-elle instinctivement quel en est l'auteur. Mais les productions de la nature ne ressemblent pas à celles de l'art. Un arbre n'est pas une montre. L'homme n'est pas une machine. Les révolutions des astres obéissent à des lois permanentes et essentielles, qui n'ont rien de commun avec un mécanisme d'horlogerie. Le télescope n'a jamais découvert d'esprits chargés comme le voulait Képler, de la direction des astres; de même que le microscope n'a jamais vérifié la parole de saint Paul : qu'une cause divine donne la croissance aux arbres. La science expérimentale ne connait pas dans le monde d'autres forces que celles de la matière, ni d'autre intelligence que celle de l'homme. Elle ignore celui qu'une philosophie hasardeuse appelle le Grand Architecte, l'Artiste Souverain. Ainsi parle l'athée; et, en parlant ainsi, n'invoque-t-il pas à bon droit l'autorité de l'expérience?

Pour résoudre cette question, il suffit de décider s'il est plus conforme aux données expérimentales d'expliquer l'ordre merveilleux du monde par des causes aveugles ou par une Cause intelligente. Certainement, un arbre n'est pas une horloge, l'homme n'est pas une machine. Mais l'organisme humain et la vivante structure de l'arbre ressemblent en deux points aux produits de l'industrie humaine. Ils réalisent un plan, et quel plan admirable! D'autre part, quelles que soient leurs énergies spontanées, ils ne portent pas en eux-mêmes le principe clairvoyant de leur activité. Si donc, pour affirmer l'existence d'une Intelligence dans l'univers, nous ne pouvons pas invoquer l'identité des cas, nous appuyons du moins notre assertion sur l'analogie, et, en nous élevant jusqu'à Dieu, nous restons en contact avec l'expérience par les lois d'une similitude foncière. L'organisme animal est naturel, tandis que le mécanisme d'une montre est artificiel : c'est entendu. Il reste vrai néanmoins que l'un et l'autre manifestent une intelligence qui ne réside pas en eux-mêmes.

L'athée ne peut s'abstenir de conclure à l'existence de Dieu qu'en refusant aux objets naturels l'un ou l'autre de ces caractères. Il doit nier soit qu'ils manifestent adaptation des moyens à la fin, soit qu'ils manquent eux-mêmes d'intelligence. Dans les deux cas, il falsifie les données mêmes de l'observation. Celle-ci répudie également l'illusion idolâtrique qui transforme les astres, les plantes, les animaux en êtres guidés par une raison immanente, et l'aveuglement agnostique qui en méconnaît l'harmonieuse activité.

La finalité interne que l'on oppose à la finalité externe, pour repousser les conclusions du théisme, implique nécessairement l'une ou l'autre erreur, en les déguisant toutes deux. Que signifie, en effet, cette idée directrice, cette orientation tout intérieure d'un organisme végétal ? Ou bien, l'on veut dire qu'il poursuit, sous son initiative propre et exclusive, une fin déterminée : alors, il est intelligent. Ou bien, résultat de mouvements aveugles qui se croisent, interfèrent, ou se réunissent, il ne réalise aucun plan : alors, il n'exprime aucun ordre.

Or, encore une fois, les objets de cet univers matériel ne sont ni dirigés par une intelligence propre dont chacun d'eux serait le siège, ni mus par un déterminisme aveugle, qui ne différerait pas du hasard. A l'observateur attentif, le monde n'apparaît ni intelligent, ni désordonné. Voilà comment l'athéisme, qui nie l'existence d'une suprême Intelligence, se heurte à la science expérimentale. Il semble, de prime abord, que refuser de monter jusqu'à Dieu, c'est rester dans le domaine de l'observation. Il se trouve que, tout au contraire, pour vouloir s'y confiner, et sous prétexte de s'y attacher, on en sort.

Les adversaires de l'argument téléologique, qui, du reste, ne sont pas tous des athées, raisonneraient peut-être comme nous, s'ils voyaient comme nous. Ils attaquent moins notre déduction que notre observation. « Pour un esprit sans préjugés théologiques, écrit W. James, l'ordre et le désordre que nous apercevons dans le monde sont des inventions purement humaines... La Nature est de même un vaste ensemble où notre attention dessine des lignes capricieuses. Nous tenons compte de ce qui est situé sur ces lignes, le reste n'a même pas de nom... Les marques de finalité sur lesquelles se fonde la preuve physico-théologique peuvent donc être aisément interprétées comme des produits de l'imagination (1). »

D'autres, qui rejettent également la valeur de la preuve téléologique, s'entendent avec nous sur la donnée initiale. Ils constatent un ordre dans le monde. Dès lors, entre eux et nous, semble-t-il, le conflit est d'ordre logique. Il s'agit de comparer notre argumentation et la leur. L'expérience demeure pourtant l'arbitre auquel on revient avec le plus d'insistance. Ils nous objectent, par exemple, qu'entre le hasard des athées trop simplistes et la Raison consciente et trans-

(1) *L'Expérience religieuse*, trad. ABAUZIT, p. 370, Paris, Alcan, 1907.

cendante adorée par les théistes, il y a place pour un moyen terme. Pourquoi l'univers ne serait-il pas dirigé par une raison immanente et inconsciente ?

Cette solution intermédiaire, qui passe entre le matérialisme brut et la théodicée personnaliste, sera examinée plus loin, lorsque nous discuterons la notion d'un Dieu impersonnel. Or, notre méthode restera analytique et expérimentale. Nous chercherons si, en quelque catégorie de phénomènes, la connaissance enveloppée et la finalité inconsciente fournissent une explication dernière.

Une troisième fois, l'athée, quelle que soit, d'ailleurs, la forme particulière de sa négation, reçoit de l'expérience un démenti.

Il n'est point, dit-il, de souverain Législateur. Si Dieu a parlé jadis sur le Sinaï, nul de nous ne perçoit ses ordres et ne distingue sa voix. Fidèles à l'esprit scientifique, adeptes de la méthode expérimentale, établissons une morale tout humaine, dégageons le fait certain de la loi naturelle, de l'hypothèse invérifiable d'un commandement divin, ne retenons que la donnée immédiate de l'obligation morale, sans la compromettre en des constructions métaphysiques d'une solidité douteuse.

Or, sous prétexte de raser des superstructures inutiles ou ruineuses, l'athée ébranle ainsi tout l'édifice de la morale, il s'attaque aux œuvres vives, il met sa pioche de démolisseur jusque dans les fondations. L'athéisme ne peut respecter la notion même d'obligation. C'est un fait que la morale sans Dieu conduit à la morale sans obligation. C'est un fait, qu'après avoir relégué dans des cieux inaccessibles, sinon chimériques, le Législateur suprême, on soumet l'obligation elle-même à une analyse progressivement dissolvante, où la conscience ne retrouve plus ses données les plus sûres. Un impératif qui se formule tout seul, une suggestion sociale, un préjugé plus ou moins salutaire transmis héréditairement, un attrait ou une répulsion d'ordre esthétique ou sentimental, une impulsion originairement issue des besoins de la race, de la société, de la famille ou de l'individu, un legs mal compris, et quelquefois malsain, des ancêtres, une illusion dont il vaut mieux, en fin de compte, bannir le nom archaïque et trompeur : voilà ce qu'est devenu, dans la doctrine de l'athéisme, ce fait primordial de l'obligation auquel on prétendait ne rien ajouter, mais qu'on entendait bien respecter, sur lequel même on se vantait de concentrer la vénération que d'autres prodiguaient à leur Dieu.

On voit ici ce qui divise l'athée et le théiste : une question de fait, plutôt qu'une méthode de raisonnement. L'athée méconnaît cette donnée de la conscience psychologique et de la conscience morale : nous nous sentons obligés de faire ou d'omettre certaines actions.

La *Revue de Métaphysique et de Morale* (1) publiait naguère une critique des arguments traditionnels en faveur de l'existence de Dieu. Dans son article, auquel nous avons déjà fait allusion, M. Le Roy ne nie pas l'existence de Dieu, mais il en conteste toutes les preuves classiques. Celle que l'on tire du fait de l'obligation ne trouve pas plus grâce devant sa critique que les autres démonstrations. Or, que lui reproche-t-il,

(1) 1er mars 1907.

entre autres choses? De se fonder sur une donnée incertaine et mobile. L'objet du débat est encore, pour une large part, une matière expérimentale.

Nous avons indiqué un quatrième article du symbole de l'athéisme : pas de Fin dernière, où l'homme puisse un jour trouver la réalisation et l'identification du Bien et du Bonheur.

Or, de cette négation, c'est encore à l'expérience que nous en appelons. Voulons-nous dire par là que le Terme divin des aspirations humaines tombe directement sous les prises de l'observation ? Non. Mais voici un fait, qui relève de l'expérience immédiate. Nous voulons, d'une tendance irrépressible et fondamentale, être heureux dans le bien et la justice. L'athéisme oublie, raille, ou dénature ce fait.

Sans doute, on pourrait imaginer un athéisme théorique, qui reconnaîtrait la donnée dont nous partons, mais qui refuserait de nous suivre jusqu'à la conclusion que nous en tirons; un athéisme qui constaterait nos ambitions infinies, mais qui en nierait la signification métaphysique et religieuse; un athéisme qui concéderait que nous voulons le Bonheur parfait, mais qui prétendrait que nous ne l'atteindrons jamais. A un tel athéisme nous ne saurions reprocher une erreur d'observation.

Mais, si telle est en principe l'attitude de l'incrédule, la logique et l'histoire modifient cette position, et entraînent l'athéisme sur un autre terrain. Par la force des choses, les négateurs de la divinité finissent par contester ou par nier l'infinité de nos aspirations. Nous ne concevons pas l'infini. Nous ne voulons pas l'infini. Nos aspirations sont bornées, comme celles des êtres qui nous entourent. Du reste, finies ou illimitées, nos tendances valent tout juste les tendances des animaux. Qu'on se rappelle les pages que Taine a rédigées à ce sujet, aux jours de sa jeunesse sceptique et inélégante. De quel droit, écrivait-il, attribuer tant d'importance aux désirs du cœur humain? Nous voulons un bonheur sans bornes, soit. Mais l'animal éprouve des tendances comparables aux nôtres. Vous parlez de la destinée de l'homme et de ses aspirations infinies qui réclament une vie future et un Bien suprême. Mais les tendances de l'animal dépassent aussi les bornes fixées à son existence. « Donc le bœuf dont j'ai mangé hier renaîtra dans un autre monde (1). »

Ce n'est point à la logique ou à la métaphysique, quoi qu'il en semble et quoi que lui-même ait pu en penser, que l'auteur des *Philosophes classiques* s'en prend ici. Il défigure une donnée expérimentale. Il commet un faux en psychologie. La protestation va sembler naïve; mais il convient de la faire entendre, puisqu'on n'a pas toujours pensé à la formuler ainsi. Taine se trompe et nous égare, quand il ne voit dans notre aspiration au Bien suprême qu'un cri de la nature animale. Ce vouloir, qui est notre ressort, manifeste, sans doute, la nécessité propre aux tendances purement naturelles, mais il dépasse celles-ci en énergie, en lumière et en ampleur. C'est un fait, que nous éprouvons tous l'inquiétude exprimée par saint Augustin : *Irrequietum est cor nostrum, donec requiescat in te.* C'est un fait encore, que l'animal n'a jamais parlé ainsi. Nous pouvons croire qu'à son silence il y a des raisons décisives.

(1) *Les Philosophes classiques du XIXe siècle en France*. Paris, HACHETTE, 1876, p. 271-273.

Confondre les faits ou les travestir, ce n'est pas les expliquer. En présenter la caricature, ce n'est pas réfuter la conclusion que d'autres en tirent. Une pirouette n'est pas un argument.

Nous n'avons esquissé que les grandes lignes de l'athéisme et ses négations principales. L'expérience a déjà fait éclater en quatre directions le cadre où on voulait l'emprisonner.

Elle proteste contre l'hypothèse d'un monde imparfait qui se suffirait éternellement.

A un univers matériel que l'athéisme exalte ou déprécie outre mesure, soit qu'il lui attribue la cause première de son organisation, soit qu'il en méconnaisse l'ordre savant, elle oppose un monde qui reflète, mais ne possède pas, en lui-même, l'intelligence.

Elle maintient, contre toutes les explications dissolvantes, ces deux faits de l'ordre psychologique : celui de l'obligation morale et celui de nos nécessaires ambitions.

3. — Dans son principe général, et suivant l'étymologie du mot, l'athéisme consiste à nier. Or, un système ne garde pas longtemps cet équilibre instable, qui serait la pure négation. Il cherche des points d'appui plus solides, plus consistants, plus positifs : il affirme à son tour. Parfois, en se développant, il se scinde et se multiplie. Tel est le cas de l'athéisme.

Cette doctrine revêt plusieurs formes. Groupons-les du point de vue logique. L'ordre chronologique nous exposerait à des redites.

D'abord, il convient de distinguer, de l'athéisme sûr de lui-même, le positivisme, plus prudent et plus réservé. Les deux doctrines se rapprochent néanmoins. La seconde s'abstient, il est vrai, de trancher et même d'étudier le problème des origines ; mais elle s'abstient délibérément et définitivement. Résoudre négativement la question de l'existence de Dieu, ou la reléguer, l'oublier, la « classer » : ces deux attitudes d'esprit entraînent des conséquences semblables dans la spéculation et dans la pratique. On ne fait pas trop injure au positivisme, en le considérant comme proche parent de l'athéisme.

L'agnosticisme appartient à la même famille, avec des apparences plus religieuses. Il n'exclut pas le problème du domaine de la spéculation. Il lui donne un timide commencement de réponse positive. Quelle est la cause première du monde ? se demande l'agnostique. Et il répond : mystère. Mais formuler cette question et la résoudre si obscurément, ce n'est pas reconnaître l'existence de Dieu. Entre l'agnosticisme et l'athéisme, il faut donc avouer quelque parenté.

Pour continuer, du point de vue expérimental, l'étude de l'athéisme, nous aurons donc à examiner si le positiviste et l'agnostique peuvent se réclamer de l'expérience.

Peut-on rapprocher de l'athéisme, qui ne voit Dieu nulle part, le panthéisme, qui le voit partout ? Oui, s'il est vrai que cet esprit divin, que le panthéisme, surtout sous la forme immanente, mêle et identifie en une même substance, avec la masse de l'univers, ne représente aucunement un Souverain, ni un Père. A son tour, le panthéisme devra être confronté avec les données de l'observation.

Les philosophes qui tentent d'expliquer le monde

sans l'intervention d'un Être suprême aboutissent, d'un seul pas, soit au matérialisme, soit à l'idéalisme. Ioniens ou Épicuriens, disciples de Lucrèce ou confrères du baron d'Holbach, ils expliquent la vie et la pensée par le jeu des forces matérielles ; ou bien, à l'école de Parménide et de Hegel, ils dérivent toutes choses, notre terre et l'univers entier, l'homme et son histoire, d'une abstraite dialectique. Et, comme, dans un sens ou dans l'autre, l'esprit avance toujours jusqu'à ce qu'il croie rencontrer un principe premier ; suivant la direction suivie, on s'imagine trouver, à l'origine des choses, soit un ultime radical, un élément indécomposable, de la matière : l'atome ; soit un suprême résidu, ou un germe primordial, de toute pensée : l'idée d'être. Comment, au tribunal de l'expérience, ces deux formes, qui sont aussi deux conclusions, de l'athéisme, seront-elles jugées ?

Positivisme et agnosticisme, panthéisme, matérialisme, idéalisme, se heurtent à l'expérience humaine, plus brutalement encore qu'à la dialectique.

Le positivisme défend à l'esprit humain de s'occuper de la divinité et de demander si Dieu existe. Par cette prohibition, il violente une de nos tendances les plus fortes, les plus naturelles, les plus honorables, et il ne la maitrise pas. Il méconnait ce qu'est l'homme. Celui-ci niera Dieu, il le blasphémera, mais il ne l'oubliera jamais. La psychologie et l'histoire attestent que la pensée de Dieu est indéracinable des âmes. Le positiviste se brise contre une loi naturelle, contre une vérité expérimentale : l'impérieuse nécessité pour l'homme de s'interroger sur ses origines. Nous ne raisonnons pas, nous constatons. Des arguments ne serviraient qu'à dissimuler le désaccord initial, l'origine de la controverse. L'homme peut se résigner à ignorer d'où il vient, affirme le positiviste. Au nom de l'expérience, nous protestons qu'il ne le peut pas. Si le positiviste refuse de se rendre, il nous reste à le presser d'observer plus attentivement ce que les hommes disent et écrivent. L'expérience seule peut faire la lumière. Des raisonnements établiraient peut-être que l'homme doit s'inquiéter de Dieu ; ils ne sauraient montrer que, de fait, la réflexion humaine se tourne instinctivement vers Lui ; et, se fortifiant sur le terrain de l'expérience, le positiviste nous défierait encore de lui prouver la nécessité de songer à la Cause première. Au lieu de l'inviter à une lutte dialectique, où beaucoup de temps pourrait se consumer, représentons-lui les enseignements immédiats de l'observation. Il pourra se faire qu'il n'aboutisse pas à voir ce que nous voyons. Mais nous aurons épargné du temps et précisé l'origine du dissentiment qui sépare le positiviste et le théiste.

Ou l'agnostique diffère bien peu de l'athée ordinaire, ou il affirme de fait plus qu'il ne veut en principe. Il faut, en effet, que toute affirmation distincte s'estompe et s'évapore dans ce mystère qu'il met à l'origine des choses, ou bien que sa réponse se précise et se solidifie en adhésion à l'existence d'un Être suprême. Dans le premier cas, il est inutile de discuter l'agnosticisme : à quoi bon pourfendre un nuage ? Dans le second cas, c'est-à-dire si l'agnostique professe l'existence d'une Cause première qui se distingue du monde et dont le monde dépend, il se contredit lui-même, il nous montre que cette Cause ne lui est pas tout à fait inconnue, il nous fournit la réfutation expérimentale de sa prétention à ne rien savoir.

L'expérience immédiate des sens ou de la conscience atteste-t-elle, à l'encontre du panthéisme, la multiplicité des substances dans le monde? Elle ne porte pas si loin; elle n'atteint pas cette vérité explicite. Mais son témoignage est pourtant assez précis pour discréditer le panthéisme et lui enlever tout prestige de doctrine expérimentale.

Que nous rapporte, en effet, l'observation? Nous rencontrons des volontés hostiles, indifférentes ou dociles à la nôtre, des esprits impénétrables ou hospitaliers à nos idées, des objets réfractaires ou perméables à notre activité.

Un retour attentif de l'homme sur lui-même devrait le persuader de sa liberté et suffire, par conséquent, à lui démontrer la réalité de son moi individuel. Mais si cette réflexion est inefficace; si le recueillement est pour tel ou tel penseur ce que le nirvâna est pour le bouddhiste, un bain dissolvant où sa personnalité se désagrège; que ce panthéiste en chambre quitte un instant sa table de travail, qu'il se mêle à la vie sociale : tantôt l'impression de la lutte raidira sa volonté, bandera ses muscles ou abattra son courage; tantôt le sentiment d'une collaboration plus ou moins cordiale adoucira ses efforts et allégera son labeur. Partout, des activités distinctes prêtes à entrer en conflit ou en harmonie avec la sienne. Personnes et choses s'imposent impérieusement à sa conscience, par les joies inattendues qu'il en reçoit, comme par les souffrances qu'elles lui infligent contre son gré. Elles s'affirment comme des sujets véritables, dont il est dangereux d'oublier, dont il est pratiquement impossible de nier, l'individualité propre. Si la vie méditée par certains esprits aboutit à un monisme radical, à l'identité foncière de toutes choses, la vie vécue par tous souligne les contours, fait saillir les angles, précise les contrastes et délimite les êtres. Le recours du panthéiste sera d'opposer à l'action utile et mensongère, la pensée pure et désintéressée, et d'en appeler de la connaissance pratique à la connaissance spéculative. Mais cet appel est un aveu qu'on se sent condamné d'avance au tribunal de l'expérience humaine.

L'expérience humaine nous incline-t-elle aussi fortement à repousser l'identification de Dieu et du monde ? Moins fortement ; car elle n'atteint pas en lui-même le terme divin de cette relation. Mais fortement encore ; car, mieux on veut agir, mieux on ressent le besoin d'une collaboration supérieure à tout concours fini ; et, plus on la connaît, moins on trouve l'humanité divine. Si donc la seule observation ne parvient pas à voir l'irréductible distinction de Dieu et du monde, elle se refuse davantage encore à confirmer leur identification.

Lorsqu'on renonce à expliquer par une action divine la genèse du monde, de simplifications en simplifications on réduit la succession des choses à une suite de mouvements ou de pensées. Si l'expérience immédiate, là encore, se trouve incompétente à trancher le conflit en renvoyant dos à dos les plaideurs ; s'il ne lui appartient pas de faire en dernier ressort le procès du matérialisme et de l'idéalisme ; en tout cas, elle peut interdire à ces deux formes antagonistes de l'athéisme d'invoquer son autorité.

La pensée et la sensation elle-même demeurent irréductibles et hétérogènes au mouvement. Voilà une première distinction que l'expérience atteste et maintient ; et à cette première distinction, que l'analyse la plus attentive ne fait que renforcer, toute doctrine matérialiste vient se briser.

Le mouvement à son tour, quelles que soient sa forme, son allure et sa direction, ne se confondra jamais, pour la conscience, avec un phénomène psychologique. Une douleur ou une joie, un plaisir ou une peine, un désir et un acte de volonté, sont tout autre chose qu'une idée ou une image. Souffrir, en réalité, ou penser à la souffrance, haïr ou penser à la haine, poser un acte volontaire ou se le représenter mentalement : autant de phénomènes que la conscience la mieux informée des théories idéalistes s'obstine à distinguer. Voilà une seconde catégorie d'oppositions que l'expérience découvre de prime abord, que l'analyse la plus pénétrante confirme de nouveau, et qui démentent l'idéalisme.

A l'athée, qui exclut du monde toute explication théologique et qui prétend que tout se condense en mouvement ou se volatilise en idées, l'expérience répond : non, tout ne se réduit pas au mouvement, car l'homme éprouve des sensations et conçoit des pensées ; non, tout ne se ramène pas à une représentation intellectuelle ou sensible, car l'homme sent des plaisirs et des joies, il tressaille de douleur, il gémit de ses peines, il veut et il agit. Quand, par une différenciation nécessaire, l'athéisme passe de l'état homogène de négation nébuleuse à des affirmations distinctes, et se présente, soit en un système nettement matérialiste, soit sous forme d'idéalisme, il se heurte de tous côtés aux réalités expérimentales.

Pour répéter un mot, qu'avec intention nous avons employé comme un refrain, *c'est un fait*, que l'observation intégrale et impartiale désavoue l'athéisme matérialiste ; *c'est un fait*, qu'elle n'entre pas dans les cadres de l'athéisme idéaliste.

Qu'on examine l'athéisme dans ses éléments généraux ou qu'on en critique les différentes espèces, une même conclusion s'impose : l'athée est un théoricien, un homme à système ; il méconnaît l'expérience, et l'expérience le réprouve.

CHAPITRE II

DIEU EST-IL OBJET D'EXPÉRIENCE IMMÉDIATE?

1. Une première illusion des ontologistes : ils confondent des attributs créés et des attributs divins. — 2. Leur seconde illusion est de raisonner plus ou moins justement, alors qu'ils pensent voir. — 3. Existe-t-il un mysticisme naturel? — 4. Le mysticisme morbide. — 5. Peut-on mesurer la proportion d'expérience et de logique dans l'adhésion à l'existence de Dieu?

1. — Nous dirons donc que Dieu existe. Ainsi tranchons-nous le dilemme. Nous voici engagés dans la voie de l'affirmation.

Mais les voyageurs qui suivent cette direction cessent bientôt de faire route ensemble. Une nouvelle bifurcation se présente. Il faut encore choisir entre l'empirisme absolu et l'empirisme relatif. La controverse qui surgit ici, s'annonçait depuis le début de cette étude. Puisque nous examinions le problème de l'existence de Dieu, du point de vue expérimental, un moment devait venir où il faudrait décider si l'expérience atteint la divine Réalité médiatement ou immédiatement. La gravité du conflit et la multiplicité des discussions qu'il a suscitées, ne sont pas pour faire tort à la thèse que nous soutenons ici. A toutes les étapes de la théodicée, il nous semble que recommence le procès de la méthode expérimentale, ou plutôt le procès des diverses doctrines devant le tribunal de l'expérience. Telle est la pensée qui inspire le présent travail. Nous nous empressons donc de faire remarquer qu'entre les ontologistes et les philosophes mystiques d'une part, et les autres théistes, l'objet de la discussion se rapporte à l'ordre expérimental.

Les premiers reprochent aux seconds de ne pas voir dans l'expérience immédiate tout ce qui s'y trouve, et les seconds reprochent aux premiers d'attribuer à l'expérience immédiate ce qui ne lui revient pas. Que nous rapporte l'observation? Tel est toujours le problème. Il s'agit encore de critiquer, de dégager, de préciser, les données premières de la spéculation.

Observons seulement, disent les uns, et nous connaîtrons Dieu. Les autres répondent : observons et raisonnons. On convient, de part et d'autre, que l'expérience est nécessaire. Mais, d'un côté, l'on nie qu'elle soit suffisante, et se passe du raisonnement. On professe une théodicée, tout ensemble, expérimentale et déductive. On discute ainsi.

S'il est des hommes philosophes de profession ou autres, qui s'imaginent atteindre directement la divine Réalité, ils subissent l'une des illusions suivantes :

Ou bien, dupes de l'identité des mots et de certaines analogies véritables mais lointaines, ils confondent tel ou tel caractère d'un objet immédiatement connu, avec un attribut divin. Ainsi les ontologistes, quand ils confondent l'être abstrait, que l'intelligence perçoit sans raisonnement, avec l'être concret qui constitue l'essence même de Dieu, l'être le plus pauvre de tous avec la réalité infinie. Ainsi encore les ontologistes, quand ils assimilent l'éternité toute négative et idéale des idées universelles avec l'éternité positive et réelle de Dieu, ou leur extension indéfinie, avec sa véritable infinité.

2. — Ou bien, les partisans du Dieu expérimental s'imaginent observer de fait son existence, parce qu'ils se persuadent qu'en droit les choses doivent se passer de la sorte. Ils voient ce qu'ils s'attendent à voir. Ils se suggestionnent. Pensant atteindre d'emblée une donnée de l'observation, ils adhèrent, en réalité, à la conclusion discutable de raisonnements inconscients. Qu'ils rencontrent des adversaires : aussitôt, leur argumentation latente se révèle et se trahit, sous l'une ou l'autre des formes suivantes :

La connaissance doit se conformer à la réalité, et son évolution reproduire la genèse des êtres. L'ordre logique répète l'ordre ontologique. Il faut donc que le premier Principe de toutes choses se présente, avant toutes choses, à notre intelligence. — Dieu est plus intimement uni à notre âme que notre corps lui-même. Il la pénètre de sa présence et de son action, mieux qu'aucun être créé. Comment, dès lors, ne serait-il pas le premier objet de notre connaissance ? — On ne conçoit le fini que par rapport à l'infini, dont il est la négation. Il s'ensuit que nous saisissons d'abord et immédiatement Dieu lui-même.

A ces raisonnements que multiplièrent les partisans de la théodicée intuitive, les tenants de la théodicée déductive opposèrent des réponses devenues classiques. Les ontologistes partent de prémisses fausses ou équivoques. C'est en vertu de raisonnements, et de raisonnements défectueux, qu'ils affirment l'évidence immédiate et expérimentale de l'existence divine.

Dans le premier cas, ils prennent un objet pour un autre, l'éternité logique des premiers principes, par exemple, pour l'éternité concrète de Dieu. Dans le second, ils confondent une déduction fragile et factice avec une donnée solide de l'expérience.

3. — En d'autres circonstances, les adeptes de la méthode intuitive se réclament de la simple observation, parce qu'ils négligent d'analyser, dans une donnée globale et complexe de la conscience, l'apport brut de l'expérience et le résultat de l'élaboration. A ce qu'ils appellent donnée immédiate, s'est mêlé un raisonnement, raisonnement légitime, cette fois, raisonnement naturel et nécessaire, mais raisonnement néanmoins, c'est-à-dire opération distincte de la perception interne ou externe.

L'histoire de la théodicée enregistre plusieurs formes et plusieurs expressions du mysticisme. Tantôt Dieu est l'objet d'un contact ou d'une intuition ; tantôt il est directement perçu par un sens particulier : le sens du divin.

Certains philosophes déclarent que Dieu ne se prouve pas, mais qu'il s'affirme. En dehors d'une circonstance extraordinaire de sa vie, où il eut l'impression d'un contact certain, Secrétan parla plutôt d'une affirmation voulue et quelque peu aveugle. « En disant que la collection de ce qui devient doit elle-même avoir commencé, et que la série du contingent, fût-elle même infinie, ne s'en expliquerait pas mieux ; mais que ce qui, de sa nature, est par un autre, réclame l'être existant par lui-même, nous avons commencé d'exposer les motifs de notre foi. Ce n'est pas un argument, Kant l'a bien vu ; c'est un sentier qui nous élève au-dessus de la poussière des phénomènes... Je constate en moi le besoin d'*affirmer* l'être existant par lui-même... L'être existant par lui-même, l'être nécessaire à notre pensée est d'une nature incompatible avec la contingence ; le seul être que je puisse concevoir comme existant par lui-même, celui que je suis obligé d'*affirmer*, c'est l'être absolu, c'est l'être parfait. » Cette affirmation ne dépend pas d'un processus logique. « C'est donc en dépit des apparences de la nature, de l'histoire et de la logique même que nous cherchons dans l'être parfait la cause première d'un ordre imparfait. Et pourquoi ? — Parce qu'il nous est essentiel de l'*affirmer*. » — « La vraie preuve, celle qui circule dans toutes les autres et qui fait leur force, c'est l'impulsion, c'est le désir. Nous tendons à la perfectionner par toutes les aspirations de notre poitrine, nos yeux la cherchent dans l'azur, notre cœur l'appelle dans le silence, nous ne l'affirmons pas comme une froide conclusion de la pensée, nous l'*affirmons* pour nous y rattacher, pour nous en pénétrer et pour en vivre (1). »

L'extase désigne, sinon la forme la plus élevée, du moins la manifestation la plus sensible, de l'état mystique. Extase et mysticisme, du reste, ne signifient pas des réalités identiques. Pas plus que le théologien, le psychologue ne saurait confondre l'extase plotinienne, l'extase bouddhique, l'extase musulmane et l'extase chrétienne.

Du point de vue général et philosophique, d'où nous devons étudier le mysticisme, nous ne pouvons analyser que cette connaissance de la divinité qui

(1) *La Civilisation et la Croyance*, p. 206-210, Paris, Alcan, 1893. En ces divers passages, c'est nous qui avons souligné le mot : affirmer.

erait, tout à la fois, directe et naturelle (1).

Une théorie complète du mysticisme philosophique levrait signaler les causes d'illusion et d'erreur. Mais ette explication, qui a sa place ici, convient néanmoins d'une façon particulière à la catégorie suivante les phénomènes. Les intuitions dont il s'agit maintenant contiennent une part assez précieuse de vérité, — ious parlons surtout des intuitions décrites ou suggérées par nos philosophes occidentaux, — pour que ious cherchions une théorie moins expéditive que elle qui les explique par un mirage d'imagination.

Nous citerons, comme exemple d'extase philosophique, le cas de Charles Secrétan. Un soir d'hiver, Secrétan, jeune alors, se promenait solitairement sur a terrasse d'une vieille église. « Je sentis, dit-il, entrer n moi, avec le rayon d'une étoile, l'intelligence de et amour... Je rentrai chez moi avec quelque hâte, 'essayai de me concentrer et d'adorer. Pressé de traduire l'impression reçue en pensées distinctes, j'écriis avec une impétuosité que j'ignorais, et qui n'est amais revenue ; je m'efforçai de graver l'éclair sur des ages que je n'ai jamais relues. Je crois que le cahier ui les renferme existe encore, mais je n'oserais l'ouvrir, certain que l'écart serait trop grand entre la umière aperçue et les mots tracés alors par la plume. Depuis ce moment, j'ai vécu, j'ai souffert, j'ai eu des orts dont le souvenir me laboure, j'ai essayé de bâtir es systèmes ; les motifs de nier ont passé sur mon me, j'ai vu les difficultés se dresser l'une sur l'autre,

(1) Pour l'étude de la mystique chrétienne, nous invitons le lecteur consulter l'ouvrage du R. P. Poulain : *Des grâces d'oraison*, Paris, Etaux, 1906.

j'ai compris que je n'avais réponse à rien, mais je n'ai jamais douté. L'évidence du contact prévaut sur tous les raisonnements, sur tous les spectacles, sur toutes les fautes. Nous sommes aimés, Dieu nous veut quand même ; je le crois quand même, c'est bien le moins (1) ! »

Secrétan éprouva l'*évidence du contact* divin ! Cette expérience nous paraît susceptible de deux interprétations.

Ou bien nous sommes en présence d'un fait véritablement mystique. Le mot de contact signifie, sous la plume du philosophe protestant, ce qu'il signifie dans les ouvrages de sainte Thérèse ou de saint Jean de la Croix : une connaissance immédiate, surnaturelle et privilégiée de la divinité. En dehors du christianisme catholique, on pourrait donc rencontrer des faits de connaissance mystique, comme on cite des cas de guérison miraculeuse. En certaines circonstances, Dieu accorderait à la bonne foi les plus rares faveurs que la foi orthodoxe puisse recevoir ici-bas. Secrétan, pour revenir à notre exemple, aurait vraiment connu Dieu par une expérience immédiate.

Mais, si cette expérience est immédiate, elle ressemble identiquement aux merveilles ressenties par les mystiques catholiques, elle est surnaturelle, elle échappe à la compétence philosophique.

Une autre hypothèse s'offre à nous, qui nous paraît plus probable, et dont la psychologie naturelle peut rendre compte. Le contact dont parle le philosophe ne signifierait pas un acte simple d'appréhension directe, mais un ensemble de phénomènes où le raisonnement

(1) *La Civilisation et la Croyance*, p. 214, Paris, ALCAN, 1896.

se dissimulerait. Il peut paraître téméraire de vouloir analyser un état d'âme que le sujet, esprit perspicace et réfléchi, renonce à décomposer. Pourtant notre auteur lui-même nous invite à cette tentative par les documents qu'il nous fournit. Son œuvre philosophique nous indique vers quels problèmes ont dû se porter ses premières réflexions, quelles influences intellectuelles il a subies, quelles étaient les tendances de son caractère. Protestant et disciple de Kant, partisan du scepticisme métaphysique et du dogmatisme moral, rebelle au principe de l'autorité et de la révélation, mais, en même temps, préoccupé de la question religieuse, il s'attache exclusivement aux arguments moraux de l'existence de Dieu. Un fait s'impose de plus en plus victorieusement à son esprit, et le frappa, sans doute, dès le début de ses réflexions personnelles : l'homme se sent tenu de faire ou d'omettre certaines actions. Il y a un bien et un mal. De ce fait d'expérience humaine, à l'existence d'un Être qui garantisse la loi morale, et puisse assurer le triomphe final du bien, Charles Secrétan sent-il cette liaison injustifiée qu'on appelle un postulat, ou voit-il cette connexion qu'on appelle une nécessité logique ? Si aveuglément qu'il procède, il affirme néanmoins une conclusion inévitable ; et, si c'est dans la lumière qu'il marche, il marche cependant, et il sort de la zone des faits psychologiques. Sa conscience ne lui dit pas que Dieu existe, mais qu'il est persuadé, jusqu'aux moelles de l'être, que Dieu existe.

Cependant il tâche de se conformer à la loi morale, et son âme éprouve un sentiment de satisfaction profonde ; il espère atteindre l'heureux terme de sa vocation, et son âme est pénétrée de reconnaissance. Voici qu'un jour il se promène seul, aux abords d'une vieille église. Est-il besoin de faire remarquer que la solitude favorise ses réflexions, et le voisinage de l'église son élévation vers Dieu ? Comment, grâce à quel principe d'union et de fusion, ces lumières éparses au ciel de sa conscience se réunissent-elles en un seul rayon? Voilà ce que n'expliquera pas la logique. Mais à cette œuvre la psychologie aussi est insuffisante. Le corps joue son rôle dans cet état de conviction sensible et de joie unifiante. Jointe aux deux autres sciences, la physiologie ne donnera pourtant pas le dernier mot du mystère. Mais la nécessité même de recourir à leurs données respectives, pour résoudre partiellement le problème, témoigne que, dans un phénomène simple en apparence, de multiples éléments entrent en concours, et que le contact divin, dont parle Secrétan, ne se réduit pas à un fait unique, à une appréhension directe de Dieu.

Mais une dernière tâche nous reste. Il faut expliquer pourquoi, étant complexe, le phénomène paraît simple ; pourquoi, dérivant, en partie, de la dialectique, il surgit comme un acte subit d'intuition. Si le penseur communique avec Dieu par de multiples intermédiaires, on s'étonne qu'il déclare l'atteindre par un contact immédiat. Quel mécanisme substitue donc au discours l'appréhension ? Comment l'échafaudage s'éclipse-t-il tout à coup, laissant en pleine lumière une construction qui semble s'être élevée par enchantement ? Comment une vérité déduite nous produit-elle, certain jour, subitement, l'impression d'une vérité constatée?

Le problème particulier du mysticisme philosophique vient ici confluer dans un problème général. Aussi nous contentons-nous d'une solution générale elle aussi. La conscience présente plusieurs plans mobiles sans que sa continuité soit jamais rompue par des scissions réelles, ou du moins profondes ; elle obéit, dans les conditions normales, à une loi d'utilité pratique, et tend, par une suite plus ou moins compliquée de remous, à ramener à la surface les conclusions préparées par les courants profonds de la pensée. Les prémisses logiques et les influences corporelles, les impulsions ou les antipathies, retombent ou restent, en général, dans l'obscurité. Seules les conclusions, qui intéressent notre activité, émergent à la lumière. Économie de temps, économie d'attention : tels sont les résultats de la bienfaisante loi. Mais l'analyse conserve le droit et le devoir de plonger dans les zones moins lumineuses de la conscience, et, quelle que soit la supériorité pratique des conséquences, de maintenir la nécessité logique des antécédents.

L'erreur des mysi ques est parfois de considérer comme nuls et non av nus des antécédents qui ne sont qu'oubliés par la con ience, et d'appeler contact ce qui est conclusion.

4. — Dans certains cas, 'l est vrai, on ne saurait discerner la plus faible trace 'e déduction rationnelle. Mais aussi est-on vraiment (face d'une vérité connue, d'une pensée déterminée Ne s'agit-il pas plutôt de rêves ou de cauchemars ?

William James cite, entre au es, cette observation

rédigée par le sujet lui-même (1). Il s'agit d'une femme intelligente, nous dit l'auteur, qui avait été soumise à l'influence de l'éther, en vue d'une opération chirurgicale. « Je me demandai, écrit-elle, si j'étais dans une prison où l'on me torturait. Je me rappelai avoir entendu dire que « l'on apprend par la souffrance » ; devant ce que je voyais, la faiblesse de cette expression me frappa tellement que je dis à haute voix : « Souffrir c'est apprendre. » Je devins alors tout à fait insensible. Avant le réveil, j'eus encore un rêve de quelques secondes, saisissant et précis, bien que difficile à décrire. Un Être puissant traversait le ciel, le pied posé sur un éclair, comme une roue sur le rail : c'était son chemin. L'éclair était fait d'une foule innombrable d'esprits humains, pressés l'un contre l'autre, et j'étais l'un d'eux. L'Être se mouvait en ligne droite, et chaque point de cette ligne lumineuse ne devenait conscient pour un instant que pour qu'il pût avancer. Je me sentis directement sous le pied de Dieu ; il semblait en m'écrasant tirer de ma douleur sa propre existence. Je m'aperçus alors qu'il s'efforçait de tout son pouvoir de changer sa direction, d'infléchir l'éclair qui le portait. Me sentant flexible et impuissante, je connus qu'il réussirait. Il m'infléchit, et l'angle qu'il fit était ma souffrance même, la souffrance la plus aiguë que j'aie jamais éprouvée, au sommet de laquelle, quand il passa, j'ai vu... Je ne voyais pas le dessein de Dieu, je ne voyais que son effort inexorable : il ne pensait pas plus à moi qu'on ne pense à la douleur du liège quand on débouche une bouteille... Pendant que

(1) *L'Expérience religieuse*, p. 333-4.

je revenais à la conscience, je me demandai pourquoi, dans une intuition si profonde, je n'avais rien vu de ce que les croyants appellent l'amour de Dieu, mais seulement sa dureté. J'entendis alors cette réponse que je pus tout juste saisir : « La Connaissance et l'Amour ne font qu'un, et la souffrance en est la mesure. » Je donne les mots comme ils me vinrent... Si j'avais à formuler en partie ce que j'ai entrevu dans mon extase, voici comment je l'exprimerais : Éternelle nécessité de la souffrance, éternelle substitution du souffrant au coupable. Nature voilée, incommunicable, des pires souffrances. Passivité du génie, qui n'est qu'un instrument qui est mû et ne meut pas. Nulle découverte sans une souffrance individuelle qui dépasse infiniment le profit social... »

Nous avons cité, par larges extraits, cette observation, pour ne pas réduire à un schème incolore et indifférent l'état d'esprit qu'il s'agit d'apprécier. Tels détails, tels mots confèrent à un phénomène sa physionomie propre et décident du jugement à porter.

Trouve-t-on, vraiment, une différence notable entre l'extase que nous venons de rappeler et les rêveries d'un Thomas de Quincey ? Pourquoi attribuer à cette prétendue expérience du plan divin plus de vérité objective qu'aux hallucinations où s'abîme le fumeur d'opium, croyant sentir sur lui le poids de l'océan, entendant résonner, avec une redoutable solennité, ces paroles où s'affirme la majesté de l'empire romain : *consul romanus,* ou bien encore, contemplant avec effroi les pieds des meubles et des chaises qui s'animent peu à peu et représentent par de continuelles métamorphoses des monstres hideux. L'éther et l'opium se valent, comme principes de connaissance mystique. Bien volontiers, nous admettons que le raisonnement n'a rien à faire dans l'espèce. Mais à ce chaos d'images violentes nous refusons aussi la qualité d'intuitions.

Autant l'histoire de la philosophie a recueilli d'expériences où l'on prétendait atteindre Dieu d'une prise directe, autant elle hésite à en reconnaître qui soient authentiques et incontestables.

Il demeure vrai que le théisme dérive de l'observation, mais non immédiatement. La vraie méthode de la théodicée consiste à organiser et à comprendre les diverses données de la vie humaine ; bien que, par une réaction nécessaire, cette vie s'ordonne, à son tour, ou se trouble, sous l'influence de la religion ou de l'incrédulité.

5. — Pour conclure ce chapitre et le précédent, peut-on préciser la part respective de l'expérience et du raisonnement dans notre adhésion à l'existence de Dieu ?

Que faisons-nous, d'instinct, lorsque les mystères de l'œuvre divine et les problèmes de la théodicée effraient notre faible esprit ? Que faisons-nous, tout d'abord, d'un mouvement sûr et spontané ? Est-ce que nous reprenons la chaîne de nos déductions, pour en vérifier la solidité ? D'emblée, nous allons aux conclusions elles-mêmes et aux faits. Nous regardons autour de nous, nous interrogeons notre âme, nous nous tâtons, si j'ose dire, et prenant à témoins la nature, l'humanité, et Dieu lui-même, que, sans lui, tout s'écroule, que sa pensée, au contraire, exalte notre vie, nous disons, sinon avec une égale éloquence, du moins avec une égale conviction, ce que l'on entendit naguère sous la coupole de l'Institut, et ce qui fut accueilli par des applaudissements : « Quoique nous ne puissions ni atteindre, ni définir, ni contempler l'essence insaisissable de Dieu, quoique notre intelligence se perde à comprendre comment il est à la fois créateur et incréé, invisible et présent, maître du bien et du mal et permettant le mal, quoique nous ne percevions pas même un léger murmure du Verbe par qui les mondes sont et durent ; cependant, quand nous le sentons en nous comme un désir, quand, à son nom, notre être entier tressaille d'une espérance heureuse, s'anime d'un plus fier courage, se relève et s'ennoblit, alors aussi, bien que ne comprenant pas, bien que ne sachant pas, nous nous écrions : il existe (1). »

Je ne nie pas que cette démonstration se présente sous une forme plus oratoire que logique. Il convient même d'insister sur cette remarque. C'est un fait significatif, qu'on ne spécule pas sur Dieu comme sur les propriétés de l'espace géométrique, ou sur les « passions » de l'être abstrait. Le sujet nous intéresse bien autrement ! Dieu se mêle à notre vie, il émeut notre cœur, il fait exulter notre chair. *Cor meum et caro mea exultaverunt in Deum vivum.* Dieu n'est point l'objet abstrait d'une raison mathématique.

Veut-on une preuve nouvelle, et peut-être plus convaincante, que notre croyance en Dieu s'appuie fortement et compte avec sécurité sur notre propre expérience ? Cherchant les motifs tout à la fois les plus

(1) *Réponse de M. Émile Olivier*, membre de l'Académie française, *au discours de M. Émile Faguet*, prononcé dans la séance du 18 avril 1901.

sincères et les plus puissants, les plus satisfaisants pour lui-même et pour les autres, en un mot, les plus pratiquement efficaces, de repousser l'athéisme, un apologiste informé, M. Guibert, ne trouvait pas de meilleure démonstration qu'un examen de conscience. Il s'interrogeait lui-même; et, rapportant avec fidélité *comment*, né dans une famille chrétienne, peu à peu instruit des conditions de la vie sociale, averti des enseignements de l'histoire, de la science et de la philosophie, il avait, avec une fermeté constante, adhéré à l'existence de Dieu, il pensait suggérer, du même coup, à l'athée, *pourquoi* le théisme est rationnel (1).

S'il est de mode, aujourd'hui, de substituer aux argumentations logiques les « variétés de l'expérience religieuse », on ne saurait soupçonner les deux hommes, dont j'ai cité le témoignage, de céder à un engouement éphémère et de ne point exprimer une conviction réfléchie. On peut échapper au « mathématisme » sans tomber dans le « psychologisme ».

Mais, objectera-t-on, l'expérience rend des oracles ambigus.

Tel athée se déclare athée, parce qu'il entend en lui-même une réponse d'athéisme. « Je suis athée comme je suis Breton, comme on est brun ou blond, sans l'avoir voulu. Je n'ai donc aucune raison personnelle d'affirmer que l'athéisme vaut mieux qu'autre chose, n'ayant pu goûter à autre chose..... Aussi loin que remontent mes souvenirs, je ne trouve pas trace en moi de l'idée de Dieu ; et, cependant, j'ai été élevé

(1) *Revue d'Apologétique pratique*, 1er décembre 1906, p. 297 et suiv.

comme les autres petits Bretons de mon âge (1). »

Cette confession de M. Le Dantec prouve, du moins, une partie de notre thèse : à savoir, qu'en ces matières l'homme consulte, d'un mouvement instinctif, son expérience personnelle.

Mais est-il vrai que l'expérience proclame, à volonté, le règne ou la déchéance de Dieu? Est-il vrai que son témoignage soit équivoque et pliable aux conclusions les plus opposées? Est-il vrai qu'une expérience plus large et plus sûre ne puisse pas contrôler et rectifier l'expérience immédiate et étroitement individuelle?

A ces questions, M. Le Dantec apporte lui-même une réponse négative. Il avoue que son athéisme se heurte aux nécessités de la vie sociale comme aux exigences de la vie privée. Il constate que l'athée n'échappe au suicide moral et physique qu'en s'arrêtant court ou en s'écartant du chemin où il s'est engagé.

« Pour l'athée logique, il n'y a pas de principes au sens ordinaire du mot..... Si les principes n'émanent pas d'un Dieu infaillible, s'ils proviennent seulement de contingences sociales passées, il n'y a aucune raison pour qu'ils vaillent mieux que les nécessités tirées des contingences sociales actuelles... L'athée ne croit pas à sa personnalité, à son individualité; il se considère comme une succession de mécanismes réunis l'un à l'autre par le lien d'hérédité et subordonnés aux conditions ambiantes..... Chez l'athée qui, par raison, n'admet plus aucun principe, la survivance sentimentale de la conscience morale prend donc le caractère d'une sensiblerie maladive... En résumé, l'athée pro-

(1) *L'Athéisme*, Paris, FLAMMARION, p. 10.

prement dit, l'athée raisonneur qui va jusqu'au bout des conséquences de son athéisme est un être désarmé dans la lutte universelle (1). »

L'athée est un monstre. « Je parle de l'athée philosophe et qui raisonne ; je suppose d'ailleurs qu'il a une conscience morale, ce qui n'est pas fatal, mais s'il lui manque déjà l'idée de Dieu, qui est un des caractères héréditaires de l'espèce humaine, ce serait en faire un cas par trop tératologique que de le supposer en outre dépourvu de cet autre caractère spécifique qu'est la conscience morale. Que serait l'homme muni de cette double monstruosité (2)? »

« J'ai exprimé, au chapitre précédent, l'opinion que des *athées vrais* ne pouvaient pas vivre en société... Je voudrais dire maintenant quelques mots des conditions de vie de l'athée considéré seul, sans se préoccuper de ses rapports sociaux... L'idée de justice absolue manque à l'athée... Sans posséder l'idée de justice, l'idée de mérite, l'idée de responsabilité, qui sont les principaux mobiles des actions humaines, comment un homme peut-il vivre? Je crois qu'il ne *peut pas vivre !* »

Alors, pourquoi professer l'athéisme? Comment expliquer cette opposition entre les règles et les principes de la conduite pratique, d'une part, et, de l'autre, la négation de Dieu? « Il y a des erreurs *fondamentales* dans la nature de l'homme actuel, et ces erreurs sont aussi indispensables à sa vie que son nez, sa bouche ou son cœur. Heureusement pour l'athée, les ordres de la conscience morale ne se discutent pas ; l'athée le plus raisonneur ne raisonne pas tous les actes

(1) *L'Athéisme,* Paris, Flammarion, p. 88, 90, 92, 93.
(2) *Ibid.,* p. 94.

de sa vie ; il mourrait. Il agit instinctivement suivant sa nature ; il obéit à sa conscience sans se demander si sa conscience est d'accord avec la logique (1). »

Nous continuons à penser que la loi morale sert d'épreuve à la vérité, que la vérité ne saurait être principe de mort, et qu'il ne faut plus se réclamer de la méthode expérimentale, quand on professe la fausseté d'une doctrine essentielle à la vie sociale comme à la vie privée.

Le cas de M. Le Dantec semble, à première vue, diminuer le rôle de l'expérience en théodicée. Le fait de l'obligation morale n'est-il pas reconnu ? Pourtant il n'engendre qu'une théorie athée. Il faudrait donc s'en prendre à un défaut de logique.

Cette conclusion est discutable. Nous pensons que l'auteur ne réalise pas dans son esprit la donnée d'expérience qu'il nous signale. Nous refusons d'admettre que l'obligation morale bien comprise puisse paraître une illusion nécessaire, mais irrationnelle. Peut-être plus encore que la logique, l'information expérimentale de M. Le Dantec laisse à désirer.

Ces remarques éclairent sans doute le problème final énoncé plus haut. Nous demandions dans quelle proportion l'expérience et la logique se combineraient le plus utilement pour confirmer la doctrine du théisme. La réponse se formule peut-être dans l'esprit du lecteur. Peut-être estime-t-il que, si l'on mettait l'œuvre de la déduction dans un plateau de la balance et l'apport de l'observation dans l'autre, le fléau, par une légère inclinaison, marquerait la prédominance des données expérimentales, au moins dans la controverse actuelle.

(1) *L'Athéisme*, p. 98 et 99.

LIVRE II

LE DIEU PERSONNEL

LIVRE II

LE DIEU PERSONNEL

CHAPITRE PREMIER

LES OBJECTIONS DE L'EXPÉRIENCE

1. Les partisans du Dieu impersonnel. — 2. Les causes de leur idolâtrie sont multiples. Ils se réclament surtout de l'expérience. — 3. L'expérience historique témoignerait contre la notion de monarchie divine. — 4. A la volonté divine l'expérience physique opposerait les lois naturelles. — 5. La psychologie moderne contredirait également les notions et les principes de la théodicée personnaliste.

1. — Dieu personnel : ces deux termes ne forment-ils pas un pléonasme ? Jadis, on parlait de l'existence de Dieu, sans se croire obligé de spécifier qu'il s'agissait d'un Dieu personnel. Lorsque le chrétien ou le simple théiste professaient la nécessité d'un Être suprême, ils n'ajoutaient pas que cet être était individuel, concret, intelligent, conscient ; et, de leur côté, pour nier l'existence d'un tel être, « les libertins » disaient tout simplement qu'ils ne croyaient pas en Dieu. Le dilemme alors se posait en ces termes : théisme ou athéisme.

Mais voici qu'entre les deux alternatives on intercale un moyen terme : Dieu existe, mais d'une existence impersonnelle. Cette solution intermédiaire, qui prétend accorder, dans une synthèse supérieure, les arguments des théistes et les objections des athées, est celle qu'adoptent maintenant la plupart des philosophes qui ne croient pas à l'existence de Dieu. A notre théodicée, ils n'opposent pas la brutale négation du naturalisme, mais la fuyante théorie du Dieu impersonnel et le culte nuageux du Divin.

Ils disent avec Taine : « Au suprême sommet des choses, au plus haut de l'éther lumineux et inaccessible, se prononce l'axiome éternel ; et le retentissement prolongé de cette formule créatrice compose, par ses ondulations inépuisables, l'immensité de l'univers... L'indifférente, l'immobile, l'éternelle, la toute-puissante, la créatrice, aucun nom ne l'épuise ; et quand se dévoile sa face sereine et sublime, il n'est point d'esprit d'homme qui ne ploie, consterné d'admiration et d'horreur. Au même instant, cet esprit se relève ; il oublie sa mortalité et sa petitesse ; il jouit, par sympathie, de cette infinité qu'il pense, et participe à sa grandeur (1). »

Ils disent, avec Renan, que Dieu est la « catégorie de l'idéal ». Vacherot parla quelque temps le même langage. Puis, sans revenir au Dieu personnel, il se sépara, tout à la fois, de Spinoza auquel il reprochait d'adorer une substance immobile, et de Renan qui, comme Hegel, proclamait la divinité en voie de formation. La cause première n'appartient ni à la catégorie du devenir, ni à la catégorie de l'idéal. Comment l'esprit humain doit-il

(1) Hippolyte TAINE : *Les Philosophes classiques*, p. 370 et 371.

se la représenter? Vacherot ne parvient pas à formuler une réponse précise. Mais son Dieu immanent n'est certainement pas un Dieu personnel. Il admet la formule de Schelling : *Deus, mundus implicitus; mundus, Deus explicitus* (1).

M. Jules Payot « conçoit Dieu ou bien l'univers comme un ensemble de lois immuables (2) ».

Au culte de Dieu M. Marcel Hébert préfère substituer le culte du Divin. « Désabusé des illusions de l'anthropomorphisme par les raisonnements du diacre Photin, le moine Sérapion s'écriait en gémissant : Hélas! on m'a enlevé mon Dieu, et je ne sais plus quoi j'adore! Ce sont les mêmes plaintes, les mêmes récriminations aujourd'hui. Essaie-t-on de diminuer encore la part d'anthropomorphisme que contient la représentation du Divin, de remplacer la Personne idéale transcendante par une Loi d'idéal immanente, on entend jeter les hauts cris; on vous accuse d'enlever à l'humanité le seul procédé grâce auquel puisse être imaginé, assimilé le Divin, pour le laisser dans le vague, l'abstrait, bref l'athéisme pratique (3). »

Résultat inattendu : des profanes, des gens du peuple, adoptent cette négation raffinée, ou, du moins, ils la répètent. Il y a quelques années, passant près d'un groupe d'ouvriers, j'entendis l'un d'entre eux expliquer à ses camarades que l'univers n'était pas gouverné par un « individu », par « une espèce d'homme », mais par des « lois ».

(1) *Le Nouveau Spiritualisme*, p. 324, Paris, Hachette, 1884.
(2) Jules PAYOT : *Cours de morale*, Paris, COLIN, p. 201.
(3) Marcel HÉBERT : *Le Divin*, Paris, ALCAN, 1907, p. 107.

2. — Comment expliquer ce syncrétisme où l'on veut réunir deux termes contradictoires ? D'où vient ce culte paradoxal rendu à un Dieu impersonnel ? Où donc s'est élaborée l'apothéose de la loi ?

Des éléments multiples entrent dans la composition de cette idolâtrie nouvelle.

Le panthéisme en est l'ingrédient le plus ancien. Un Dieu dont la réalité n'est pas distincte du monde, n'est-il pas un Dieu impersonnel ? Spinoza, qui reprend cette conception de la divinité, et qui professe pour la substance unique et universelle des sentiments d'amour, acclimate encore dans la philosophie cette idée : que la religion peut avoir un objet abstrait, et qu'on peut être « ivre de la divinité », sans croire à un Dieu personnel.

Le désir, parfois légitime et fécond, mais parfois chimérique et irrationnel, de ne pas laisser perdre une parcelle de la spéculation philosophique, et de réconcilier, d'un point de vue supérieur, la thèse et l'antithèse ; ce désir, qui est tout l'hégélianisme, inspire aussi la théorie du Dieu impersonnel. Elle représente, en effet, une gageure de synthèse, elle est un tour de prestidigitation, pour montrer qu'on peut être à la fois théiste et athée.

Non moins que Hegel et Spinoza, Renan a joué son rôle dans la formation de ce théisme impersonnel, que l'on peut appeler encore un athéisme religieux. Voltaire ricanait, Renan aime mieux sourire. Le sourire, estime-t-il, manifeste une force supérieure et une impartialité plus sereine ; d'autant plus qu'à l'ironie on peut unir la pitié, et quelquefois la sympathie. Renan ne dira pas, par exemple, que Jésus est un homme ordinaire, et le christianisme une superstition. A d'autres, les lourds blasphèmes. Certes, Jésus n'est pas Dieu. Mais il faut parler de lui avec le respect qui est dû à Çakya-Mouni. « Inclinons-nous devant ces demi-dieux. » La personnalité de Jésus n'est pas divine. Mais « Jésus ne sera pas surpassé. Son culte se rajeunira sans cesse ; ses souffrances attendriront les meilleurs cœurs ; tous les siècles proclameront qu'entre les fils des hommes il n'en est pas né de plus grand que Jésus (1). » La religion naturelle est traitée comme la religion révélée. Dieu n'est pas un être réel et déterminé. Mais qu'on se garde bien de proscrire son nom et de bannir son culte. Dieu est la « catégorie de l'idéal ».

Toutes ces influences ont concouru à la formation et à la propagation de la théorie que nous allons combattre. Je crois pourtant qu'aujourd'hui elles passent au second plan. On invoque une autre autorité : la science expérimentale. A la science positive est attribué le gouvernement des esprits. « La science que nous représentons, écrivait M. Berthelot dans *Science et Libre Pensée,* impose ses directions dans tous les ordres, industriel, politique, militaire, éducateur, et surtout moral, en s'appuyant exclusivement sur les lois naturelles, constatées *a posteriori.* »

Or, cet arbitre de la pensée moderne : l'expérience, se prononcerait contre le Dieu de la théodicée traditionnelle. « Les esprits scientifiques, écrit M. Payot, ceux qui soumettent docilement leurs croyances au contrôle de l'expérience », ceux qui ont « l'idée des lois de la

(1) Ernest RENAN : *Vie de Jésus*, p. 458 et 459.

nature et de la rigueur des méthodes de recherche », ne peuvent concevoir Dieu autrement que comme « un ensemble de lois (1) ».

Nous examinerons s'il est vrai que, dans un esprit façonné par la science expérimentale, la notion d'un Dieu personnel ne puisse plus trouver place.

Considérée d'un certain point de vue, interrogée à une certaine époque, la triple expérience de l'histoire, de la physique et de la psychologie semble témoigner contre la personnalité divine.

Nous recueillerons ces dépositions.

Mais de l'expérience nous en appellerons à l'expérience mieux informée. L'histoire intégrale répondra à l'histoire fragmentaire ou imaginaire. La physique contemporaine corrigera la physique cartésienne. Une psychologie récente sera démentie par une psychologie plus récente encore.

Ainsi nous acceptons comme point de départ, et nous reprendrons comme conclusion, la thèse sur laquelle les adversaires du Dieu personnel veulent établir leur négation : à savoir que la question de la nature divine peut et doit, dans une certaine mesure, qui est une large mesure, subir le traitement de la méthode expérimentale.

3. — Comment l'expérience semble-t-elle déposer contre la personnalité divine ?

Quel témoignage compétent l'histoire, tout d'abord, peut-elle apporter en pareille matière ?

L'histoire ne saurait saisir, et dégager de la trame

(1) Jules Payot : *Cours de morale*, p. 194, 195, 201.

des événements humains, Celui dont l'action pénètre subtilement, et déborde, de toutes parts, les causes secondes. Mais, en retrouvant la genèse des institutions et des idées, elle découvre certaines lois de cet esprit humain qui a nommé Dieu une personne. Si elle ne peut, de son autorité seule, prononcer un verdict de justesse ou de fausseté sur la doctrine philosophique de la personnalité divine, elle a réuni peut-être les éléments décisifs d'une condamnation ou d'une glorification. Oui, d'une condamnation, déclarent les adversaires modernes du Dieu personnel. L'histoire, poursuivent-ils, nous montre l'origine de cette croyance religieuse liée à l'institution politique de la monarchie, et le sort de la première uni au sort de la seconde. Chez les Orientaux, « l'autorité a toujours été despotisme. Elle s'incarne dans un homme tout-puissant, qui a droit de vie et de mort sur ses sujets... Cette représentation de l'autorité apparaît dans l'idée que les Juifs se faisaient de leur dieu. Comme, durant l'empire romain et le moyen âge, les chrétiens ont toujours vécu sous des gouvernements arbitraires..., on ne peut s'étonner que la majorité des fidèles de cette religion ait pu accepter la croyance à un gouvernement arbitraire de l'univers. Aussi, en face d'une minorité d'esprits scientifiques, voyons-nous les intelligences peu éclairées admettre le surnaturel, les miracles et l'efficacité de la prière, pour fléchir Dieu ou le corrompre (1). »

Bientôt le temps ne sera plus, pour les rois, de régner. La personne divine subira les destinées des

(1) Jules PAYOT : *Cours de morale*, p. 200 et 201.

personnes royales. Dieu suivra les rois en exil. La souveraineté sera distribuée à la foule, et la divinité rentrera dans l'univers. Plus de gouvernement personnel ni aux cieux ni sur la terre. Les rois perdront les derniers privilèges de leur droit divin : Dieu sera dépossédé de son titre royal. On estime que le dévouement à l'État anonyme surpasse, en virile dignité, le dévouement à la personne d'un chef, ou même à l'antique patrie, et l'on accorde plus de confiance à la sagesse des foules qu'à l'autorité des conducteurs de peuples. On croit s'apercevoir, en même temps, que l'univers obéit plutôt à une finalité immanente et aux sourdes aspirations de tous ses éléments qu'à la volonté d'un maître ; et l'on va reporter sur la divinité diffuse en tous les êtres le culte qui s'adressait à un être unique. Après l'éviction des aristocraties et des élites, suppression de tout culte personnel. Après l'avènement du suffrage populaire, l'avènement de la divinité anonyme.

Si dans la substitution, brusque ou progressive, des démocraties aux monarchies, des gouvernements impersonnels aux gouvernements personnels, l'histoire ne constatait qu'une suite inexpliquée de changements ou de révolutions, sans pouvoir en exprimer la loi, elle ne saurait, dans le présent, deviner ni conjecturer l'avenir. Il lui serait interdit d'annoncer, à échéance plus ou moins longue, l'éclipse totale de la monarchie, interdit de prédire la déchéance officielle du Roi des rois.

Mais la diversité des lieux et des temps fait, dit-on, ressortir la puissance des lois sociales et leur sagesse autant que leur complexité. Sous la variété des circonstances, ici tragiques et de prime abord odieuses, là heureuses et bienfaisantes, tantôt imprévues, tantôt naturellement préparées, nous retrouvons un même courant, une même direction, la marche conquérante de la justice et de la raison. Quel jour, en effet, quel jour très précis, le pouvoir du chef est-il entamé, d'une fêlure imperceptible mais irrémédiable ? Le jour où il promulgue une loi, loi sanguinaire peut-être, loi qui affirme sa volonté, mais qui, en l'affirmant, la fixe, et, en la fixant, la limite. Il l'abrogera bientôt, il la méconnaitra, soit. Mais il ne pourra jamais ressaisir tout entière la part de puissance qu'il croyait imposer à ses sujets, et qu'en fait il leur a livrée. De ce premier acte, il leur restera dans l'esprit le souvenir plus ou moins conscient qu'il est une autre volonté que l'arbitraire changeant de leur chef. Le souvenir ne sera pas perdu. Après des générations, après des siècles, on s'avisera que la loi qui émanait d'une seule volonté pourrait sortir d'une collaboration, d'un conseil, d'une assemblée, d'un parlement. La volonté du roi et celle de la loi se trouveront en parallèle, se tiendront en échec ou s'accorderont en harmonie. Puis on ne commandera plus qu'au nom du peuple et de la loi. Mais ce jour-là ne verra-t-il pas, tout ensemble, la défaite de l'arbitraire et le triomphe de la raison, l'avènement de la souveraineté anonyme et le bannissement du pouvoir personnel ?

Dès qu'apparaît la loi, une lutte commence, qui finira par sa victoire définitive. Roi et loi se combattent : il faut que l'une tue l'autre. L'histoire des sociétés humaines ne se poursuit donc pas au hasard. Si elle traverse parfois des fleuves de sang et de boue, elle ne s'avance pas dans les ténèbres. L'humanité voit clairement la courbe générale de ses destinées ; elle comprend que cette courbe, si l'on prend la moyenne de ses positions, marque un progrès et dessine une ascension, et qu'à la limite elle sort du domaine où règne encore l'injustice, pour atteindre la région de la raison souveraine.

Aussi le regard suit avec confiance cette direction radieuse ; l'esprit s'abandonne au mouvement que lui imprime la sociologie historique ; l'âme accepte ou désire, dans la vie religieuse, comme dans la vie civile, l'unique suprématie de la loi ; la raison approuve en droit ce que l'histoire lui montre à titre de fait : le discrédit parallèlement progressif du pouvoir personnel et du Dieu personnel.

Désormais, le citoyen croirait se dégrader en se dévouant à la personne ou à la famille d'un souverain ; tandis qu'il obéit aux ordres de l'État et aux injonctions de la loi. Le soldat doit s'exercer à « obéir librement, consciemment, au chef militaire, non certes à la personne même du chef, mais au principe d'autorité, à la loi militaire, que ce chef représente (1) ».

Même transposition des sentiments dans l'ordre moral. On dénonce l'antique illusion qui consistait « à croire qu'il ne peut pas y avoir de règles sans l'autorité personnelle d'un législateur ». Ces règles, dont l'ensemble compose la morale, ne sont édictées « par personne en particulier. Elles résultent de la vie sociale, de la vie humaine et de la raison (2). »

(1) Commandant E. Coste : *L'Instituteur et l'Officier dans la nation armée*, p. 8, Paris, Lavauzelle.

(2) *Bulletin de la Société française de philosophie*, janvier 1907, *Essai de Catéchisme moral*, par M. Lalande, p. 6.

L'autorité de la loi positive remplace, dans les sociétés, l'autorité du chef. En morale, la loi naturelle se détache de la volonté de Dieu.

4. — C'est qu'un jour aussi, informe, il est vrai, maladroite, à peine consciente, l'idée de loi physique a surgi dans l'esprit humain, et s'est trouvée en antagonisme avec les volontés d'un Dieu personnel, comme la loi civile se posait en rivale du souverain terrestre, comme la loi morale s'émancipait de toute dépendance à l'égard d'un Législateur suprême. Cette idée a subi bien des vicissitudes, elle a connu des alternatives d'oubli et de gloire, elle n'a pas encore pris pleine conscience d'elle-même. Mais elle poursuit sa carrière, elle avance, et le Dieu personnel recule dans un lointain de plus en plus vague. Tel serait, à l'appui du témoignage de l'histoire, le témoignage de la physique.

Aux siècles où l'on croyait que la nature a horreur du vide, que la matière éprouve des antipathies et des appétits, que des esprits animaux s'agitent dans les veines, qu'un archée préside à la nutrition ; quand la notion de loi se dégageait à peine de celle de cause ; quand l'idée de cause se trouvait mêlée à celle de volonté ou de sentiment ; de degrés en degrés, on s'élevait sans peine jusqu'au vouloir suprême du Dieu personnel. Tout était intention, tout était volonté. L'anthropocentrisme régnait sans plus de contestation que le géocentrisme. L'homme voyait Dieu et le monde dans sa propre nature, comme dans un miroir déformant. Ce n'était pas un illettré ni un ignorant, c'était le célèbre médecin du XVIIe siècle, Jean-Baptiste Van Helmont, qui décrivait ainsi les vertus de l'onguent vulnéraire de Paracelse : Pour guérir un blessé, il suffit de prendre un éclat de bois trempé dans le sang qui sort de la blessure et de l'enduire du fameux onguent. Un même effet sera produit sur le sang coagulé autour du morceau de bois et sur le sang qui coule dans les veines du blessé, car les deux sangs se communiquent leurs mutuelles impressions, « les deux sangs sont frères ». Quelle merveille opère donc l'onguent sur le sang coagulé ? Il l'adoucit, car il possède « une douce sympathie », étant fait de miel parfumé. Il lui inspire la vigueur, l'esprit de force, étant composé, pour une part, de graisse de taureau. Chacun sait, en effet, qu'en mourant « le taureau gronde sourdement ». Dès lors, que viennent nous dire les superstitieux, à quoi bon parler d'intervention diabolique ? conclut triomphalement Van Helmont. Le taureau qui meurt « fait passer dans son sang son esprit de vengeance ». D'où la force de l'onguent, force qui vient tout entière de cet « esprit de vengeance posthume conservé dans la graisse (1) ».

Tous ceux qui sourient sont-ils bien sûrs de ne pas se moquer d'un ridicule de famille, et de ne pas railler un état d'intelligence qu'ils représentent en partie, et qui les anime à leur insu ? De cet esprit de vengeance que Van Helmont préposait à la guérison des blessures, aux esprits célestes que Képler chargeait de la direction des astres, et des anges astronomes, à la Suprême Intelligence qui gouverne l'univers, un disciple d'Auguste Comte trouverait quelque affinité et quelque

(1) Cité par W. James : *L'Expérience religieuse*, traduction Abauzit, p. 414 et 415, texte et notes.

transition. Il rangerait ces diverses croyances dans la catégorie des explications théologiques.

Admettons que Van Helmont nous offre une exagération involontaire, une caricature, de la philosophie naturelle de son époque. Admettons que lui, et plusieurs autres, dont la liste, du reste, serait assez longue, poussent à la charge des idées susceptibles d'une interprétation plus sensée. Ne reste-t-il pas acquis que la science médiévale admettait, comme sources d'explications, des « appétits naturels » et des « appétits sensibles », des « âmes végétatives » et des « principes vitaux », c'est-à-dire des formes inférieures de volonté, des imitations de l'homme, des fantômes projetés par son ombre? Une science anthropomorphique s'accordait avec une théodicée anthropomorphique. Des volontés animaient l'univers et se disposaient dans une hiérarchie régulière, la volonté suprême du Dieu personnel formant le sommet de la pyramide et dominant le monde.

Mais la physique a progressé, comme la sociologie. Dans l'univers, comme dans nos sociétés, la loi poursuit son ascension au firmament. A mesure qu'elle monte vers le zénith, et que sa lumière grandit, les volontés personnelles pâlissent. Elles seront bientôt éclipsées. Physique, chimie, biologie, toute science naturelle enregistre des mouvements, des réactions, des chocs, qu'elle s'efforce d'expliquer en fonction du temps et de l'espace. Le terme de comparaison, dans nos explications analogiques, est tout différent désormais. L'homme n'est plus le point de départ de la philosophie naturelle. Toute science invoque le secours, et se soumet à l'empire, de la mathématique. Plus de volontés, mais des formules, mais des lois, au sommet desquelles se prononce l'axiome éternel qu'Hippolyte Taine adorait, et devant lequel il ployait les genoux, frappé d'un religieux effroi. Une loi suprême et non plus une suprême volonté : tel est le Dieu d'une théodicée qui s'inspire de la science moderne.

Ainsi la science expérimentale unirait son témoignage à la science historique.

5. — Voici le troisième témoin qu'invoquent, à l'appui de leur doctrine, les partisans du Dieu impersonnel : l'expérience psychologique.

Celui-ci, du moins, va se récuser, ou se retourner contre ceux qui l'invoquent. La psychologie n'est-elle pas la protectrice, comme elle a été l'inspiratrice, du personnalisme en théodicée ? Ce que les adversaires de cette doctrine disqualifient par l'épithète d'anthropomorphisme, n'est-ce point une extension, une application à l'Être suprême, des attributs observés en notre âme ? Si le conflit s'exaspère entre la théodicée traditionnelle, d'une part, et, de l'autre, l'expérience physique ou historique, l'alliance ne doit-elle pas se resserrer entre les adorateurs du Dieu personnel et les psychologues ?

Étrange déception : la psychologie, nous dit-on, sépare sa cause de celle de la théodicée classique ; elle lui oppose ses thèses les mieux établies et ses conclusions les plus neuves ; elle lui inflige démentis sur démentis. Elle déclare, elle aussi, que la conception d'un Dieu individuel ne tient plus devant les progrès de la science et le témoignage de l'expérience.

La psychologie comparée remarque que l'instinct de

la personnification et la croyance aux volontés individuelles dénotent une infériorité intellectuelle plus ou moins accusée. Les esprits s'y montrent d'autant plus enclins qu'ils subissent moins l'influence rationnelle. L'enfant « personnifie » plus que l'adulte, le sauvage plus que le civilisé, le fou plus que l'homme normal. Naïfs drames du jeune âge, qui caresse une fleur, se fâche contre une table, console une poupée; puéril fétichisme de Maggie, qui, pour se venger d'une tante détestée, faisait passer sa colère en enfonçant des épingles dans une sorte de petit mannequin informe; hallucinations lyriques du poète, qui croit que les petites fleurs heureuses « tirent la langue à sa douleur »; manie des persécutés imaginaires, qui se heurtent partout à des volontés hostiles; rêves de déments, qui croient incarner quelque grand personnage, sinon Dieu le Père ou son Fils : tous ces délires, gracieux ou pitoyables, inconscients ou volontaires, partiels ou complets, ne nous montrent-ils pas, en images agrandies, l'origine irrationnelle de l'instinct personnificateur?

Cet instinct suscite, il est vrai, de jolis rêves. « Il se passe de charmantes choses sur la cendre, et, quand je ne suis pas occupée, je m'amuse à voir la fantasmagorie du foyer. Ce sont mille petites figures de braise qui vont, qui viennent, grandissent, changent, disparaissent, tantôt anges, démons cornus, enfants, vieilles, papillons, chiens, moineaux : on voit de tout sous les tisons... Écoute surtout ce petit sifflement qui sort parfois de dessous la braise, comme une voix qui chante. Rien n'est plus doux et plus pur; on dirait que c'est quelque tout petit esprit de feu qui chante (1). » Évocations pittoresques, mais combien éloignées de la vérité scientifique !

Du reste, l'imagination passe vite du gracieux au bizarre. L'hallucination malfaisante est proche de l'illusion inoffensive. Qui ne connaît de ces personnes pour qui toute causalité semble se réduire à des volontés adverses ou favorables ? Elles traduisent tout en langage de primitifs. Ne pas être de leur avis, c'est leur « en vouloir ». Les blâmer, c'est être « en colère » contre elles. Elles ne terminent un délire de persécution que pour en commencer un nouveau, tour à tour ou simultanément préoccupées de fuir un ennemi et d'en poursuivre un autre, maniaques plus responsables, mais à peine plus raisonnables, que les grands déments des asiles.

Sans doute, on observera que l'imagination peut susciter des fantômes de personnes et de volontés individuelles, sans que la raison perde le droit d'affirmer, elle aussi, en d'autres circonstances, l'existence de personnalités. De ce que la jeune héroïne de George Eliot attribue une conscience illusoire à la poupée, son souffre-douleur (2), on ne saurait, tout de suite, conclure que le théiste agit en enfant, lorsqu'il adore, dans la Cause suprême du monde, un Être individuel et personnel. Non, assurément. Pareille conclusion serait trop rapide. Mais le philosophe qui professe la personnalité de Dieu n'éprouve-t-il pas quelque inquiétude, ne fait-il pas quelque retour sur lui-même, lorsqu'il compare, d'un côté, l'enthousiasme des esprits

(1) Eugénie de Guérin : *Journal et Fragments*, p. 17. Paris, Librairie académique, 1868.

(2) *The Mill on the Floss*, éd. Tauchnitz, I, 30.

naïfs ou troublés à humaniser tous les êtres, pour leur prodiguer leur tendresse, leur vénération, leur colère, leurs prières, ou leur haine, et, de l'autre, l'attitude intellectuelle d'un Spinoza, qui s'attache à connaître les lois de la nature, et qui accepte l'ordre impersonnel et nécessaire du monde? Il semble que les facultés rationnelles et la tendance à personnifier soient placées sur les deux plateaux d'une balance, et que l'une ne puisse monter, sans que les autres s'abaissent, que la raison ne puisse se développer, sans que diminue le besoin d'expliquer le monde par des volontés. Tel est le témoignage, non pas décisif, mais troublant néanmoins, de la psychologie comparée.

6. — Individuelle ou comparée, la psychologie témoigne une seconde fois, et dans le même sens. Jusque-là on se contentait de reprocher à la théodicée personnaliste d'avoir transposé, de l'ordre humain dans la divine réalité, la notion de personne; mais on ne lui refusait pas le droit de constater dans l'homme la vérité de cette notion. Mais que dire du Dieu personnel, si l'homme lui-même n'est pas une personne, une personne telle que l'entendait l'ancienne psychologie? Or, depuis qu'on oppose, au nom de l'expérience, comme au nom de la critique, la personne nouménale ou métaphysique à la personne phénoménale ou psychologique, il se trouve, paraît-il, que l'existence d'un être substantiel, libre, s'appartenant, n'est plus une vérité dont chacun de nous puisse se rendre compte par l'observation. L'observation établit tout autre chose : elle montre, par des cas de dédoublement total ou partiel, successif ou simultané, que la personne

objet de la psychologie, varie, se divise, disparaît; c'est-à-dire que la personne subsistante et permanente de l'ancienne philosophie échappe à la science expérimentale. Dès lors, savons-nous même de quoi nous parlons, lorsque nous proclamons la personnalité de Dieu? Rapprocher ces deux termes, n'est-ce pas mêler, dans une hypothèse indéterminée, le mystère humain à l'inconnu divin?

Mais, dira-t-on, de notre vie personnelle, tout n'est pas énigme ou hypothèse. Il est clair et certain que nous sommes doués de volonté et d'intelligence. Deux attributs, dont on a écarté les imperfections, quand, par l'esprit, on en a détruit les limites, et qu'il suffit d'attribuer, dans cet état d'idéale pureté, à Dieu, la cause suprême, pour le concevoir comme une personne. La psychologie ne peut faire obstacle à ce double travail d'épuration et de transfert, qui dépasse, mais ne contredit pas, les données de l'observation.

Elle ne les contredit pas! La chose est-elle certaine? Sommes-nous bien sûrs qu'une volonté et une intelligence que rien ne limite sont encore une volonté et une intelligence concevables? Croyons-nous, surtout, qu'il suffise de les étendre sans fin, pour les diviniser? Pensons-nous que cette conscience d'elles-mêmes, sans laquelle elles ne nous apparaissent plus comme constitutives de la personne psychologique, puisse se retrouver en Dieu? Qui nous dit, enfin, que la conscience actuelle n'est pas, comme la limite, une imperfection, et qu'elle ne répugne pas à la nature d'un Être infiniment parfait? Une chose est certaine : c'est que nous ne concevons pas une personnalité sans conscience. Une autre chose est contestable : c'est que la conscience soit une perfection absolue et divine. Du même coup, nous devons douter qu'il convienne à Dieu d'être personnel.

La psychologie ne professe plus, comme un axiome incontesté, la supériorité du conscient sur l'inconscient. Elle n'enseigne plus le développement parallèle de la conscience et de la perfection. Sensations, volitions et pensées inconscientes, qui passèrent longtemps pour d'impossibles et contradictoires notions, s'imposent au psychologue, à titre de faits, tout comme les mouvements réflexes et les gestes automatiques. Se peut-il qu'on puisse vouloir, sentir et penser, sans remarquer qu'on pense, sent et veut? C'est possible ; puisque, chez certains sujets particulièrement, des phénomènes s'observent, trop compliqués pour s'expliquer par un mécanisme sans âme, trop étrangers à la vie normale du sujet et trop inaperçus de lui pour supposer le moindre degré d'advertance. Téméraire donc, et, en même temps, arriéré, le philosophe qui emploie comme synonymes, ou considère comme inséparables, la conscience et la pensée. Qu'une pensée suprême ait été l'organisatrice du monde, qu'une souveraine volonté en soit la Providence : on ne saurait en conclure que le maître du monde est un Être conscient, et, par suite, personnel.

Qu'on veuille bien remarquer les deux thèses de la psychologie nouvelle sur l'inconscient. Elle n'enseigne pas seulement que la vie mentale peut se poursuivre dans la nuit. Si là se bornaient ses conclusions, le théiste pourrait s'en emparer et conclure, malgré tout, à la conscience et à la personnalité de Dieu. Oui, supposons que les faits psychologiques inconscients n'apparaissent, ou, du moins, ne se développent, que sur un terrain morbide ; supposons que l'automatisme psychique ne se révèle que dans les formes inférieures de l'activité mentale : hystérie, somnambulisme, psychasthénie, épilepsie : la doctrine du personnalisme divin subsisterait. On ne raisonnerait plus ainsi, il est vrai : la cause du monde est intelligente, donc elle est consciente. Mais on dirait : l'Être suprême est souverainement intelligent, donc il est conscient. Je crois que, dans les années qui suivirent la publication de l'*Automatisme psychologique,* l'argument eût été valable. M. Pierre Janet venait d'établir que l'attention volontaire surpasse en dignité et en fécondité l'attention spontanée, et qu'en se laissant prendre à l'engrenage de l'automatisme, l'esprit abdique et se dégrade. D'où l'on devait conclure qu'en s'élevant à une conscience plus lumineuse, il atteignait une perfection supérieure, et que l'intelligence infinie était la conscience indéfectible.

Mais, après avoir découvert l'activité inconsciente, à la limite inférieure de notre vie mentale, voici qu'on la retrouve à son sommet. C'est de l'inconscient, disait-on, que sourdent les suggestions mauvaises et les phénomènes malsains. Mais de l'inconscient aussi, remarque la psychologie la plus récente, nous viennent les hautes pensées et les désirs ennoblissants. Ainsi, l'*Expérience religieuse,* de M. William James, répond à l'*Automatisme psychologique,* de M. Pierre Janet. Par l'inconscient, nous nous ravalons au niveau de la brute ; par l'inconscient, nous communiquons avec Dieu. Une thèse complète et corrige l'autre. Nous ne savons plus si la conscience fait notre grandeur ou notre faiblesse. Il semble qu'il faille lui appliquer ce que Pascal écrivait de l'athéisme ; il semble qu'elle marque force d'esprit, mais jusqu'à un certain point seulement. « L'entière supériorité du conscient sur l'inconscient n'est nullement démontrée (1) », écrit M. Hébert. Un somnambule est un inconscient. Mais un grand penseur aussi, observe Ferdinand Brunetière, « est toujours inconscient d'une partie de sa pensée, comme un grand artiste l'est souvent du meilleur de son art, et, de l'un comme de l'autre, c'est même en ce cas que l'on dit qu'ils ont du génie (2) ». Dans le démon de Socrate, dans l'enivrement de l'orateur, dans l'élan irréfléchi du héros célèbre ou ignoré, dans l'inspiration de l'écrivain, dans le tact d'une femme du monde, dans les sollicitations de la grâce, dans l'extase de sainte Thérèse, que découvre le psychologue ? L'inconscient. Inconscient, l'épileptique ; mais inconscient aussi, le mystique. La claire vue de nous-mêmes coïncide avec une zone moyenne d'activité normale. En deçà et au-delà du spectre lumineux, les vibrations de la vie continuent, ici froides et muettes : nous allons vers la matière ; là chaudes et sonores : nous allons vers Dieu. La psychologie, d'abord hésitante entre ces deux inconscients, dont les contrastes troublaient la hiérarchie classique des valeurs mentales, allait de l'un à l'autre, les examinant tout à tour, et se demandant si l'inconscience l'emportait sur la conscience. Elle comprend désormais que les deux inconscients diffèrent, et qu'ils ne sont pas susceptibles d'une commune appréciation. Elle passe toujours de l'un à l'autre ; mais elle

(1) *Le Divin*, p. 95.
(2) *Sur les chemins de la croyance*, p. VIII, Paris, PERRIN.

a transformé son va-et-vient irrégulier en une oscillation méthodique et confiante, sachant qu'elle se rapproche alternativement de la matière et de Dieu, et qu'elle éclaire d'une lumière intermittente la cosmologie et la théodicée. Une activité monotone, terne et inconsciente : c'est la matière. Une activité inconsciente encore, mais variée, riche et féconde sans limites : c'est Dieu. Entre les deux, l'invisible courant qui circule dans l'univers se révèle par une aigrette lumineuse, bientôt éteinte : c'est, non pas toute notre vie mentale, mais un fragment, une coupe moyenne de notre activité.

La parole de saint Augustin demeure vraie. La connaissance de l'homme nous conduit encore à la connaissance de Dieu ; mais elle n'établit plus de nous à lui de relations personnelles. Nous n'avons plus la consolante illusion de lui parler, comme un ami à son ami, et de dire : moi, et toi, *noverim me, noverim te.* Aux enfants, qui ont besoin de caresses et de menaces, abandonnons ces imaginations. Laissons-les à leurs jeux et à leurs petits drames. L'humanité atteint l'âge viril : qu'elle en prenne les mâles sentiments. Qu'elle adore, avec respect, et sans tendresse, la cause impersonnelle de l'univers, et bannisse la dernière idole. Dieu n'est plus. Seul, désormais, le Divin existe.

L'histoire des gouvernements humains a détrôné, du même coup, Dieu et les rois.

La physique et la sociologie ne reconnaissent qu'une souveraine : la Loi.

La psychologie ne vénère qu'un Dieu : l'Inconscient.

Dieu est-il doué de conscience personnelle? Trois fois l'expérience a répondu : Non.

CHAPITRE II

LES TÉMOIGNAGES FAVORABLES DE L'EXPÉRIENCE

1. L'origine du personnalisme en théodicée n'est pas d'ordre politique. — 2. Du reste, la supériorité de la démocratie politique a cessé d'être un dogme de la pensée moderne. — 3. Les lois physiques ne sauraient pas davantage supplanter le Dieu de la théodicée, que la science ne supprime la métaphysique. — 4. Elles n'ont qu'un être relatif. — 5. Leur vérité est, dans un sens variable, toujours relative. — 6. Leur efficacité est relative et dépendante. — 7. La psychologie constate que, si la tendance à personnifier peut s'égarer, la pensée abstraite n'est pas non plus exempte d'illusions. — 8. Aucune conclusion de la psychologie n'a détruit la notion métaphysique de personne, ni la supériorité définitive de la pensée consciente.

1. — D'autres pourtant se préoccupent du même problème. Ils interrogent la même autorité. Et ils reçoivent une réponse toute différente.

Ils consultent, à leur tour, l'histoire des sociétés ; et, sans accorder à leurs adversaires que les conclusions de la sociologie se retrouvent identiques dans la théodicée, sans admettre que le Dieu personnel ait partie liée avec les rois de la terre, ils conviennent que les idées des hommes sur les gouvernements humains guident ou égarent leurs idées sur le gouvernement divin. Que l'histoire donne raison aux démocrates, aux aristocrates ou aux monarchistes, qu'elle fasse ressortir les avantages de la royauté absolue ou du régime parlementaire ; peu importe en stricte logique et en théodicée pure. Le pouvoir du monarque suprême ne dépend pas des contingences de la politique. C'est vrai. Aussi ne s'agit-il pas de prouver la nature personnelle de Dieu par un argument, proprement dit, de sociologie.

Mais, si la sociologie ne démontre rien, elle suggère peut-être quelque chose, en théodicée. Et l'on sait que les suggestions valent parfois, ou dépassent, des démonstrations. L'histoire des sociétés et des régimes politiques ne fournit pas au théiste de raisonnements d'une efficacité directe. Encore moins découvre-t-elle, par une sorte d'observation immédiate, la personnalité divine se mêlant aux personnages humains.

L'histoire n'offre ni ces rigoureux syllogismes, ni cette observation immédiate, qui résoudraient le problème de la nature de Dieu. Elle donne à l'esprit autre chose : des habitudes, des impressions, des pressentiments, des sympathies ou des antipathies, qui pourront décider de son choix dans les questions religieuses.

Bref, bien que le gouvernement du Créateur puisse contredire les lois normales qui règlent le mécanisme du pouvoir politique ; bien que, dans la rigueur de la logique, on ait le droit de saluer le peuple souverain, tout en adorant le Roi des rois; nous trouvons imprudent, de la part d'un théiste, de faire le beau joueur vis-à-vis de ses adversaires, et de leur dire : la royauté humaine est une erreur et un mal, soit ; mais la royauté divine demeure inébranlable. Imprudence, non pas logique, nous le répétons ; imprudence psychologique. On ne tient pas compte de la nature de l'esprit humain, à supposer qu'on tienne compte de la nature des choses, si l'on pense que le discrédit jeté sur les rois terrestres ne rejaillira pas sur le roi du ciel. Leibniz exprimait une loi de notre intelligence, peut-être une loi plus générale encore, lorsqu'il disait que tout conspire et tout sympathise. L'analogie éveille, stimule et dirige notre pensée. Si nous ne la voulons pas préétablie, nous cherchons pourtant l'harmonie : l'harmonie dans nos doctrines ou nos opinions, l'harmonie entre l'humain et le divin.

Aussi je me garde de négliger, comme théologien, les conclusions que j'ai recueillies comme historien, et je m'inquiète, en théodicée, des résultats ou des suggestions de la sociologie.

Est-il vrai que le progrès des justes lois coïncide avec la décadence du régime monarchique ou aristocratique ? Est-il vrai que l'expérience historique glorifie la démocratie ? Est-il vrai que le monothéisme soit né de la tyrannie ? La disparition de la royauté divine suivrait-elle l'extinction des royautés terrestres, comme, avec les dernières flammes d'un incendie nocturne, s'éteignent bientôt les lueurs empourprées qui n'étaient que sa réverbération dans le ciel ?

Précisons le débat. Il se réduit à deux points : premièrement, l'histoire nous montre-t-elle le culte du Dieu personnel se formant comme un reflet, un simple reflet, de l'autocratie politique ?

Secondement, l'histoire nous montre-t-elle la démocratie, cette démocratie souvent ennemie et jalouse de Dieu, naissant des meilleures aspirations humaines et garantissant le progrès social ?

A la première question, il est impossible de répondre oui.

Et si l'on veut résoudre affirmativement la seconde, on ne peut le faire qu'avec des réserves et des hésitations qui neutralisent l'affirmation posée.

D'abord, la personnalité divine ne doit pas l'existence à quelque mode de gouvernement antique et demi-barbare ; et le Roi des rois n'est pas une métaphore chaldéenne, comme le craint M. Marcel Hébert. N'est-elle pas connue de nous, n'appartient-elle pas à une science de simple vulgarisation, l'histoire du monothéisme ? Abraham, Platon, Jésus-Christ : ces noms, qu'on ne prononce pas, certes, tous les trois, avec le même accent, ces noms nous rappellent pourtant, tous les trois, les phases principales de l'histoire du personnalisme divin. Quoi que pense un incroyant de la vocation du fils de Tharé, il conviendra, pour peu qu'il soit initié aux destinées accomplies par les Chaldéens et par les Hébreux, qu'Abraham adorait un Dieu souverain et personnel, et qu'il n'empruntait pas sa conception de la divinité à des institutions nationales. Le régime politique auquel Abraham était soumis, avant de quitter la ville d'Ur, est si peu responsable de son monothéisme, que, sous ce même régime, le polythéisme s'était développé au pays des Chaldéens. On y adorait Ana ou Anu, l'esprit du ciel ; Eu-lilla ou Mul-lilla, l'esprit du monde ; En-kia, ou Ea, l'esprit des abîmes de la terre ; sans compter beaucoup d'autres divinités issues de ces dieux et de leurs épouses. L'idolâtrie, nous la trouvons non seulement au pays d'Abraham, mais, le livre de Josué le spécifie, dans sa famille elle-même. Voilà où il a puisé son monothéisme ! Expliquez maintenant l'hommage que rend au bien suprême le disciple de Socrate, par une idée, un souvenir, un préjugé monarchiste ! Platon a peut-être imparfaitement compris par quelle voie il montait jusqu'à Dieu. Trop attentif aux ascensions graduelles de sa pensée, peut-être n'a-t-il pas pris assez garde qu'il était porté aussi par les élévations de son cœur. Mais en quoi ses idées religieuses sont-elles, même à un faible degré, déterminées par la décadence politique dont il fut le contemporain? Quant à Jésus-Christ, serait-ce parce qu'il a dit de rendre à César ce qui est à César, et à Dieu ce qui est à Dieu, qu'on l'accuserait d'avoir accrédité de son autorité une simple métaphore d'ordre politique, lui, qui, au lieu de les confondre, a définitivement distingué les choses de ce monde et les vérités éternelles?

La révélation et la philosophie, la révélation confirmant ou inspirant la philosophie : telles sont les deux sources du personnalisme divin. Si l'histoire ne se reconnaît pas compétente à proclamer officiellement la première, encore plus se refuse-t-elle à lui substituer, comme explication de la croyance au Dieu personnel, l'influence regrettable d'un système politique.

2. — Et pourtant, nous reconnaissons qu'une cloison étanche ne sépare pas les idées politiques et les idées religieuses. Nous accordons que la théodicée personnaliste, avec sa monarchie divine, recevrait, non pas un coup mortel, mais un choc néanmoins, si quelque démocrate prouvait que l'autorité vient d'en bas, que les foules valent mieux que les individus, et que le nombre crée le génie et la vertu. Nous avouons que semblable démonstration, si elle ne la brisait pas, déconcerterait un peu la trame de la doctrine théiste.

Celle-ci, en effet, ne conçoit pas l'ordre du monde sans un Ordonnateur suprême, l'obligation morale sans la volonté d'un Législateur, l'amour et tous les élans de l'âme sans un Être personnel qui en soit le centre et le principe. Et voici qu'on lui démontrerait : que, par leur addition, des éléments désordonnés s'ordonnent ; que les traditions vitales et les intérêts d'un pays se personnifient plus sûrement en un groupe éphémère de ministres irresponsables, que dans une famille ou un homme dont le sort est lié à celui de la nation ; que, par une simple agitation des urnes électorales, où la crainte, l'ignorance, l'ambition, sont venues, pêle-mêle avec la sagesse et l'impartialité, déposer leur bulletin de vote, on en voit sortir un gouvernement juste et fort ! On démontrerait tout cela aux adorateurs du Dieu personnel, et ils n'en seraient pas, sinon troublés, du moins un peu émus, dans leur foi et leur philosophie ?

Mais l'histoire ne leur impose pas cette émotion ; je parle de l'histoire telle qu'on finit par l'interpréter de nos jours. Qui donc croit encore à l'idéal politique de la démocratie d'Athènes ? Ce n'est pas Renan, ce dévot attardé d'Athéné. Il a bien prié sur l'Acropole, et surtout rêvé, et peut-être « posé ». Mais quelque tendre respect qu'il témoigne ou affecte pour la Grèce païenne, il n'envie pas son gouvernement populaire, il déplore ou redoute l'éviction des élites, il dénonce l'invasion des barbares et le règne de Caliban.

L'histoire justifie-t-elle, par des succès moins contestés, l'idéal démocratique de la Révolution française ? On peut s'en fier, pour la réponse, à M. Jean Izoulet. Une des tâches que poursuit le professeur de philosophie sociale au Collège de France est de séparer, ou, tout au moins, de distinguer, la cause des théoriciens français du XVIIIe siècle, et la cause des jacobins et des démagogues. M. Izoulet constate ce que l'histoire la plus récente force l'observateur de voir : que les métropoles et les colonies gouvernées par les aristocraties et les élites jouissent d'une prospérité plus éclatante et plus durable, que les métropoles et les colonies où passent les fonctionnaires portés et balayés par le souffle démagogique. Pourquoi l'Angleterre est-elle maîtresse de l'Égypte et de l'Afrique du Sud ? Le problème est complexe. Mais un élément de solution se détache en pleine lumière. Deux gouverneurs, dont le talent et l'énergie avaient été appréciés, furent maintenus dans leur poste, au lieu de subir le sort des partis, tour à tour vaincus ou vainqueurs. Dans quelle mesure les démocraties connaissent-elles le succès et la prospérité ? Dans la mesure où, préférant le gouvernement pour tous au gouvernement par tous, elles font appel au talent et considèrent les mérites ; dans la mesure où elles se conforment à l'axiome : *The right man in the right place*. Mais cet axiome, dont l'histoire, non moins que la raison, nous montre, tous les jours, la nécessité sociale, glorifie un idéal politique qui n'est pas la démocratie jacobine et chaotique. Pressez-le, cet axiome de sagesse ; suivez-en, non les déductions théoriques, mais les applications pratiques ; et vous verrez qu'il réhabilite dans les patries tous ceux que la jalousie démagogique voulait en exiler : les « chefs », les « héros » et les « princes ».

M. V. Basch pense que l'abolition de la propriété privée, en supprimant la distinction des riches et des pauvres, guérirait le gouvernement démocratique des vices qui le perdent. Il semble pourtant reconnaître que ces vices sont essentiels au régime. « Au fond, dit-il, Rousseau et tous les philosophes de la démocratie estiment que le peuple assemblé pour délibérer sur les grands intérêts de la République ou pour élire ses représentants, est autre chose et plus que la somme des individus qui le composent ; que du peuple assemblé se dégage une conscience supérieure à la conscience individuelle, et que la « volonté générale », à mesure qu'elle peut mieux se faire entendre, ne se préoccupe plus des intérêts particuliers, et ne songe qu'au bien général. Est-ce là ce que nous apprend l'histoire ? Si nous étudions l'histoire des trois plus grandes démocraties — la démocratie grecque, la démocratie américaine et la démocratie française — il ne semble pas que ce soit à cette épuration de la « volonté générale » qu'aillent les démocraties à mesure qu'elles se réalisent... L'expérience semble donc nous apprendre que, lorsqu'une démocratie se réalise, le peuple, prenant conscience que ses représentants dépendent de lui, se fasse payer ses votes, entraîne le pays à la ruine et transforme la démocratie en ochlocratie ou en démagogie. Il semble que le peuple assemblé n'acquière pas une conscience supérieure, et qu'il ne suffise pas que des êtres sans culture, sans conscience et sans moralité, se réunissent, poûr devenir moraux, conscients et cultivés. » L'auteur insiste : « J'ai pris comme objet de mon enquête les trois plus grandes démocraties que l'histoire connaisse : la démocratie athénienne, la démocratie américaine et la démocratie française. Pour toutes les trois, le résultat de mon enquête a été identique : à mesure que le principe démocratique s'est réalisé plus pleinement, la volonté « générale », au lieu de s'épurer, s'est corrompue et avilie. Toute l'histoire d'Athènes, de Clisthène à Cléon, est l'histoire de la déchéance morale des gouvernants et des gouvernés. Le grand moyen de gouvernement auquel se sont arrêtés les hommes de génie qui ont présidé aux destinées d'Athènes, a été de payer des fractions de plus en plus considérables de la masse populaire. On a payé les juges, et tout le monde pouvait devenir juge, puis on a payé les conseillers, ensuite les archontes et les soldats, et enfin les membres de l'assemblée populaire, et, sans cesse, on a élevé les salaires des citoyens. Même un homme, comme Périclès, a été obligé, pour conquérir et conserver le pouvoir, de faire de la surenchère. Pour l'Amérique, les livres les plus favorables à la démocratie d'outre-mer, comme, par exemple, celui de James Bryce, insistent sur les tares profondes qui la déshonorent : la *Machine,* les *rings* et les *bosses,* et il n'est pas de jour où la presse ou les tribunaux ne nous révèlent quelque gigantesque scandale politique et financier : démagogues achetant des milliers d'électeurs, compagnies d'assurances faisant servir l'argent de leurs assurés à des élections présidentielles, etc. Pour la France, peut-on contester que les partis au pouvoir se préoccupent moins de l'intérêt général que du leur, que le favoritisme sévit dans toutes les administrations, que, pour avoir droit à des faveurs, les citoyens s'enrôlent, sans aucune conviction ou même contre leurs convictions intimes, dans des comités et des associations ayant pour fonction propre de préparer des passe-droits, et que ce pays se divise de plus en plus en deux classes d'hommes : ceux qui accordent les faveurs et ceux qui en demandent ou en exigent? Si, pour caractériser cet état de choses, j'ai choisi l'exemple de l'alcoolisme, c'est qu'il est extraordinairement frappant : plutôt que d'oser mécontenter des électeurs influents, les gouvernements qui se sont succédé ont laissé et continuent à laisser ravager le pays par le fléau à qui tous les savants s'accordent à attribuer la responsabilité de l'effrayant accroissement de la criminalité, de la mortalité infantile, de la dépopulation... Sont-ce là des faits accidentels qui ne tiennent pas à l'essence du régime démocratique?... Ce qui m'empêche de croire que ces vices de la démocratie soient accidentels et contingents, c'est que je les constate dans toutes les grandes démocraties du passé et du présent (1). » Les interlocuteurs de M. Basch ont contesté la valeur du remède qu'il proposait ; quelques-uns ont trouvé son diagnostic sévère ; mais aucun n'osa nier les abus dénoncés.

La démocratie politique a perdu son prestige. On revendique l'importance des personnes comme agents de l'évolution historique.

L'histoire n'est pas acéphale, écrivait naguère un auteur anglais. Un certain nombre de critiques font de l'histoire, laquelle devrait être organique et intelligible, un tas désordonné de faits, parce qu'ils suppriment les têtes, parce qu'ils méconnaissent les personnalités représentatives et directrices (2).

(1) *Bulletin de la Société française de philosophie*, mars 1907, *Démocratie*, p. 80 et 81, par M. Basch.
(2) Emil Reich : *The failure of the Higher Criticism*, p. 70, 185 et suiv. London, Nisbet, 1905.

« C'est un des préceptes de méthode de M. Seignobos de toujours attribuer un acte, un fait, non à un groupe, à une collectivité, à un facteur abstrait, mais à une personne, à un individu, à un être concret (1). »

Quant à l'histoire du droit, elle ne contredit pas l'histoire des sociétés. L'expérience juridique et l'expérience politique donnent le même enseignement. Le gouvernement personnel ne comprime pas plus l'essor de la raison législative que les autres facultés humaines. Est-il besoin de rappeler que les deux codes qui, malgré leurs imperfections, constitueront longtemps le fond de notre droit public, évoquent des époques de souverains responsables, et que le droit français, comme le droit romain, ont pour parrains deux empereurs? La loi peut règner sur les nations : puisse-t-elle régner, toujours plus triomphante! Elle n'est point l'ennemie des souverains. Elle ne démontre pas que les sociétés puissent se passer de chefs, et l'univers d'un Dieu personnel.

Dans l'ordre social, comme ailleurs, le multiple n'est fécond que par une réduction à l'unité, et l'unité de fin ne se conçoit pas sans unité d'impulsion. On arrive, d'une façon ou d'une autre, à l'unité de moteur : monarchisme. Quelle latitude cette nécessité laisse-t-elle, dans les constitutions politiques, à la liberté humaine et à la contingence des événements? La réponse ne concerne pas directement la discussion actuelle. Il nous suffit de rappeler que les gouvernements dits « d'opinion » n'ont pas remplacé, pour le bien des peuples, les gouvernements de direction.

(1) *Bulletin de la Société française de philosophie*, juillet 1906, *La Causalité en Histoire*, par M. Simiand, p. 257.

3. — A la physique maintenant de nous dire si les lois qu'elle découvre dans la nature ont supplanté le Créateur et l'Organisateur.

Avant de discuter l'antithèse que mettent en avant les partisans du Dieu impersonnel ; avant d'examiner si l'idée moderne de loi naturelle exclut, comme désormais inutile et contradictoire, l'ancienne notion de Cause intelligente, créatrice et providentielle ; il est bon de préciser les termes du conflit, et de reconnaître la place du prétendu antagonisme dans l'histoire de la philosophie des sciences. En effet, la question a été longuement débattue, du moins, sous sa forme générale. Le problème que les négateurs du Dieu personnel tranchent si résolument, dépend du dilemme supérieur : science ou métaphysique. Cette loi, en effet, que l'on substitue au Créateur, comme si elle fournissait les explications ultimes, est l'objet même des disciplines positives. La science a pour but et pour idéal de dégager et de coordonner des rapports, de formuler des équations, de distinguer les connexions fortuites des suites nécessaires, c'est-à-dire de connaître les lois des phénomènes. Qu'il s'agisse d'expérience physique ou d'expérience psychologique, d'études strictement expérimentales ou de théories élaborées par le traitement mathématique, le savant se propose ou de découvrir, ou de grouper, des rapports. La cause de la science, c'est la cause de la loi. Exalter l'une, c'est exalter l'autre. Prétendre qu'une équation exprime la vérité absolue et intégrale, c'est réduire tout savoir à la connaissance scientifique. Dans la soi-disant opposition qui met aux prises l'idée de loi et celle de personnalité divine, on peut donc remplacer le premier terme par celui de science.

De même, il est permis d'identifier la cause du Dieu personnel et celle de la Métaphysique. Car ainsi l'on appelle, depuis le temps d'Aristote, la spéculation qui recherche les explications dernières et les causes suprêmes. Réfléchie ou spontanée, savante ou populaire, c'est toujours la pensée métaphysique qui porte l'homme à reconnaitre, comme principe du monde, un Dieu souverainement intelligent et puissant. Les plus célèbres admirateurs de la Science ne s'y sont pas trompés. En même temps que, dans son idolâtrie, Auguste Comte décrétait la déchéance de la Volonté divine au profit de la loi scientifiquement établie, il prétendait annoncer la mort de l'esprit théologique et métaphysique, et l'avènement d'une ère positive.

Donc faire le procès du Dieu personnel, devant le tribunal de la loi physique ou naturelle, c'est admettre, comme vérité acquise, cette proposition : que la métaphysique est subordonnée à la science. Soutenir que l'existence de la loi contredit l'existence de Dieu, c'est nier le concours harmonieux des explications positives et des explications philosophiques. Proclamer le règne exclusif et le pouvoir autonome de la loi dans le monde, c'est consacrer la tyrannie jalouse de la science dans la spéculation humaine.

Voilà l'état d'esprit et la position intellectuelle de ceux qui repoussent la personnalité divine au nom des lois de la nature. État d'esprit, qui n'est pas toujours conscient. Position, qu'on ne voudrait peut-être pas avoir à maintenir dans toute son étendue. Mais la logique ne s'accommode pas de ces feintes et de ces demi-mesures. Bannir Dieu au nom de la loi, c'est, dans l'antagonisme de la science et de la métaphysique, tout simplement sacrifier le second terme au profit du premier.

Or, cette simplicité n'est pas faite pour inspirer confiance. Il serait surprenant qu'un problème si complexe fût susceptible d'une solution si élémentaire. Telle est la première difficulté que nous proposons aux adorateurs de la Loi. Qu'ils se mettent en face du problème, et qu'ils en considèrent les multiples données !

Ils ont pour eux Auguste Comte, soit. Encore devraient-ils remarquer que le fondateur du positivisme voulait, en principe, ignorer plutôt que nier les explications qui échappent aux méthodes scientifiques. La conclusion logique de la philosophie positive est l'agnosticisme en métaphysique, et non la négation du Dieu personnel. Admettons pourtant que la philosophie comtiste soit la destruction de toute idée métaphysique.

D'autres ont jugé tout différemment le procès entre la science et la philosophie. Non contents d'affirmer que celle-ci n'est pas condamnée, ils nient qu'elle soit justiciable du tribunal de la première. Non seulement, disent-ils, la philosophie n'est pas annihilée ou amoindrie par la science, mais elle ne saurait recevoir ses coups. Elle lui échappe. Les deux spéculations peuvent se développer indéfiniment, sans se heurter. Elles ne sont pas situées sur le même plan, mais sur deux plans parallèles. Un conflit véritable ne surgira jamais. Une rencontre est impossible. Mais, d'autre part, qu'on ne rêve pas d'alliance ; qu'on ne parle pas de métaphysique scientifique ou de science philosophique ; qu'on renonce à tout projet de concordisme ; qu'on cesse et de prouver les doctrines de la philosophie par les découvertes de la science, et de vérifier les conclusions du savant par les thèses du philosophe. La science s'accommode de toutes les explications métaphysiques, parce qu'elle n'en adopte aucune. La métaphysique n'est embarrassée par aucune loi ou hypothèse scientifique, parce qu'elle n'en doit attendre aucun secours. Que la loi de Mariotte soit ou non rectifiée par les expériences de Régnault, l'existence d'un Dieu personnel n'en est ni plus ni moins certaine. Qu'on soit déiste, athée, panthéiste, agnostique, on sera également incapable de déduire, par pur raisonnement philosophique, les lois de la chute des corps, également apte, toutes conditions étant les mêmes d'ailleurs, à les connaître soit par expérimentation, soit par voie d'enseignement.

Avec sa violence habituelle, Schopenhauer proclame l'affranchissement de la philosophie de toute sujétion scientifique. Il reconnaît que « les sciences de la nature sont arrivées de nos jours à un degré de perfection que les siècles antérieurs étaient loin de soupçonner ». Mais « les progrès de la physique, poursuit-il, ne contribueront guère à nous faire avancer d'un pas vers la métaphysique : pas plus qu'une surface, si loin qu'on la prolonge, n'acquerra un contenu en volume ». Sa verve s'exalte contre les prétentions du savant à résoudre par ses méthodes particulières le problème philosophique. « Il est vrai, écrit-il, que le savant ordinaire, celui qui s'est confiné dans une branche spéciale de la physique, n'a pas la moindre idée de ce que nous venons d'exposer... Aussi, de nos jours, l'écorce de la nature est-elle minutieusement étudiée, on connaît par le menu les intestins des vers intestinaux et la vermine de la vermine. Mais vienne un philosophe comme moi, qui parle du noyau intime de la nature, ces gens-là ne daigneront plus écouter, estimant que cette étude est étrangère à la science, et continueront à éplucher leur écorce. On serait tenté d'appeler tatillons de la nature ces physiciens microscopiques et micrologiques (1). »

Il est vrai que tous ne comprennent pas ainsi la philosophie des sciences. Entre la science positive, la métaphysique, la théologie, d'autres admettent un échange de renseignements et des phénomènes réciproques d'endosmose et d'exosmose.

Lorsque, dans une brochure qui naguère attira l'attention, le P. Didon pensait couper court à tout conflit entre la science et le dogme, en déclarant les deux territoires discontinus, les deux spéculations autonomes et étrangères l'une à l'autre ; M. l'abbé de Broglie s'opposait à cette séparation radicale des compétences et maintenait entre la religion révélée et le savoir humain des échanges de services et d'informations.

Nous ne discuterons point ici la question générale des rapports entre la science, d'une part, et, de l'autre, la philosophie et le dogme.

De ce résumé, nous concluons, tout de suite, que les adorateurs des lois naturelles ont érigé bien hâtivement leurs idoles, et qu'ils ont mis un naïf empressement à proclamer l'ancienne théodicée vaincue. L'opposition de Dieu et de la loi n'est pas séparable de cet autre couple de termes : métaphysique et science. Les deux dilemmes sont solidaires. Si l'un est

(1) *Le Monde comme volonté et comme représentation*, trad. BURDEAU, t. II, p. 311. Paris, ALCAN, 1900..

factice, l'autre ne saurait être irréductible. Si les rapports de la spéculation positive et de la spéculation métaphysique donnent lieu à des théories multiples et réclament une solution compréhensive, il n'est guère vraisemblable que l'idée de Dieu et celle de loi naturelle forment une de ces contradictions grossières, un de ces problèmes enfantins que l'on résout, sans plus d'embarras, par la suppression d'un des termes.

L'opposition des lois physiques et de la volonté divine n'est donc qu'une phase, un épisode, de la lutte entre la théodicée et les sciences de la nature, cette lutte n'occupant elle-même qu'une partie, la plus âprement disputée, il est vrai, du champ de bataille où sont aux prises la métaphysique et la science, l'esprit philosophique et l'esprit positif.

De cet aperçu d'ensemble, les partisans du Dieu personnel peuvent, sans crainte et sans risque, revenir au point de vue particulier que préfèrent souvent leurs adversaires. Nous n'éprouvons aucune appréhension à confronter l'idée de Dieu et celle de loi naturelle. Nous acceptons volontiers le débat sur ce terrain délimité.

Donc le règne des lois supplanterait le règne de Dieu dans l'univers ! Il faudrait opter entre la puissance anonyme et régulière des forces de la nature et le gouvernement personnel d'une volonté arbitraire ! Si les révolutions des astres obéissent aux lois de l'attraction universelle, elles ne s'expliquent pas par une impulsion et par une direction divines ! On nous force de choisir entre l'explication scientifique et l'explication religieuse, comme si l'efficacité des causes secondes rendait inutile, ou même inadmissible, le pouvoir de la Cause première. Étrange réaction contre l'occasionalisme de Malebranche ! Singulière et audacieuse rétorsion d'un des arguments de la théodicée traditionnelle ! Nous invoquons, en effet, l'ordre du monde, et les preuves de finalité qui se dégagent d'un spectacle partiellement chaotique au regard humain, pour conclure à l'existence d'un Ordonnateur ; de même que, du fait de l'obligation morale, nous déduisons la nécessité d'un Législateur. Voici que des mêmes données on prétend tirer une conclusion toute contraire. On sait, en effet, que des philosophes refusent de voir, dans la loi morale, l'empreinte et la manifestation du vouloir divin, sous prétexte que cette loi suffit, par elle-même, à lier notre activité. Ainsi d'autres s'emparent de la législation qui régit le monde des corps et de l'ordre qui se réalise dans l'univers, pour nier la nécessité d'une causalité plus haute.

Qu'est-ce donc qu'une loi physique ? Offre-t-elle ce caractère d'autonomie et de suffisance qui la marquerait elle-même du sceau de la divinité, ou bien porte-t-elle des signes de perfection dépendante et relative qui sont, tout à la fois, le stigmate de sa faiblesse et le gage d'une origine supérieure ? Dans quel sens les lois de ce monde méritent-elles l'épithète de divines ? Dans quelle mesure le déterminisme exclut-il la contingence et la liberté ? Comment le mécanisme s'oppose-t-il à la finalité ? Enfin, quelle est la nature, quelle est la dignité, d'une loi physique ?

Il convient d'en examiner la réalité, la vérité, l'efficacité. Une loi physique est quelque chose, elle exprime une affirmation, elle groupe certains phénomènes. Elle est un être, une proposition, une explication. Que vaut-elle, à ce triple point de vue? Possède-t-elle une réalité si riche qu'elle soit source inépuisable de phénomènes, une vérité si absolue qu'elle ne dépende d'aucune intelligence, une puissance si radicale qu'elle ne dérive elle-même d'aucun principe ultérieur? Prétendre que le rôle des lois dans l'univers rend inutile et irrationnelle l'intervention du Créateur et de la Providence, c'est résoudre d'emblée ces trois questions, et les résoudre affirmativement. Or, si l'opposition confuse et globale de l'idée de Dieu et de l'idée de loi correspond à la vague philosophie qu'engendre la demi-science, dès qu'elle se répartit, devant un regard plus attentif, en ces trois assertions précises, elle perd cette évidence et cette solidité apparentes qu'elle devait à l'éloignement et à l'équivoque.

4. — D'abord, du point de vue ontologique, la loi n'est pas un être réel ; encore moins pourrait-elle prétendre à la dignité divine. Du point de vue logique, elle ne possède qu'une vérité relative, c'est-à-dire dépendante. Du point de vue physique, loin d'être principe autonome d'activité, elle n'est cause à aucun degré. Plus la connaissance des lois s'étend et s'approfondit, plus leur indigence proclame la nécessité d'une réalité consistante, d'une intelligence humaine et d'un esprit divin, d'une causalité véritable.

La loi physique n'a qu'une existence idéale. En effet, sous sa forme vulgaire, comme sous les modifications que lui imprime l'élaboration scientifique, elle signifie un rapport universel entre deux ou plusieurs termes, et, par suite, elle possède tout au plus la réalité que l'on reconnait aux idées générales. Elle n'est pas un être, parce qu'elle n'est pas un objet singulier. Voici quelques exemples de lois vulgaires, accessibles au sens commun, sans le secours de la science : Tous les hommes sont mortels ; avant d'entendre le tonnerre, on voit briller l'éclair ; à Paris, le soleil se lève chaque jour à l'orient, monte dans le ciel, puis descend et se couche à l'occident ; l'eau de mer est salée. Si le sujet du troisième exemple : le soleil, est singulier, on voit que la phrase a néanmoins une portée générale. Il s'agit encore du problème des universaux. La doctrine qui s'applique à chaque terme général pris isolément vaut sans aucun doute pour leur combinaison et leur rapport. Ce rapport peut se fonder sur la nature des êtres existants ; c'est même ce que nous prétendons. Mais il n'appartient pas lui-même à la catégorie des objets concrets et réels. Toute loi est générale : toute existence est singulière. Si cette opposition se vérifie pour les simples lois de sens commun, plus rapprochées des faits qu'elles représentent, elle s'accuse davantage encore pour les lois scientifiques, plus précises, mais plus artificielles. Celles-ci sont irréelles au second degré. Faut-il, avec M. Duhem, les qualifier de symboliques, comme si elles ne représentaient que des relations conventionnelles ? Toujours est-il qu'elles se rapportent moins directement aux êtres individuels. Soit la loi de Mariotte : A une même température, les volumes occupés par une même masse de gaz sont en raison inverse des pressions qu'elle supporte. Pour montrer la part artificielle et le caractère idéal de cette loi, il n'est pas nécessaire d'en souligner l'inexactitude. Supposons-la pour le moment rigoureuse et parfaite. Il reste que les idées de masse, de température, de pression, sont, non des notions simplement abstraites, comme celles d'homme, d'eau, de tonnerre, lesquelles sont réelles *quoad id quod concipitur,* mais des traductions indirectes, lesquelles sont réelles seulement *quoad id quod significatur.* L'idée générale de température ne se réalise pas dans une certaine température concrète ; de même qu'il ne se trouve pas de pression déterminée pour vérifier l'idée abstraite et scientifique de pression. Lorsqu'on veut étudier la loi de Mariotte dans un cas réel et concret, on manipule un gaz plus ou moins chaud, on pèse plus ou moins fort sur une certaine pompe. « Sans doute, à ce gaz plus ou moins chaud correspond une certaine température, à cet effort exercé sur la pompe correspond une certaine pression. » Mais « cette correspondance n'est nullement immédiate ; elle s'établit au moyen des instruments, par l'intermédiaire souvent très long et très compliqué des mesures ; pour attribuer une température déterminée à ce gaz plus ou moins chaud, il faut recourir au thermomètre ; pour évaluer sous forme de pression l'effort exercé par la pompe, il faut se servir du manomètre, et l'usage du thermomètre, du manomètre, implique..... l'usage des théories physiques (1) ».

Dans la mesure où elles sont exactes, les lois sont fondées sur la réalité. Mais elles-mêmes n'existent pas plus que l'homme abstrait, la pression ou la température.

Nous rappelions que Taine et Renan avaient adoré,

(1) P. Duhem : *La Théorie physique,* p. 269-293. Paris, Chevalier et Rivière, 1906.

l'un la catégorie de l'idéal, et l'autre l'axiome éternel. Renan comprit le néant de sa divinité. Parlant de Dieu, il fit cet aveu dans un de ses derniers écrits : « J'ai eu tort sans doute de trop subtiliser son existence : une entité idéale ne me suffit plus. Je ne sais pas bien qui je prie..... » Quant à Taine, s'élevant d'abstractions en abstractions vers l'axiome unique, d'où procéderait l'univers, M. Gabriel Séailles le juge en ces termes : « Il ne voit pas qu'il monte dans le vide, et que, quand il croit toucher au principe de l'être, il entre dans le néant (1). »

Qu'on appelle donc le néant par son nom, qu'on soit définitivement athée, si on le peut; mais qu'on ne prétende plus que les lois de l'univers représentent la suprême réalité et l'essence divine ! Les plus certaines et les plus exactement connues des lois ne sont que des abstractions. Si le moyen âge a parfois cédé au penchant de personnifier des termes abstraits, du moins n'a-t-il jamais songé à les diviniser.

5. — En second lieu, les lois physiques n'ont qu'une vérité relative.

S'il s'agit des lois de caractère vraiment scientifique, c'est-à-dire de celles que le savant s'efforce d'énoncer en équations précises et en formules mathématiques, il est évident qu'elles varient. Elles varient, avec les progrès mêmes de la science. A chaque époque, dans chaque laboratoire, elles dépendent de la valeur des instruments d'observation et des ressources actuelles du calcul. « Pour Dulong et Arago et pour

(1) *La Philosophie de Charles Renouvier*, p. 19. Paris, Alcan, 1905.

leurs contemporains, la loi de Mariotte était une forme acceptable de la loi de compressibilité des gaz, parce qu'elle représentait les faits d'expérience avec des écarts qui demeuraient inférieurs aux erreurs possibles des procédés d'information dont ils disposaient ; lorsque Regnault eut perfectionné les appareils et les méthodes expérimentales, la loi de Mariotte dut être rejetée ; les écarts qui séparaient ses indications des résultats de l'observation étaient beaucoup plus grands que les incertitudes dont demeuraient affectés les nouveaux appareils (1). »

M. Duhem va jusqu'à dire qu'une loi physique n'est ni vraie, ni fausse, mais approchée (2).

La science se vantait naguère d'enfermer le monde en ses formules nettes ; elle déclare aujourd'hui ne plus rien enfermer du tout. Pour un peu, elle aurait annoncé : « Je suis la Voie, la Vérité et la Vie » ; elle se nomme désormais le Symbole, symbole commode peut-être, pratique, mais d'une valeur provisoire, et, disent quelques-uns, sans portée spéculative. Ne réagit-elle pas avec excès contre son naïf orgueil d'antan ? Les représentants de la philosophie scientifique, MM. Boutroux, Poincaré, Duhem, Le Roy, Milhaud, ne formulent pas des jugements identiques. Le procès de la science n'est pas clos. Sa valeur métaphysique n'est pas fixée d'un commun accord. Entre la présomption et le découragement, la science ne parait pas avoir trouvé le point juste. Elle n'a pris qu'une demi-conscience d'elle-même. Elle se cherche encore. Elle est

(1) P. Duhem : *La Théorie physique*, p. 281-4.
(2) Id. : *Ibid.*, p. 276-80.

sujette à des accès d'humilité. Mais, dans ces tâtonnements, il est un aveu sur lequel elle ne revient pas. Ses lois n'enferment pas la vérité absolue. Il faut chercher en dehors d'elles, au dessous et au dessus, plus profondément et plus haut, la parfaite exactitude vers laquelle elles tendent, sans pouvoir y parvenir, l'esprit qui les façonne et les corrige, sans pouvoir leur communiquer une vertu autonome et une vérité régulatrice. On ne trouverait sans doute plus un seul philosophe qui osât répéter l'hymne idolâtrique de Taine en l'honneur des lois de l'univers et de l'axiome qui couronne leur hiérarchie ascendante. Les formules de la science ne représentent plus à nos yeux des « définitions souveraines », des « créatrices immortelles, seules stables à travers l'infinité des temps ». Les savants ne connaissent pas et ne rêvent pas de loi suprême que l'on doive appeler encore « l'immobile », « l'éternelle », « la toute-puissante ». En présence d'un axiome, quelle qu'en soit la généralité, il n'est pas d'esprit averti qui « ploie, consterné d'admiration et d'horreur ». Le savant se préoccupe de compléter et de parfaire ses équations, mais il ne songe pas en célébrer l'apothéose. Il ne prend pas pour l'infini principe de toute vérité ce qui est l'œuvre indéfiniment perfectible de la science humaine.

Les lois de la nature ne seraient-elles donc que des fictions de l'esprit? Il y aurait double exagération à le prétendre. D'abord, les lois les plus symboliques se rattachent bien d'une certaine façon aux phénomènes de la nature, puisqu'elles nous aident à les coordonner, à les prévoir, à les asservir. Ensuite, les lois de sens commun, par le bénéfice même de leur simplicité ou de leur imprécision, expriment des vérités définitives. Au lieu de formuler, avec Mariotte ou avec Regnault, les rapports du volume d'un gaz et des conditions de pression et de température, disons seulement que les gaz sont compressibles. Au lieu de vouloir indiquer à l'observateur parisien quelle situation le soleil occupe à chaque instant dans le ciel, bornons-nous à cette loi vague et banale : à Paris, le soleil se lève à l'orient, monte au firmament, puis descend et disparaît à l'ouest. Nous aurons gagné en exactitude ce que nous perdrons en précision. En ces termes généraux, les deux lois sont certaines et irréformables. Aucune correction n'est possible. L'intelligence humaine ne peut intervenir ici pour faire acte d'initiative et d'autorité. Son rôle est de constater. Elle est cette fois dépendante.

Mais, pour échapper à la législation de l'esprit humain, les lois de la nature n'acquièrent pas néanmoins l'autonomie. Celles qui n'appartiennent pas à la classe des vérités contingentes et relatives comptent, sans doute, parmi les vérités absolues et immuables. Seulement ici la théodicée reprend l'offensive. L'existence de ces lumières indéfectibles, de ces phares sans éclipse, sollicitait l'esprit d'un Augustin, d'un Bossuet, d'un Fénelon, d'un Leibniz, à chercher l'inépuisable foyer, la divine source d'éclairage. Les lois fixes de la physique, comme les premiers principes, comme toute vérité éternelle, (et tout phénomène de l'esprit ou de la matière peut être conçu *sub specie æternitatis*), ne subsisteraient pas sans la radieuse et constante influence d'une pensée actuelle. Pour l'ensemble des hommes, ténu est le lien qui rejoint une vérité idéale à l'intelligence et à l'essence de Dieu. Il résiste pourtant à la critique et aux siècles. Des esprits, informés des plus célèbres tentatives faites pour le rompre, ne craignent pas de s'y suspendre pour s'élever jusqu'à Dieu. M. Lachelier ne reproduit pas l'argument même des vérités éternelles. Il adopte pourtant une argumentation analogue, dans son étude sur les rapports de la psychologie et de la métaphysique. « Si tous les hommes, dit-il, croient que leurs états internes sont quelque chose en eux-mêmes, et non seulement dans le présent, mais encore dans le passé et dans l'avenir... c'est donc parce qu'ils sont l'objet d'une pensée qui, élevée au-dessus de tous les temps, les voit également dans ce qu'ils sont, dans ce qu'ils ont été et dans ce qu'ils doivent être (1). »

Ainsi la vérité des phénomènes suppose une éternelle conscience qui les affirme. A plus forte raison, la stabilité de leurs rapports tient-elle à l'immutabilité de leur dernier fondement. Plus on attribue de consistance et de valeur aux lois de la nature, accusant ainsi leur indépendance à l'égard de l'esprit humain, plus on les rattache solidement à la Pensée divine.

Que cette preuve de l'existence de Dieu échappe à certains esprits, et que, pour d'autres, elle provoque des objections, l'histoire de la philosophie le montre. Mais elle établit, en même temps, que les partisans et les plus illustres interprètes de cette preuve, loin de vouloir édifier leur thèse sur l'incertitude des lois naturelles, la fondent, au contraire, sur l'ordre des

(1) J. Lachelier : *Du fondement de l'induction*, suivi de *Psychologie et Métaphysique*, p. 115. Paris, Alcan, 1898.

choses et la nécessité absolue ou relative des vérités. Multiplier le nombre des connexions certaines, c'est développer une de leurs prémisses, c'est fortifier leur argumentation, c'est étendre leur base de raisonnement.

Pas plus que la construction des lois scientifiques, la découverte des lois de sens commun ne démontre l'inutilité d'une pensée consciente. Plus une loi est symbolique et approximative, plus elle trahit le jeu de l'esprit humain. Plus elle s'approche de la réalité ou s'identifie avec elle, mieux elle nous montre la pensée divine. Relative, la vérité décèle les efforts et l'imperfection d'une science progressive ; absolue, elle participe à l'éternité d'une intelligence immuable. Dans aucun cas, la vérité des lois de la nature ne se suffit à elle-même et ne s'enclôt en une enceinte fermée. Plus ou moins directement elles se prolongent en une perspective infinie.

6. — Comme leur vérité est dépendante, leur efficacité est défaillante. Les lois ne sont pas des causes. Cette dernière proposition devient évidente, dès qu'on passe du domaine des abstractions et des généralités, où le doute peut naître de l'obscurité même, à la région des exemples concrets.

Deux catégories de lois se présentent donc à nous : les lois vulgaires et directement expérimentales, les lois plus précises et plus scientifiques.

Des premières, songera-t-on à dire qu'elles expliquent les phénomènes, alors qu'elles se réduisent plutôt à en formuler la répétition ? Un enfant remarque qu'il a vu briller l'éclair, avant d'entendre le tonnerre. Voilà un fait isolé, ou une succession de phénomènes fortuitement observée. Plus tard, cet enfant saura que, d'une façon générale, on voit la lumière avant d'entendre le grondement. Telle est la loi de sens commun. Pour être transposée en un rapport universel, cette suite de faits est-elle expliquée ? Oui, dans ce sens qu'elle est rattachée par l'esprit à la nature des choses, et passe dès lors pour nécessaire et régulière. Mais nous ne possédons là qu'une réponse générale, ou, mieux encore, une invitation, un encouragement à rechercher la cause de cette séquence. Cette cause existe, puisque l'induction confirme la régularité du phénomène. Nous n'entreprendrons pas un vain labeur en tâchant de trouver la raison et le fondement de la loi. Mais la loi elle-même ne fournit pas d'explication. C'est elle plutôt qu'il s'agit d'expliquer.

Pense-t-on ériger la loi scientifique en principe et origine de la loi vulgaire? Les physiciens, qui font la philosophie de leur science, protestent. Ils nous avertissent que leurs théories, et par conséquent les lois scientifiques qui en forment les éléments et le motif, n'ont aucune prétention métaphysique. « Une théorie physique, écrit M. Duhem, n'est pas une explication. C'est un système de propositions mathématiques, déduites d'un petit nombre de principes, qui ont pour but de représenter aussi simplement, aussi complètement et aussi exactement que possible, un ensemble de lois expérimentales. » On voit quel but se propose le savant dans l'élaboration des lois et des théories ; on voit aussi pourquoi il attribue à ses constructions une valeur représentative et non explicative. Que la science ait pu ou non se développer d'après un autre idéal que celui de la mathématique ; que le cours actuel de la spéculation positive soit, ou non, prédéterminé par les exigences de l'esprit humain et par la nature des choses ; de fait, la science s'inspire et s'aide toujours plus avidement de la méthode et des symboles mathématiques. Mais elle se restreint par là même à l'ordre quantitatif. Elle laisse échapper, à travers les mailles de ses équations, la qualité.

La qualité ne cesse pas néanmoins d'être l'élément original et actif des corps. La quantité même ne se conçoit guère, sinon comme module ou détermination de la qualité. Supprimez de vos théories la qualité ; vous ne conserverez que des cadres, des rapports formels, des mesures, des fonctions du temps et de l'espace.

La méthode des physiciens anglais accentue le caractère imaginatif et symbolique des théories scientifiques, mais elle ne leur prête pas une signification fausse. Les « modèles » et les équations se rattachent au temps et à l'espace. Ici les symboles sont plus algébriques, là ils sont plus artistiques. De part et d'autre, on fait appel aux représentations imagées et quantitatives.

La mathématique nouvelle a prétendu, il est vrai, transformer son objet en une réalité tout idéale et intellectuelle. On ne voit pourtant pas comment les notions d'ordre et de groupe se dégagent, à ce point, de la matière. Lorsque le mathématicien distingue, par exemple, l'ordre linéaire et l'ordre circulaire ; lorsqu'il emploie les expressions : avant, après, entre ; lorsqu'il compare les positions respectives de plusieurs termes, il met un plan devant notre imagination, et il nous force à penser en langage d'espace.

Spatiales et quantitatives, les lois scientifiques ignorent les qualités et, par suite, les forces et les causes. Aucune loi scientifique ne reste, comme Taine le rêvait, « au-dessus du temps et de l'espace ». Aucune ne saurait être « toute-puissante », et « créatrice ». Les lois ne sont pas des causes.

La science physique reconnait de plus en plus nettement ses limites. Il sera bientôt démodé d'opposer l'efficacité des lois et le pouvoir de la volonté. Comprenant que la loi ne suffit même pas à porter le poids de son corps sur la terre, l'homme pourrait-il croire que la loi offre à sa pensée religieuse un appui consistant dans les cieux? Si la plus savan[illegible] équation est impuissante à former un grain de poussière, comment un axiome aurait-il créé le monde?

7. — Il nous reste à discuter une troisième série de témoignages : ceux qu'apporte la psychologie.

D'abord, nous dit-on, l'observation comparée des races, des conditions et des âges, le parallèle des sujets normaux et des malades, le rapprochement des imaginatifs et des penseurs : en un mot, les études de psychologie comparative nous montrent que, plus la raison est développée, moins elle multiplie les êtres personnels ; de sorte que, à la limite, à cette limite qu'atteignirent Hegel ou Spinoza, on cesse de penser concret et de personnifier. Pour les grands esprits, pas de Dieu individuel. La théodicée personnaliste est une théodicée d'enfants. Aux êtres de culture inférieure, il faut des personnes auxquelles leurs imaginations et leurs sentiments puissent « s'abbutter », comme disait Montaigne ; il faut un Être supérieur, mais fait à l'image et à la ressemblance de l'homme, qui donne prise à leur religion anthropomorphique.

Première réponse : de ce que des malades se croient poursuivis par des ennemis imaginaires, vous ne concluez pas que tout homme qui se plaint de ses adversaires ou de ses ennemis est un fou. De ce que d'autres malades, ou les mêmes, personnifient à tort et à travers, pourquoi conclure que les adorateurs du Dieu personnel sont des primitifs ou des dégénérés ?

Si notre plan était de rester sur la défensive, et non d'éclairer le plus possible notre sujet, nous ne répondrions pas un mot de plus à ceux qui nous accusent d'infériorité mentale.

Mais, par désir de précision, approchons-nous de l'adversaire, serrons de près son objection.

Il prétend que Hegel et Spinoza s'inspirent d'une philosophie supérieure, et que leur conception de la divinité doit servir de modèle, ou, au moins, d'idéal, à notre pensée religieuse. Qu'on nous prouve la supériorité absolue de leur intelligence ! Et, si nous posions une thèse contradictoire ! Si nous affirmions que le talent, et même le génie, de l'abstraction ne représentent pas le plus haut degré de la valeur humaine et de la pensée spéculative !

Si nous avancions cette proposition, nous aurions l'approbation de deux auteurs, qui sont des chefs d'école. Au nom de l'observation pathologique, M. Pierre Janet déclare, avec quelle insistance ! que la faculté abstractive s'exerce encore et semble parfois plus active que jamais, alors que, dans un sujet, la décadence mentale a déjà fait une partie de son œuvre. M. Henri Bergson parle au nom de la philosophie, comme M. Pierre Janet, au nom de la médecine ; et leurs conclusions se rejoignent. Qu'est-ce, en effet, que cette pensée intuitive qui serait, d'après M. Bergson, la méthode même de la métaphysique, et dont la pensée conceptuelle ne serait que la préface, sinon l'appréhension de l'être singulier et concret, seule réalité véritablement existante ?

On n'est donc pas disqualifié comme philosophe, pour penser concret. L'hégélianisme et le spinozisme ne tracent plus le sillage unique que devront suivre les métaphysiques futures. Il est de nouveau permis de distinguer les êtres et les idées, les personnes et les choses. On peut estimer que ce mouvement de réaction et de retour au concret appuie l'offensive de Gratry contre l'école hégélienne. « Je sais bien, écrivait Gratry, que les sophistes de tous les temps regardent ces mots comme vides de sens. La Providence, le Roi du monde, le Père des hommes, ce sont des mots, bons pour les catéchismes et les enfants de huit ans, dit Hegel. Mais il se trouve précisément, selon nous, que ce sont là les mots pleins, tandis que les mots abstraits, même exacts, sont vides (1). »

Qu'on veuille bien encore remarquer, chez les représentants mêmes de l'abstraction, l'ironique revanche des tendances naturelles de l'esprit. Qu'on prête l'oreille aux discours de ceux qui veulent supplanter le Dieu personnel et mettre sur son trône l'impersonnelle Loi. Voici qu'on la personnifie ! Les orateurs pronon-

(1) *La Connaissance de Dieu*, t. II, p. 123. Paris, Lecoffre, 1864.

cent le mot avec le respect dû à un très haut personnage, et les écrivains l'orthographient comme un nom propre. Puis voici le cortège des divinités nouvelles : la Justice et la Vérité, le Progrès et l'Humanité. Qu'avons-nous gagné au change ? A la place d'un Dieu personnel, on veut nous faire adorer des abstractions personnifiées. Il en est des tendances naturelles et légitimes de l'esprit humain, ce qu'il en est d'une rivière : si on entrave son cours naturel, si on ne lui ménage pas un écoulement normal, elle ne remonte pas à son origine, elle ne tarit pas dans sa source ; elle s'étend et se subdivise en branches multiples.

Qu'on rapproche le développement des divinités abstraites dans l'ordre religieux, la dispersion des centres conscients dans la physiologie qui rejette le principe vital, et la multiplication des personnes dans la psychologie qui méconnait l'unité personnelle de chaque homme Les tendances nécessaires de notre esprit peuvent dévier, mais non disparaître.

Dès lors, n'ayons pas de respect humain à proclamer le seul Dieu intelligible. Nous ne pouvons pas nous contenter des « abstractions : puissance, sagesse, science, et même amour ». Il nous faut « quelqu'un, qui soit puissant, sage, connaissant tout, aimant, à *qui*, et non à *quoi* », nous puissions adresser nos prières (1).

8. — La psychologie expérimentale, nous a-t-on dit encore, aurait établi l'inanité de la personne métaphysique, et la supériorité de l'activité inconsciente. Si la notion de personne est vaine ou invérifiable, de quel

(1) *The Month*, June 1907, *The Higher Pantheism*, R. H. J. S., p. 607.

droit et pourquoi la transporter en Dieu? Si l'expérience montre que l'inconscient agit mieux et plus que le conscient, l'induction ne nous invite-t-elle pas à dépouiller de toute conscience la cause suprême de l'univers? Du premier chef, Dieu cesse d'être une personne métaphysique. Du second chef, on lui retire jusqu'à la personnalité psychologique. Telles sont les deux objections qu'il nous reste à discuter.

La première est presque à moitié résolue, si l'on regarde de près la signification exacte que lui donnent ceux qui ont le plus de titres à la formuler. La psychologie expérimentale, déclare, par exemple, M. Janet, ignore la personne telle que la définit le métaphysicien. Elle l'ignore! Donc elle ne la condamne pas. Elle décline sa compétence. Elle la renvoie devant un autre tribunal. L'objection s'arrête là.

Mais on peut se demander, en outre, si même elle va aussi loin. La psychologie ne connaîtrait, nous disent les observateurs modernes, qu'un moi sujet aux variations, aux évanouissements, aux multiplications par scissiparité, un moi empirique et éphémère : et voilà pourquoi ils interdisent à la science expérimentale de s'occuper d'un moi substantiel et permanent. Or, on a fait remarquer que les sujets où l'on signale ces cas d'extrême mobilité, de dédoublement simultané ou successif, s'aperçoivent et se plaignent de ces changements, de cette dualité, parfois de cette trinité de personnes. Si l'état premier, l'état second et l'état troisième ne représentaient pas des dispositions variables d'un même sujet psychologique, qui donc, en lui, pourrait dire : je suis autre, ou : je suis changé, ou même : ce n'est pas moi. L'expérience, prise au pied de la lettre, j'ose dire l'expérience brute, atteste dans ces malades, puisque c'est surtout de malades qu'il s'agit, et la multiplicité superficielle et l'identité profonde, d'une personne, que nous pouvons appeler soit psychologique, car elle est l'objet d'expérience, soit métaphysique, car elle est, en réalité foncière.

Pour le psychologue lui-même, l'ancienne notion de personne offre une signification positive. Parler de la personnalité divine, c'est parler d'une réalité transcendante, que nous ne connaissons que par analogie, ce n'est pas employer une expression vide de sens.

Et l'étude plus attentive de notre âme nous engage encore à doter de conscience cette divine réalité.

Nous ne raisonnons pas ainsi : Dieu connaît et veut, donc il est conscient. Dès lors, nous n'avons pas à relever l'objection de ceux qui invoquent les phénomènes psychologiques inconscients, pour douter de la conscience divine.

Dieu est la pensée suprême et la souveraine volonté, donc il se connaît et se voit lui-même d'un éternel et infaillible regard : tel est l'argument. Il ne suppose pas que toute idée ou toute volition s'accompagne de conscience, mais seulement que la conscience est inséparable des plus hautes formes de l'activité spirituelle.

Pour préciser le débat, c'est la thèse de M. William James et de M. Marcel Hébert que nous combattons ici. Contre eux, nous soutenons que, tout examiné, le conscient est supérieur à l'inconscient, et qu'une analyse trop tôt interrompue ou une véritable pétition de principe peuvent seules expliquer l'opinion opposée.

Soit le mysticisme, que William James attribue à

l'activité inconsciente. Sans qu'il ait préparé ou même prévu les pensées, images, sentiments dont il va être le théâtre, voici qu'un sujet se sent tout à coup persuadé de l'existence de Dieu ; il éprouve son contact ineffable, comme, dans les ténèbres, deux amis se reconnaissent par une pression de la main ; il sent que son cœur tressaille de battements plus vifs, ou se réjouit en battements plus forts. Il s'étonne d'un état qui fait son bonheur, mais qui n'est pas son œuvre. Qu'est-ce donc, se demande W. James, sinon une irruption de l'inconscient ? Le mystique moissonne dans la lumière ce qu'une force inconnue a semé dans les ténèbres. D'où vient le prodige ? De l'inconscient. A qui rapporter le mérite ? A l'inconscient. Il est l'obscur et habile travailleur, il est l'artiste anonyme, il est le Dieu caché. Les forces inconscientes enfantent toutes choses ; elles sont les « mères » silencieuses et fécondes, dont parlait le poète, les derniers principes, les vraies divinités.

Mais c'est ici, précisément, que l'analyse s'arrête trop court. C'est ici que se cache la pétition de principe, et qu'il faut la débusquer.

Pour que l'inconscient l'emporte sur le conscient d'une supériorité décisive, pour qu'il le précède d'une antériorité indiscutable, pour qu'il le produise à titre de cause ultime, lui-même ne doit pas dépendre d'une pensée et d'une activité conscientes. Voici un enfant dont on guide les doigts et qui, sous cette direction, trace avec sa plume des lettres et des mots. Il voit *ce* qu'il écrit ; il ignore *comment* il réussit à le faire. Il sent bien la main qui le guide, mais il connaît si peu le mécanisme du mouvement imprimé à ses doigts, qu'abandonné à lui-même, il ne peut copier les lignes droites ou courbes, les pleins et les déliés, des mots placés sous ses yeux. Je puis donc conclure aussi que l'inconscient précède, explique et domine le conscient ! Mais si je discours de la sorte, dans un langage accessible à l'enfant ; si je prétends, par exemple, que ses doigts, quand on les guidait, allaient tout seuls ; il sera le premier à corriger et à compléter mon explication. C'est le maître, s'écriera-t-il, qui me donnait une leçon : c'est lui qui conduisait ma main.

Vous nous dites, adorateurs de l'inconscient, que nos meilleures pensées et nos plus belles actions surgissent d'une source mystérieuse. Vous admirez le mécanisme inconnu qui produit ces merveilles. Mais qui vous a dit qu'un sublime ouvrier n'a pas monté et ne dirige pas ce mécanisme génial ? Le travail est trop beau pour être un simple résultat ; et, s'il est une fin, il suppose une conscience attentive à la poursuivre.

L'expérience nous invite à le croire. Chacun de nous a vu fabriquer des mécanismes de ce genre. Si humble artiste qu'il soit, dans la carrière du talent ou de la vertu, chacun de nous pose des actes et fait des travaux, d'une certaine qualité professionnelle ou d'une certaine valeur morale, auxquels pourtant il n'a pas appliqué un effort conscient. Des dispositions innées ou infuses, dont nous ne sommes point les auteurs, peuvent rendre compte, en partie, de ce bienfaisant automatisme. Mais d'autres dispositions s'ajoutent aux premières ; dispositions acquises celles-là, acquises au prix d'efforts et d'exercices dont nous avons gardé peut-être le souvenir. Une pensée et une volonté bien conscientes préparaient alors et engrenaient ces rouages, dont le jeu de moins en moins conscient devait épargner notre peine et prévenir nos défaillances. Du reste, pourquoi parler seulement de talent et de vertu ? D'autres habitudes, hélas ! peuvent nous servir d'exemples. Bonnes ou mauvaises, elles sont issues d'une activité d'abord, en partie, consciente.

L'expérience psychologique nous montre ainsi le conscient à l'origine de l'inconscient. Et pour surveiller son sommeil, elle nous enseigne encore l'utilité de l'attention consciente. L'habitude, fût-elle utile et bonne, peut dégénérer en automatisme tyrannique. C'est une fidèle servante, mais dont il faut limiter les attributions, et parfois secouer la routine. Malheur à ceux qui lui abandonnent, sans contrôle, le gouvernement de leur vie ! Ils sont bientôt, nous avertit le poète,

> des hommes par la figure,
> Des choses par le mouvement.

Pourquoi insister ? Serait-il croyable que l'inconscient fût le principe dernier du beau, du bien et du vrai ? Autant vaudrait dire que c'est aux aveugles de diriger les voyants.

Historique, physique ou psychologique, l'expérience oriente toujours nos regards dans une même direction.

Elle nous montre : que le plus ne sort pas du moins ; que l'être prime l'idée ; que le concret précède l'abstrait ; que la loi dépend de la cause ; que la finalité immanente postule la finalité transcendante ; que l'esprit gouverne la matière ; et que les mécanismes intelligents ou aveugles de la nature dépendent d'une suprême Conscience.

Historique, physique ou psychologique, l'expérience nous parle d'un Dieu personnel.

Le souvenir se présente, ici, d'un philosophe qui fut parmi les plus célèbres de la France au XIXe siècle. Le fondateur du Néo-Criticisme tenait encore plus à honneur d'avoir écrit le Personnalisme. Trop catégorique, et trop épris, à son insu, d'évidence géométrique, Charles Renouvier n'a su ni admettre les nécessaires obscurités du dogme chrétien, ni se garder contre les fallacieuses clartés de l'anthropomorphisme. Mais adversaires, disciples ou indifférents ne peuvent lui contester ces deux titres de gloire philosophique : celui d'avoir professé, en morale, le respect de la personne humaine, et celui d'avoir proclamé, en théodicée, l'existence de la personne divine.

LIVRE III

LA DÉTERMINATION DES ATTRIBUTS DIVINS

LIVRE III

LA DÉTERMINATION DES ATTRIBUTS DIVINS

CHAPITRE PREMIER

LES DIVERS PROCÉDÉS

1. L'esprit aboutit par plusieurs chemins à l'affirmation des attributs de Dieu. — 2. La raison peut les déduire de la notion de Dieu d'abord reconnue comme réelle. — 3. Il peut les induire, avec l'existence divine elle-même, de la contemplation des perfections créées. — 4. Certaines âmes semblent avoir une sorte d'intuition des perfections divines. Mais, en général, il s'agit plutôt d'une opération tout à la fois rapide et complexe. — 5. Les vues de la foi. — 6. Trois problèmes se posent : toute perfection convient-elle à la divinité; les aspirations qui nous portent vers l'Idéal divin sont-elles infaillibles; la théodicée doit-elle négliger désormais, comme le veut un certain pragmatisme, les attributs métaphysiques de Dieu?

1. — A partir de données diverses, et par plusieurs chemins, l'esprit aboutit à l'affirmation des attributs de Dieu.

Soit cette proposition : Dieu est bon. Elle peut exprimer soit un jugement tout rationnel, soit un acte de foi. Elle peut être soit le terme des démarches naturelles de l'âme, soit l'objet de l'enseignement révélé. Elle appartient au domaine de la philosophie, et elle fait partie du dogme chrétien.

Quel est, dans l'un et l'autre cas, le rôle de l'expérience? Quels sont les services demandés, quelles sont les limites imposées, à la méthode expérimentale, soit par la raison, soit par la Révélation?

2. — L'histoire de la philosophie montre que la raison elle-même ne procède pas toujours par la même route, lorsqu'elle veut déterminer les attributs de Dieu.

Dieu est bon. Cette vérité est tantôt la conclusion d'une argumentation déductive, tantôt le couronnement d'une induction, tantôt le précieux et subtil métal que perçoit, dans la gangue de nos misères humaines, le regard de la simplicité ou du génie. Donc, en plus de la foi proprement dite, qui croit, mais ne voit pas, il y aurait trois modes pour connaître les attributs divins.

Dans le premier, nous procédons à la manière du géomètre qui, de l'essence, donnée ou construite, du triangle, déduit que la somme des angles intérieurs est égale à deux droits. Un triangle est dessiné sur le tableau noir ou proposé à l'imagination. Dans cette figure sensible ou imaginée, l'intelligence perçoit la notion générale de triangle. A l'aide d'une construction additionnelle, dont la réalisation est arbitraire et artificielle, mais dont l'essence est nécessairement possible, le géomètre prouve que la nature même du triangle implique le théorème en question. Il suppose donc acquise cette idée générale de triangle. Le théologien suppose, de même, admise l'existence de Dieu, lorsqu'il en établit, par voie déductive, les divers attributs. D'après quel ordre de succession logique faut-il enchaîner les perfections divines ? Cette question est épineuse. Mais il n'est point nécessaire de s'y embarrasser, pour mettre en lumière le principe, pour faire jouer le ressort, de la méthode. On pourra donc discuter la valeur et la solidité de telle ou telle connexion. Il semblera qu'ici ou là l'ordre peut être interverti, et que la série est réversible. Ou bien, l'on jugera que deux attributs dérivent parallèlement de la même origine logique, et sont, pour ainsi dire, contemporains, au lieu d'être unis l'un à l'autre par une sorte de filiation idéale. Ainsi, pour les uns, l'unité de Dieu découle immédiatement de son infinité, tandis que d'autres préfèrent la rattacher à sa simplicité. Ces divergences n'ébranlent pas l'unité essentielle de la méthode. On a prouvé que Dieu est. L'existence de Dieu, du moins sous le concept d'Être nécessaire, est une vérité établie. S'il est nécessaire, il se suffit et ne dépend de rien. Il contient sa raison suffisante et existe par lui-même. L'aséité implique, à son tour, l'infinité. Puisque Dieu existe par lui-même, il existe par essence, par nature et par définition. Dès lors, quelles limites trouverait-il en lui ou hors de lui? Puisqu'il est essentiellement être, il l'est infiniment. Il concentre toute réalité et comprend toute perfection. La bonté représente une perfection. Donc nous la retrouverons en Dieu. En résumé :

Dieu est l'être nécessaire,
L'être nécessaire existe par lui-même,
L'être dont l'essence est d'exister est infini.
L'être infini possède toutes les qualités,
Donc Dieu est bon.

Quand même on n'admettrait pas cet ordre de succession, on retiendra, du moins, le premier et le dernier terme du sorite. Pour tous les théologiens qui établissent, par voie déductive, les divines perfections, l'existence de Dieu est une vérité initiale et préalable.

3. — La différence de la méthode déductive et du procédé inductif apparaîtra tout de suite, si nous disons que, dans le second cas, l'existence de Dieu est le point d'arrivée. La première voie part de là. Le second chemin y aboutit. Du même coup, l'induction démontre que Dieu existe et qu'il est bon. Plus exactement, elle conclut qu'il y a un Être souverainement bon.

C'est la *quarta via* dont parle saint Thomas. Le monde nous offre des spectacles de bonté, de justice, de beauté. En une mesure variable, mais toujours limitée, nous y trouvons la perfection, la réalité, la vérité, la science, la sagesse, la puissance, la liberté. Notre âme s'appuie sur ces qualités bornées, et prend son élan vers l'Idéal où elles se réalisent à l'infini.

Il ne serait pas possible de démêler dans cette démarche intellectuelle la part exacte de l'expérience, si l'on s'en tenait à cette vue générale.

De l'existence d'êtres partiellement bons à l'existence d'un Être infiniment bon, plusieurs routes se dessinent, appelées du nom commun d'induction.

Platon, saint Thomas, Gratry, pour ne pas évoquer d'autres souvenirs, ne cheminent pas côte à côte dans leur ascension vers la Réalité idéale.

Tout attribut de l'humanité ou de l'univers, d'après la doctrine platonicienne, reflète, comme une ombre, un idéal suprême. Si le Bien souverain domine les autres idées, et peut, de ce chef, passer pour le vrai Dieu, il existe aussi un type de l'homme, de la plante, du caillou, il existe une idée de la grandeur et une de la petitesse. Le philosophe élève à l'absolu tout attribut, toute réalité, reconnus par l'expérience ou concevables par la raison. De là, une première différence avec l'induction de la théodicée thomiste, qui distingue plusieurs espèces de qualités et qui n'assigne pas à toutes un idéal. Les perfections pures se trouvent formellement en Dieu, mais les perfections mixtes n'y sont que virtuellement.

En outre, le platonicien voit et contemple l'idée, par une intuition que prépa nt les opérations de l'intelligence abstraite, mais qui appartient à un mode supérieur de connaissance ; tandis que le thomiste ne peut ni se passer, ni se débarrasser, de la connaissance discursive. Le divin Idéal ne se révèle pas à lui ; il se laisse seulement conclure, et, dans un sens, construire. La *quarta via* ne doit s'entendre, ni comme une méthode mystique, ni comme une induction immédiate. Il s'agit de raisonner, et d'appuyer l'élan platonicien vers l'idéal sur un principe d'Aristote. Une perfection suprême est la cause des autres perfections du même genre : *Quod est maxime tale in aliquo genere, est causa omnium, quæ sunt illius generis.* Principe dont le seul développement précis me semble être celui-ci. Une bonté limitée, une science imparfaite, une prudence toujours courte par quelque endroit, une puissance bornée, doivent dériver d'une source plus abondante, d'une source inépuisable. Un être imparfait ne peut s'expliquer, en dernière analyse, que par un être parfait. Il se trouve ainsi qu'à l'usage le principe, cité plus haut, d'Aristote, apparaît comme une application du principe de causalité. En même temps, la preuve de l'existence divine par les degrés de perfection se rapproche de l'argument de la contingence. La quatrième voie ne se dégage plus aussi distincte et aussi originale. C'est l'inconvénient de notre interprétation. Mais, d'autre part, quel autre commentaire s'accorderait avec la méthode et l'esprit de la théodicée scolastique? Si l'on veut maintenir l'irréductible distinction de l'argument tiré de la contingence, et du procédé que saint Thomas indique en quatrième lieu, on aboutira, je crois, soit à l'induction immédiate, soit à l'induction transcendentale. Pour éviter de rapprocher deux démonstrations thomistes, on confondra saint Thomas avec Platon ou avec Gratry.

Tous les trois s'élèvent des perfections finies aux perfections infinies. Mais il importe de marquer combien leur marche, ou leur vol, diffère, sinon en direction, du moins en rapidité, en prudence et en force.

Il faut parler de vol, dût-on ajouter que ce vol est bien hardi, quand il s'agit de la théodicée de Gratry.

En face des perfections et des beautés créées, dit-il, l'âme peut avoir trois attitudes. Ou bien, elle les regarde, d'une contemplation stérile et paresseuse, sans penser à l'Idéal divin. Ou bien, elle est prise de vertige, elle s'attache à elles d'un culte idolâtrique, elle s'abîme et se perd en elles. Ou bien, elle se retourne, elle s'élance de l'image vers le modèle.

« Supposez un aigle sur le bord d'un lac où brille l'image du soleil : l'aigle peut se borner à regarder l'image, sans reporter son regard vers l'objet.

Il peut — mais c'est ce que les aigles ne font pas, pourquoi donc les hommes le font-ils? — il peut prendre son vol vers l'image et se précipiter dans le lac, où aussitôt il cesse de voir, et, du même coup, perd l'image et l'objet.

Il peut encore, excité par l'image, lever le regard, déployer ses ailes et diriger son vol droit vers le soleil lui-même, comme attiré par les rayons que boivent ses yeux. C'est ce que font les aigles, et c'est ce jeu sublime et cet élan vers la source de la lumière, qui ont charmé les hommes, et valu au roi des airs cette gloire d'être le poétique symbole des sublimités de l'esprit.

Ainsi du regard de l'âme.

Notre âme est, à la fois, l'aigle et le lac.

Tantôt nous regardons le lac stupidement, sans distinguer l'eau même des rayons de lumière qu'elle envoie, sans distinguer la mobile surface, de la forme immobile de l'image, toujours sphérique sous les rides de l'eau. C'est là la raison paresseuse et la philosophie stérile des lettrés sans sagesse.

Tantôt ces contrastes nous « avertissent ». De la créature, notre regard se porte vers le Créateur.

Mais, parfois, « il nous vient un vertige, vertige étrange d'un être qui a des ailes, et qui s'en sert pour se précipiter dans un abîme afin d'y chercher le soleil ! Oui, nous nous précipitons dans l'abîme où nous cessons de voir, où nous perdons et l'image et l'objet. » Cette catastrophe est celle de la raison qui, au lieu de monter vers la Perfection exemplaire, creuse « l'image au-dessous de l'image, au-dessous de la surface du lac, pour découvrir dans l'eau ses lumineuses et brûlantes racines (1) ».

(1) GRATRY : *La Connaissance de Dieu*, t. II, p. 347-349. Paris, LECOFFRE, 1864.

Ce n'est point méconnaître la beauté de telles pages ni calomnier la philosophie de Gratry, que d'observer qu'il convient de « sortir maintenant de ces comparaisons ». Lui-même nous invite à le faire. Que se propose-t-il donc de susciter en notre âme, par cette brillante description? Deux mouvements, en apparence disparates, et pourtant concordants : un procédé mathématique et un élan affectif.

Le procédé mathématique s'appuie sur un principe ainsi formulé par Leibniz : *les règles du fini réussissent dans l'infini, et réciproquement* (1) ; et il a fourni une merveilleuse application : le calcul infinitésimal. Procédé scientifique, et néanmoins procédé vulgaire, ou plutôt populaire et poétique. « Qui ne le sait? L'âme de l'homme, surtout lorsqu'elle est élevée, pure, dans sa sève et sa jeunesse, conçoit et désire sans limites toutes les beautés et tous les biens dont elle aperçoit quelque trace. On efface toutes les bornes, toutes les limites, toutes les imperfections. On conçoit l'être dans toute sa plénitude ; on conçoit l'amour éternel, le bonheur sans vicissitudes, la vérité sans ombres, la volonté plus forte que tout obstacle, la force se jouant de l'espace et du temps... Tous ces pressentiments du cœur de l'homme, tous ces rêves dorés de l'enfance, tous ces enivrements du nectar idéal, impliquent une méthode vraie et rigoureusement scientifique. Analysées par la raison, cette poésie, cette foi, contiennent la démonstration rigoureuse de l'existence de Dieu et de ses attributs.

De fait, c'est là le procédé poétique et vulgaire qui,

(1) *La Connaissance de Dieu*, t. II, p. 71.

sous la donnée de l'enseignement et de la tradition, élève la plupart des hommes à la connaissance de Dieu. Le spectacle du monde, la conscience de la vie, la vue des êtres finis et des beautés créées, quand le cœur et l'imagination s'en emparent, pour les grandir et les pousser à l'infini, par l'effacement du mal, des bornes et des limites, cet élan de l'âme vers l'infini à partir du fini, voilà ce qui donne aux hommes l'idée de Dieu, la connaissance et l'amour naturels de Dieu.

La méthode qui nous élève, du même coup, à l'existence et aux attributs infinis de Dieu, se distingue fortement, dans la théodicée de Gratry, de la méthode déductive, de la méthode qui suppose l'existence de Dieu. L'induction, écrit-il, nous fait passer « sans nul circuit de raisonnement, quoique par un très légitime élan de la raison, du fini à l'infini, de l'être fini réel qu'on est, qu'on voit, qu'on touche actuellement, à l'être fini, réellement et actuellement existant, qu'implique et que suppose l'existence du fini ».

Ce procédé populaire et scientifique tout à la fois, ce procédé « aussi certain que la géométrie à laquelle il s'applique d'ailleurs », exprime un mouvement du cœur, non moins qu'un mouvement de l'esprit. Il naît de l'intelligence et de la volonté. Il est « raison et liberté (1) ».

« Les règles du fini réussissent dans l'infini » : tel est le principe mathématique de l'induction en théodicée. « Les tendances aboutissent » : tel est le principe moral que Gratry ajoute à l'axiome leibnizien. « Tout ce que la nature, l'instinct, l'effort, le travail, la prière,

(1) *La Connaissance de Dieu*, t. II, p. 71.

tout ce que la religion, l'élan vers Dieu, vers la vérité, la justice, la beauté, le bonheur, tout ce que toutes ces forces prophétiques liguées ne cessent d'attendre et de chercher, tout cela nous sera très certainement donné. » L'amour « a des ailes » ; il emploie « ce procédé de transcendance » ; il « s'élance de ce qui vit sur la terre, à l'idéal qui est au ciel ». Parce que les perfections finies excitent en nous l'appétit de la perfection infinie, elles nous en garantissent aussi la réalité. Mon cœur aspire invariablement vers une Bonté souveraine. Donc Dieu existe, et il est bon.

Si différentes que soient les trois méthodes d'induction que nous venons de rappeler, elles offrent ce caractère commun : de ne pas supposer l'existence de Dieu préalablement démontrée, et d'établir, par un même effort, l'existence et les attributs de Dieu. « Indépendamment de la déduction possible de l'être à la bonté, à l'amour, la raison pose directement, par son procédé principal, que Dieu est infiniment bon, libre et aimant, puisqu'il y a en nous des traces de bonté, de liberté et d'amour. »

4. — Sous des influences, qu'il y aura lieu plus loin d'analyser, l'âme semble parfois vérifier, par une observation directe, ces attributs divins que la déduction et l'induction ne peuvent que conclure. Jusqu'ici, en effet, il n'était pas question de constater, d'un simple regard, la bonté ou les autres perfections de Dieu. L'Être suprême *doit posséder* la bonté à un degré infini. Gratry ne dépasse point, par son procédé d'induction transcendante, cette forme d'affirmation. Dieu *possède* une infinie bonté. Telle est la formule de l'ob-

servation immédiate. Si ce procédé n'est pas illusoire, il se distingue vraiment des deux précédents. Il appelle une analyse spéciale.

« Quand, devant Dieu, écrit Eugénie de Guérin, je dis à mon âme : *Pourquoi êtes-vous triste et pourquoi me troublez-vous?* je ne sais quoi lui répond, et fait qu'elle s'apaise, à peu près comme quand un enfant pleure et qu'il voit sa mère. C'est que la compassion et tendresse divine est toute maternelle pour nous (1). »

Elle éprouve la pitié de Dieu dans ses peines. Elle bénit sa bonté dans les joies quotidiennes, dans le bonheur familial. « Si bien des choses nous manquent, celles dont nous jouissons sont bien douces, et j'en bénis Dieu tous les jours ; tous les jours, je me trouve heureuse d'avoir des bois, des eaux, des prés, des moutons, des poules qui pondent, de vivre enfin dans mon joli et tranquille Cayla, avec une famille qui m'aime (2). »

Enfant, la pieuse Eugénie de Guérin adorait et voyait plus spontanément encore la puissance du « bon Dieu ». « Je racontais tous mes petits chagrins à cette figure si triste du Sauveur mourant, et toujours j'étais consolée. Une fois que j'avais des taches à ma robe qui me peinaient beaucoup, de peur d'être grondée, je priai mon image de les faire disparaître, et les taches disparurent. Que ce doux miracle me fit aimer le *bon Dieu!* Depuis ce jour, je ne crus rien d'impossible à la prière ni à mon image, et je lui demandais quoi que ce

(1) Eugénie DE GUÉRIN : *Journal et Fragments*, p. 122. Paris, Librairie académique, 1868.

(2) IDEM, *Ibid.*, p. 126.

fût : une fois, que ma poupée eût une âme ; mais, cette fois, je n'obtins rien. Ce fut la seule peut-être (1). »

L'auteur sourit. Mais les années n'ont pas détruit en elle, ni paralysé, la faculté que possédait la naïve enfant, de sentir Dieu mêlé à sa vie. « J'ai été triste, écrit-elle, un jour, dans le *Journal* destiné à son frère ; mais voici qu'un peu de sérénité me revient. Dieu m'est venu... J'ai senti presque de la joie, et que j'avais Dieu au cœur. O mon ami, si tu savais comme l'âme dans l'affliction se console doucement en Dieu ! Que de force elle tire de la puissance divine (2) ! »

Tel historien ou philosophe constatera, dans les événements qui intéressent toute une nation ou l'humanité entière, une intervention, une conduite, providentielle. Que deux événements appartenant à deux séries indépendantes de faits se produisent simultanément : le cas est fortuit et relève du hasard. Mais que des coïncidences semblables, et formant elles-mêmes une suite rationnelle, se répètent et se multiplient : il faut admettre une puissance et une intelligence supérieures aux causes secondes ; il faut reconnaître le doigt de Dieu. Par des observations de ce genre, Cournot découvre la divinité de l'Église et le miracle permanent de son existence. Analysées jusqu'au bout, son apologétique et sa philosophie de l'histoire établissent, par une même démonstration expérimentale, l'existence de Dieu, sa Providence, la transcendance miraculeuse de l'Église. Ces trois vérités forment un

(1) *Journal et Fragments*, p. 37 et 38.
(2) *Ibid.*, p. 87.

indissoluble faisceau, *funiculus triplex*. Nous ne considérons néanmoins ici que les deux premières. Dans l'histoire générale des sociétés, Cournot lit, en un langage non équivoque, l'action d'un Dieu-Providence.

A la même école d'historiens appartiennent les apologistes, qui enregistrent, avec les châtiments terrestres des grands persécuteurs, les manifestations de la justice divine.

Ainsi comprises, les annales de l'humanité reproduisent, sur une vaste échelle et dans un cadre grandiose, cette expérience immédiate des attributs divins, que des âmes naïvement et sincèrement croyantes ont consignée parfois dans leur *Journal* ou leur correspondance.

Dans un cas et dans l'autre, les attributs divins deviennent l'objet d'une sorte de connaissance expérimentale et immédiate.

5. — Toute voisine, et pourtant bien distincte, de cette observation confiante des perfections divines, est l'adhésion de foi aux révélations que Dieu nous donne de sa propre nature. Ici et là, une simplicité de cœur voulue ou spontanée éclaire et purifie le regard de l'esprit, *oculus simplex*. Cette expérience de la bonté, de la justice, de la puissance divine, doit généralement s'entendre comme une interprétation rapide et familière des événements, et comme une traduction presque instantanée dans le langage de la foi, plutôt que comme une vision directe, d'un fait brut. En ces matières plus qu'en toute autre, percevoir c'est commenter. Du troisième procédé au quatrième, de l'observation à la croyance, la distance est donc courte, et la transition naturelle. Mais les deux termes restent distincts. Il

demeure vrai que, dans le premier cas, l'âme reconnait sans peine et salue d'un élan spontané les attributs divins; tandis que, dans le second, elle se sent partagée, et croit à la bonté et aux autres perfections de Dieu, en dépit des apparences. Pour employer le langage des maitres de la vie spirituelle, l'âme qui voit la Providence dans le monde, éprouve la consolation sensible ; l'âme qui, malgré les objections, proteste de sa foi en la sagesse et la puissance divines, se trouve en état de désolation plus ou moins aiguë et vit de la foi nue. Ou bien elle se trouve dans une disposition mixte et intermédiaire, où elle ne saurait tirer la ligne de démarcation entre ce qu'elle croit et ce qu'elle éprouve, la foi éclairant la vision, la vision encourageant la foi. Plus ou moins pur et désolé, l'état de foi constitue pourtant un quatrième mode d'adhésion aux perfections divines.

L'ascétisme proprement dit, c'est-à-dire la vie religieuse, distincte du mysticisme, fait généralement appel à la foi, pour inviter l'âme à rendre l'hommage de son adoration aux attributs de Dieu. *Nos credidimus caritati.* Nous croyons à l'amour, plus que nous ne le constatons pàr simple observation. « Pour moi, écrit le P. du Pont, je ne comprends pas que l'on puisse trouver en cette vie une paix solide et un contentement véritable, si l'on ne s'appuie sur le dogme de la Providence, ni qu'une chose créée... soit capable de causer un trouble sérieux ou une tristesse inconsolable, quand on pénètre avec une foi vive dans les secrets de l'ordre providentiel (1). » C'est une affirmation de la

(1) *Méditations sur les mystères de notre sainte foi*, t. IX, p. 1. Lille, Desclée. 1879.

foi. « O Seigneur d'une libéralité sans bornes, s'écrie le même auteur, ô Maître d'une sagesse infinie, comment pourrai-je vous remercier d'un bienfait si avantageux et d'une doctrine si salutaire? Je crois ce que vous me dites; j'espère ce que vous me promettez; et plein de confiance en votre providence, je veux par reconnaissance me montrer fidèle à vos divins enseignements (1). » C'est la prière de la foi.

6. — Quatre voies, qui peuvent se croiser, du reste, ou se raccorder, amènent l'esprit à reconnaître les attributs divins. Le philosophe les dérive dialectiquement de la nature de Dieu. Le savant les induit par une méthode de transcendance. L'historien et le mystique les constatent chacun à leur manière. Le simple fidèle y adhère par l'esprit de foi.

Il semble que la part de la méthode expérimentale, dans la détermination des attributs de Dieu, se trouve ainsi fixée : nulle dans le premier et le dernier procédés, souveraine dans le troisième, nécessaire mais insuffisante dans le second.

Cette conclusion est trop sommaire. Cette appréciation manque et d'exactitude et de clarté. Il est faux que le dialecticien et le croyant puissent reconnaitre, sans le secours de l'expérience, les perfections divines. Il est faux qu'elles tombent sous les prises de la simple observation. D'autre part, se borner à voir que la méthode expérimentale joue un rôle essentiel, mais partiel, dans la théodicée inductive de saint Thomas ou de Gratry, c'est se contenter d'un jugement bien vague et peu décisif.

(1) *Méditations sur les mystères de notre sainte foi*, t. IX, p. 27.

Ici, comme dans l'étude précédente sur l'existence de Dieu, une question plus vaste et plus catégorique se pose : L'effort principal que réclame la détermination des attributs divins doit-il porter sur l'enchaînement dialectique des propositions, ou bien sur l'épuration, l'interprétation, le maniement, des données expérimentales ? Le travail d'observation est-il plus laborieux et plus délicat que le travail de raisonnement ?

L'examen de trois problèmes subsidiaires aidera peut-être le lecteur à résoudre cette question générale.

La philosophie et la révélation nous pressent d'attribuer à Dieu toute perfection. Est-il vrai que toutes les perfections conviennent à la majesté divine ; et comment faire le départ ? A l'aide du raisonnement, ou de l'observation ?

On nous adjure de nous livrer au mouvement de notre cœur qui se porte vers un Idéal divin ? Est-il vrai que nos aspirations soient infaillibles, et que toutes nos tendances aboutissent ? Où trouver le critère ? Dans la logique, ou dans la psychologie ?

Enfin, une théodicée soucieuse de religion pratique doit-elle, comme on l'a récemment prétendu, bannir de ses spéculations les attributs de Dieu dits métaphysiques, sous prétexte qu'ils n'intéressent pas notre expérience humaine ?

Trois problèmes, qui mettent en cause la méthode expérimentale.

Il s'agit, en somme, d'établir trois classifications : celle des perfections créées, celle des tendances humaines, celle des attributs divins. Au premier abord, on jugerait que, chaque fois, l'opération consiste à dresser uniquement une échelle de valeurs ontologiques, indépendante de tout empirisme et de toute psychologie. Les analyses, qui feront la matière du prochain chapitre, montreront s'il faut s'en tenir à ce premier jugement.

CHAPITRE II

LE ROLE DE L'EXPÉRIENCE

1. Danger de diviniser des abstractions. — 2. Danger de diviniser le mal. Exemples d'idolâtrie. — 3. Les noms divins. Discernement et critique. — 4. Comment distinguer les aspirations naturelles et nécessaires, des aspirations individuelles et accidentelles. — 5. Le pragmatisme de M. William James et les attributs divins. Question de droit et question de fait.

1. — Quels sont les attributs finis qui se retrouvent en Dieu? Quelles sont les perfections dignes de l'apothéose ?

Philosophe ou non, l'homme qui cherche à se représenter la nature divine, par analogie avec la nature humaine, ou la nature créée en général, doit naviguer entre deux écueils. Il lui faut éviter un double danger : celui de personnifier des abstractions, et celui de diviniser des imperfections. L'expérience et la logique éclairent le passage. Des deux, quel est le phare le plus lumineux? Comment distinguer les pures perfections, susceptibles d'être élevées à l'infini et de subsister en Dieu, des perfections mêlées, incapables de sortir de la catégorie des substances créées ou des modifications accidentelles?

D'abord, on nous accuse de transformer en hypostases des qualités accidentelles, ou de réaliser des idées générales, c'est-à-dire de personnifier des accidents, ou de solidifier des abstractions. A l'article : *Souverain*

Bien, du *Dictionnaire philosophique*, Voltaire fait la même confusion qu'il reproche à Platon. L'un et l'autre assimilent toutes les notions, celle de bien et celle de couleur. Seulement, tandis que le philosophe grec leur assigne à toutes des types éternels et subsistants, Voltaire les traite indistinctement de chimères, et les juge également incapables de nous élever à l'Idéal. « Platon, dit-il, qui écrivait mieux qu'il ne raisonnait, imagina son *monde archétype*, c'est-à-dire son monde original, ses idées générales du beau, du bien, de l'ordre, du juste, comme s'il y avait des êtres éternels appelés *ordre*, *bien*, *beau*, *juste*, dont dérivassent les faibles copies de ce qui nous paraît ici-bas juste, beau et bon... Le souverain bien n'existe pas plus que le souverain carré ou le souverain cramoisi ; il y a des couleurs cramoisies, il y a des carrés ; mais il n'y a point d'être général qui s'appelle ainsi. Cette chimérique manière de raisonner a gâté longtemps la philosophie... Les philosophes grecs discutèrent longuement à leur ordinaire cette question. Ne vous imaginez-vous pas, mon cher lecteur, voir des mendiants qui raisonnent sur la pierre philosophale ? » Le souverain bien ! Ce mot met Voltaire en veine de raillerie, sinon d'atticisme. « Le souverain bien ! quel mot ! autant aurait-il valu demander ce que c'est que le souverain bleu, ou le souverain ragoût, le souverain marcher, le souverain lire, etc. »

Voltaire accuse tellement l'objection, qu'il la pousse à la charge ; et, par son parti pris de moquerie, il discrédite une difficulté pourtant digne d'être considérée. Quand on remarque de quel ton il bafoue l'idée du souverain bien, on est porté à dédaigner sa critique, sans plus ample examen. Ce serait un tort. La difficulté est proposée en termes insolents, il est vrai. Mais le fond en est sérieux et mérite une discussion.

Les scolastiques distinguent deux sortes de perfections créées : celles qui, par elles-mêmes, indépendamment de l'être qu'elles déterminent, impliquent limite et défaut ; celles qui ne sont bornées que par l'étroitesse même du sujet dont elles sont les modifications. Voler, nager, sentir, sont des actes, la couleur, la sonorité, la saveur, sont des qualités, qui appartiennent à la première catégorie. La seconde comprend l'être et la vie, la pensée et la volonté, la bonté et la justice. La sensation et le sentiment ne peuvent s'expliquer en dehors d'un être corporel : d'où leur imperfection essentielle, et leur incapacité d'acquérir l'être substantiel. Les diviniser serait personnifier des réalités nécessairement accidentelles, et porter à l'infini ce qui ne peut dépasser les bornes de l'organisme humain ou animal. Mais, de soi, comment la volonté implique-t-elle une imperfection, ou l'être le néant ? Suivant la distinction classique, les réalités du premier genre sont « mêlées », les autres sont « pures ».

Or, d'où extrayons-nous la matière de ces distinctions, sinon de l'expérience ? Avec quel instrument dégageons-nous la perfection essentielle de la pensée, de la vie ou de la bonté, sinon à l'aide de l'analyse expérimentale ? Qu'on s'imagine plutôt le degré d'information et de compétence d'un philosophe qui, n'ayant du sentiment qu'une définition formelle ou un concept symbolique, mais aucune notion réelle et expérimentale, discuterait la valeur ontologique de ce phénomène ! Un tel philosophe déduirait peut-être de son système idéologique quelques conclusions intelligibles et approximatives. Mais il ne saurait affirmer l'irrémédiable imperfection de la sensibilité, avec l'assurance et la précision de l'homme qui sait, par lui-même ou par les autres, ce qu'est, en fait, la douleur, l'indignation émue, la haine, la colère. Dans les creusets de la logique pure, on ne trouve pas d'échantillons authentiques qui permettent une analyse décisive du sentiment ou de la volition. Il faut qu'un autre ouvrier fournisse à la dialectique la matière de ses manipulations; et cet ouvrier, c'est l'expérience, non l'expérience brute de l'animal, mais l'expérience réfléchie de l'homme.

2. — Nous risquons, en second lieu, lorsque nous jugeons la nature divine d'après notre nature humaine ou d'après l'univers matériel, de dresser des autels à de faux dieux, et d'adorer des idoles. De la bonté défaillante dont nous trouvons ici-bas des vestiges, nous concluons à la bonté divine : c'est bien. Mais allons-nous diviniser aussi la colère et l'indignation, le remords et l'espoir, l'ivresse et la haine, la fièvre et la peur, le mal comme le bien? L'histoire des croyances et des idées nous avertit du danger.

Les dévots du panthéon grec ou romain, les fidèles de Mahomet, des philosophes déistes, faut-il ajouter : des chrétiens, sont, plus ou moins lourdement, tombés dans l'erreur idolâtrique. Nous ne donnons pas une liste des apothéoses, plus ou moins conscientes et sacrilèges, des défauts et des vices. Hélas! elle serait trop longue. Nous citons quatre exemples plus saillants, quatre groupes, inégalement importants, d'idolâtres.

Cette théologie païenne, pour laquelle Varron plaida les circonstances atténuantes, et dont il croyait pouvoir sauver le cérémonial officiel et l'interprétation philosophique, en sacrifiant la partie fabuleuse et poétique, comme si, remarque saint Augustin, de mythes honteux ou ridicules pouvaient sortir une liturgie vénérable et une sage philosophie ; cette théologie païenne, contre laquelle s'élevèrent un Cicéron et un Sénèque, mais sans formuler de protestation décisive, nous montre, en un saillant relief, le double principe de ces apothéoses injurieuses pour la divinité. D'une part, on transporte dans l'essence divine, sans les épurer, les sublimer et les porter à l'infini, les activités restreintes et grossières de l'homme ou de la nature. C'est une première manière de diviniser l'imperfection. Ainsi mille forces concourent à la fécondité des campagnes, forces obscures et limitées. Au lieu de les transposer dans le mode divin, ou, plutôt, de leur assigner un exemplaire et un principe dans la Cause infinie et universelle; l'intelligence, égarée et abaissée par le naturalisme et l'anthropomorphisme, se contente de donner aux causes secondes observables des sortes d'équivalents invisibles et de doublures divines. Rusina protège la plaine, Jugatinus le sommet des montagnes, Collatina les collines, Vallonia les vallons. Ségétie joue le rôle d'une surintendante des moissons. Pour que son attention ne se disperse pas et ne se fatigue pas, elle ne prend son service que lorsque les épis naissants apparaissent à la surface des sillons. Seïa protège le grain enfoui dans la terre, pendant que Proserpine veille à la germination. Cependant voici que les blés couvrent la terre. Les divinités de la végétation travaillent chacune à leur tâche, suivant les principes d'une division du travail poussée à l'extrême.

Nodot s'occupe de la fabrication du chaume. Volutina travaille à l'enveloppe de l'épi. Patelana aide l'épi à sortir de sa gaine. Hostilina se met à la besogne, lorsque l'épi se trouve au niveau de la barbe qui l'entoure. Il passe par une sorte d'état laiteux. Pendant cette période, Lacturnus est de garde. Matuta est préposée à la maturation. Cependant l'époque de la récolte arrive. Roncina intervient et surveille les moissonneurs. De peur que le travail ne dépasse ses forces, Tutilina lui succède, et prend soin que la récolte entre dans les greniers (1).

Les forces et les mouvements de la matière inorganique sont divinisés d'emblée, et, pour ainsi dire, de plain-pied. Rien non plus ici qui soit digne de l'unité, de la spiritualité, de l'infinité du Premier Principe. A l'entrée des maisons et des temples, il ne faut pas moins de trois personnages : Forculus, qui réserve son attention pour les portes elles-mêmes, Limentinus, qui protège les seuils, et Cardea, qui favorise le bon fonctionnement des gonds (2).

Diviniser la matière et ses fonctions, la nature et ses forces, c'est outrager l'Être Premier, dont la grandeur et la pureté excluent tout attribut limité, toute qualité mêlée. Mais que dire de l'apothéose des passions mauvaises ? Que penser de divinités qui exigent, pour s'apaiser et accorder leur protection, la représentation scénique de fables honteuses ? Avec quel respect

(1) Saint Augustin : *De civitate Dei*, l. IV, c. VIII.
(2) Idem, *Ibid.*

regarder un ciel, où le concile des dieux représente l'assemblée des vices ?

La théologie musulmane, que nous prenons comme second exemple de la tendance idolâtrique de l'esprit humain, se rapproche de la vérité, de même qu'elle se rapproche du christianisme et d'une philosophie rationnelle.

Mais, dans une large mesure encore, elle dégrade la nature divine, sous prétexte d'en déterminer les attributs. Le mot de Cicéron trouve de nouveau ici son application. On transporte dans les choses divines les misères de l'homme. Au lieu d'humaniser la divinité, que ne divinise-t-on l'humanité !

Le fatalisme et le sensualisme, qui entachent la morale des mahométans, sont l'ombre projetée sur le plan de l'humanité, de deux erreurs qui déshonorent leur théodicée.

S'il faut reconnaître à Dieu l'attribut de la souveraine et légitime puissance, est-ce une perfection divine de fixer, par un décret absolu et infaillible, les actes bons et mauvais que les hommes devront poser ici-bas, s'avançant ainsi par une voie fatale, soit vers le ciel, soit vers l'enfer ? S'il est conforme à la divine sagesse et à la divine bonté que les élus jouissent d'un éternel bonheur, convient-il à la sainteté de Dieu de leur préparer un séjour où les hommes posséderont chacun quatre-vingt mille serviteurs, et, en plus des épouses qu'ils auront eues sur la terre, soixante-douze femmes choisies parmi les houris de ce Paradis matériel et fantastique ? Ailleurs, le *credo* musulman professe qu'une demeure moins glorieuse et moins merveilleuse sera le partage des femmes qui auront eu foi en Dieu et en ses prophètes. Est-il digne de la justice divine que le bonheur futur soit en raison du sexe, et non des seuls mérites (1)?

Nous pourrions répéter ici la parole célèbre : crédules, les moins crédules, et ajouter : idolâtres, les plus fiers représentants de la raison émancipée. On sait quelle idée étroitement utilitaire se faisait de la divinité le grand adversaire de l'*infâme*, cet homme qui, sous prétexte de combattre la superstition, fit, pendant sa longue vie, une guerre incessante au christianisme. « Il me semble, écrivait Voltaire, qu'il faut distinguer entre le peuple proprement dit et une société de philosophes au-dessus du peuple. Par tout pays, la populace a besoin du plus grand frein, et, si Bayle avait eu seulement cinq à six cents paysans à gouverner, il n'aurait pas manqué de leur annoncer un Dieu rémunérateur et vengeur (2). »

Que penser de ce Dieu, qui n'est pas indispensable à la philosophie, dont se passerait, sans beaucoup de difficulté, une société d'élite, mais que réclame la sécurité générale, à titre de gendarme souverain de la foule, sinon à titre de « croquemitaine » ?

Béranger chantera plus tard le « Dieu des bonnes gens ». A Voltaire revient l'honneur d'avoir inventé le « Dieu des bourgeois ».

Parmi les chrétiens l'idolâtrie s'est parfois glissée; elle a été combattue, elle n'a pas entièrement disparu. On trouverait des Louis XI qui, sans être des traîtres d'une royale envergure, font leur piété complice de

(1) *The Koran, The preliminary discourse*, by George Sale, p. 77 et 80. London, Warne.

(2) *Dictionnaire philosophique*, art. *Athéisme.*

leurs perfidies petites ou grandes, et qui tâchent, par des pratiques ou surérogatoires, ou superstitieuses, de compenser la violation de préceptes certains ; comme si la majesté divine pouvait s'abaisser à ce troc.

Il n'est pas inouï que des âmes familiarisées avec le langage et les cérémonies de la religion, confondent la cause de la justice et celle de leur égoïsme, et voient en Dieu le protecteur de l'un et de l'autre ; comme si la sainteté et la science infinies pouvaient être circonvenues par de misérables intrigues. Il n'est pas inouï que des disciples de Jésus-Christ, ou, du moins, des hommes et des femmes qui se donnent comme tels, pratiquent une théodicée entachée d'idolâtrie.

Quelles que soient les vérités acquises par notre labeur personnel, quels que soient les enseignements reçus par la Révélation, nous sommes exposés à méconnaître l'excellence et la transcendance de Dieu, quand il s'agit de déterminer ses attributs et ses attributions.

3. — Les appellations même les plus autorisées ou les mieux intentionnées offrent au philosophe la matière d'un double travail. Elles demandent à être critiquées et classées. C'est une première tâche de les dégager de leur gangue humaine, et de leur signification obvie. C'est un second labeur d'assigner à chacune son coefficient de vérité, d'en dresser le tableau hiérarchique, d'indiquer quels noms conviennent le mieux, ou s'appliquent le moins imparfaitement, à la nature divine.

Ainsi, la Bible autorise le croyant à dire, sans trembler : Dieu est Celui qui est, ou encore : Dieu est amour. La tradition religieuse la plus authentique nous permet d'adorer l'Époux divin des âmes, le Père qui est aux cieux, le Pédagogue que, dans les *Soliloques*, la raison d'Augustin interroge avec ardeur, le Juge indéfectible, le Seigneur, le Roi, le Père de famille, le Maître de maison qui a des serviteurs et des intendants. Mais quoi ? Jésus-Christ, pour stimuler la vigilance des hommes, ne compare-t-il pas le Souverain du ciel à un voleur qui survient à l'improviste, de nuit?

Un jour, raconte sainte Gertrude, le Seigneur m'apparut dans un jardin tout orné de fleurs et de verdure. Il reposait sur un trône royal. C'était l'après-midi. Le Bien-Aimé semblait dormir, « engourdi par le vin de la charité ». Gertrude se jette à ses pieds. Elle essaie de le réveiller : vainement. Pendant trois jours, le Seigneur reste endormi. Enfin, le quatrième jour, il s'éveille, il embrasse son épouse, il lui dit : « Ce que je désirais, je le tiens. Comme le renard se couche à terre, et fait le mort, pour attirer les oiseaux de proie, puis, lorsque ceux-ci s'enhardissent à voltiger tout près de son corps, et commencent à enfoncer leur bec dans sa chair, se redresse soudain et les saisit; de même, brûlant d'amour pour toi, je me sers de cette apparition symbolique pour provoquer tes caresses et mieux posséder ton cœur (1). »

Est-ce en vertu de l'association des idées par loi de contraste ? Je me rappelle un couplet tout moderne, où un jeune chrétien salue démocratiquement le « grand Camarade » qui est dans les cieux (2).

(1) *Legatus divinæ pietatis*, p. 165.
(2) *L'Éveil démocratique*, 30 décembre 1906.

Par une nouvelle antithèse, deux lignes de Chamfort se présentent à l'esprit : « M. de Brissac, ivre de gentilhommerie, désignait souvent Dieu par cette phrase : *Le gentilhomme d'en haut.* »

Quelle valeur respective convient-il d'attribuer à ces diverses représentations de la divinité ? Où le symbolisme domine-t-il davantage ? Où trouverons-nous le plus abondant filon de pure vérité ?

Le *Livre des noms divins* est un travail toujours repris. Chaque âme religieuse en fait, sinon pour le public, du moins pour son propre compte, une édition nouvelle. Élaboration mystérieuse, dont le philosophe ne saurait connaître tous les secrets, mais qu'il suit avec intérêt, et qu'il discute, comme la matière même de la théodicée vivante.

La critique philosophique se montre parfois sévère. La récente controverse entre M. Gardair et M. Sertillanges le prouve. M. Sertillanges ne veut pas que nous appliquions à Dieu la notion même d'être, sans l'avoir « désessentiée », sans l'avoir purifiée de tout élément positif et déterminé. Dieu n'est pas un être. Il dépasse tout concept, il échappe à toute catégorie. On doit l'appeler non pas réel, non pas irréel, mais super-réel. Le purisme en théodicée va jusque-là (1).

Dans son effort pour caractériser la nature divine, l'esprit humain décrit, on le voit, une immense oscillation, tantôt s'avançant vers les précisions les plus familières et les plus audacieusement humaines, tantôt refluant vers les abstractions les plus sévères et les

(1) *Revue de Philosophie*, 1er août, 1er novembre, 1er décembre 1906, 1er février 1907.

plus réservées, comme si l'amour et le respect, la vérité pratique et la vérité spéculative, le tiraient en deux sens opposés. Si Dieu échappe à toute conception et reste étranger à notre esprit, comment l'aimer? S'il est de niveau avec nos idées, comment l'adorer? Le dilemme de la transcendance et de l'immanence se présente ici en termes clairs. Où faut-il placer Dieu, en nous ou loin de nous? Mais Dieu domine ce dilemme, comme il déborde la classification des genres et des espèces.

Le véritable problème, quand il s'agit d'indiquer ses attributs, consiste à ne pas lui substituer une idole, concrète ou abstraite, et à éviter, tout ensemble, l'anthropomorphisme et l'agnosticisme. Or, d'où peut provenir l'illusion, grossière ou subtile, sacrilège ou innocente ? D'une faute de calcul, ou d'une erreur d'appréciation ? D'une dialectique embarrassée, ou d'une observation erronée ?

A moins qu'on ne parle de ses formes les plus basses, l'idolâtrie n'ignore pas que Dieu comprend toute perfection authentique, et exclut tout mal. Mais elle confond plutôt ce qui est réalité vraie, et ce qui est vice ou défaut. Suivant son mode et son degré d'évolution, l'idolâtrie juge, à tort, que les émotions de la colère suscitent au cœur de nobles battements, que tout amour est noble, que tout attribut humain est sublime, que toute appellation favorite peut caractériser Dieu. C'est dire que le sens du beau, le goût du bien, la vue de l'idéal, sont plus ou moins émoussés dans l'âme de l'idolâtre. Il convient donc de le renvoyer à l'école de la psychologie, de l'esthétique, de la morale. Nous revenons encore à la méthode expérimentale.

Et quel autre critère interrogeons-nous, lorsque, comparant ces deux propositions : Dieu est courroucé, et : Dieu est juste, nous attribuons à la première moins de valeur philosophique qu'à la seconde ? Quelle autorité nous assure que nous connaissons la justice de Dieu par *analogie* avec la justice humaine, tandis que la colère de Dieu est une simple *métaphore* pour signifier qu'il réprouve le mal ?

Épuration et classification des attributs finis sont affaire de *discernement*, c'est-à-dire d'observation judicieuse. L'impression n'y suffit pas ; mais le raisonnement s'échafauderait dans le vide, s'il ne s'appuyait sur un fondement expérimental. Le tact philosophique et religieux qui doit s'exercer en cette matière, implique autant d'acuité visuelle que de finesse dialectique. Il s'agit d'apprécier, de goûter, d'analyser, de critiquer : autant d'opérations qui supposent autre chose que la seule connaissance des lois logiques.

4. — On nous exhorte à suivre l'élan de notre âme qui aspire au Bien, à l'Idéal, au Beau. L'induction, d'après Gratry, implique ce mouvement cordial, non moins qu'une ascension intellectuelle. Or, d'où nous viendra la sécurité ? Comment savoir si le désir de l'Idéal n'est pas aveugle, ou mauvais, ou factice, comme d'autres tendances ? On ne peut nier, en effet, que certains attraits nous égarent, et que certaines impulsions doivent être contredites. Une observation raisonnée fera le partage des appétits malsains et inefficaces, d'un côté, et des aspirations infaillibles, de l'autre. Elle résoudra ainsi notre second problème.

Pourquoi conclure de ma tendance vers l'Infini à

l'existence de l'Infini? Pourquoi et comment passer, des perfections créées qui ne suffisent pas à mon âme, à la réalité d'un Idéal divin?

« Je sais fort bien, observe M. Sertillanges, qu'il ne suffit pas que je désire la lune pour qu'elle s'incline vers moi, ni que j'aspire à la gloire de Napoléon pour que cette gloire m'advienne. Et je dis cependant qu'il suffit que j'aspire à l'infini pour que l'infini existe. Où est donc la différence? Elle est énorme, et elle consiste en ceci : c'est que le désir de l'astre, ou mon rêve napoléonien, c'est une combinaison personnelle, qui ne résulte point de ma nature, du moins sous la forme spéciale que je lui donne ; tandis que mon élan vers l'idéal est un phénomène primitif, fondé sur ma nature et qui précède, en moi, toute manifestation personnelle (1). »

Qui m'assure de cette différence essentielle? L'expérience. L'expérience personnelle m'atteste que cette orientation vers l'idéal ne dépend ni de ma liberté, ni de ma réflexion. L'expérience historique m'apprend qu'une même ambition travaille les autres hommes. Le dépit des sceptiques ne prouve pas qu'ils aient mis un terme à l'ambition de leur intelligence ; c'est avec une sorte de fureur d'infini qu'ils « cherchent à tuer le savoir jusqu'en ses fondements insondables ». « Et il en serait de même de tout le reste. Que ce soit la joie, qui voudrait s'absorber jusqu'à l'oubli de tout, dans l'objet qu'elle étreint comme son tout, pour y boire l'ivresse éternelle ; que ce soit la tristesse qui s'enfonce comme dans un abîme infini ;... que ce soit

(1) *Les Sources de la croyance en Dieu*, p. 121. Paris, Perrin.

la confiance pleine dans cette vie, telle que la jeunesse s'y cramponne ; ou que ce soit le dégoût total qui nie la vie, qui cherche le repos dans le vide désabusé de l'âme, en attendant le repos éternel du néant, qui arrive ainsi, d'une certaine manière, à égaler, pour le neutraliser tout en le démontrant, l'amour de l'être que nous avons dit infini ; toutes ces affirmations audacieuses et ces négations excédées ne prouvent pas moins les unes que les autres la naturelle aspiration de l'âme humaine (1). »

L'objet d'une tendance naturelle existe nécessairement. Quelle lumière éclaire cette deuxième phase de notre démonstration ? La lumière de l'expérience, non moins que de la logique. Les lignes suivantes, de M. Sertillanges, présentent autre chose qu'une poétique comparaison, autre chose aussi qu'un raisonnement formel. Elles expriment une induction d'un saisissant réalisme. « Quand, aux approches de l'hiver, les oiseaux voyageurs fuient en foule, cherchant les doux climats, ne sommes-nous pas assurés par cela seul que ces climats existent ? Car, dirions-nous, d'où leur vient cet instinct, sinon de son objet même, qui par une voie cachée les avertit et les invite ? Comme la lumière du soupirail éveille les bourgeons dans les tubercules inertes, et dirige les feuilles en son sens, ainsi les courants aériens, apportant tout au loin de rares bouffées chaudes, ou bien quelque autre influence plus cachée que notre science n'atteint pas, ont averti l'oiseau de la direction qu'il doit prendre. » La faim, dit encore M. Sertillanges, signifie qu'il existe, sinon à portée de

(1) *Les Sources de la croyance en Dieu*, p. 126.

l'affamé, du moins ailleurs, de la nourriture. « La faim est un appel de la matière à la matière, et il est impossible que la matière appelle, si la matière ne pouvait pas répondre. Je n'appelle la matière que parce qu'elle me convient, et elle ne me convient que parce que j'en suis fait. » Comment serais-je l'homme qui, aujourd'hui, souffre de la faim, ou qui parle de son appétit, si ces aliments que je désire n'avaient pas déjà contribué à former et à soutenir ma vie, s'ils n'étaient qu'un objet chimérique ? « Ainsi, la faim de notre âme, qui est l'appétit d'idéal, est un appel de l'esprit, et cette réclamation d'une nature qui demande à être nourrie d'un aliment divin, ne démontre pas moins que la faim matérielle, l'existence d'un objet qui puisse combler son vide. » L'idéal de toutes les perfections existe, puisque nous le désirons naturellement, « puisque nous sommes en creux ce qu'il est, lui, en plein (1) ».

Parce que cette preuve de l'existence de Dieu se diversifie et se multiplie autant de fois que les beautés du monde moral et du monde matériel élèvent notre âme vers l'idéal, elle spécifie en même temps les attributs divins. De l'infinité du vouloir qui se manifeste dans le désir de savoir, dans l'attrait du beau, dans le besoin d'être et de durer, dans l'ambition de la puissance, il suit, non seulement que Dieu existe, mais qu'il est toute sagesse, toute beauté, éternel, infiniment puissant.

En résumé, la démonstration qui conclut, de nos tendances nécessairement ambitieuses et insatiables, à

(1) *Les Sources de la croyance en Dieu*, p. 422-424.

l'existence et aux diverses perfections d'un Être Infini, se divise en deux moments. Au premier temps, nous découvrons, dans l'âme humaine, des aspirations qui, par leur universalité, leur nécessité, leur constance et leur force, se révèlent comme la volonté même de la nature spécifique, et non comme des fantaisies accidentelles de l'individu. Nous faisons ce travail de discernement par une analyse expérimentale ? Au second temps, nous visons le but et nous mesurons la portée de cet élan irrésistible ; nous méditons le sens de ce langage commun à toute créature humaine ; nous ouvrons une enquête sur la corrélation des désirs naturels et des objets désirés. Il s'agit donc encore d'une consultation expérimentale.

Ainsi, l'on ne peut répondre à la seconde des trois questions proposées que par une critique de faits.

5. — Parmi les attributs divins qu'étudie la théodicée classique, en est-il dont une théodicée expérimentale doive se désintéresser comme de réalités indifférentes, ou de mystères étrangers à notre conduite pratique ? Cette troisième question, que suscitait déjà l'ouvrage de Charles Secrétan sur la *Civilisation et la Croyance*, et qu'avive le récent livre de William James sur l'*Expérience religieuse* nous permettra de discuter si la méthode expérimentale est coextensive à l'enquête rationnelle, dans la détermination des attributs de Dieu. Nous examinerons s'il convient, à un moment, de remercier l'analyse psychologique et morale de ses services, pour se confier, sans recours possible à l'observation, et sans contrôle expérimental, aux lois de la seule logique. Nous verrons si la théodicée tradition-

nelle confère à Dieu des attributs qui soient, en toute rigueur, invérifiables.

William James commence par rappeler le principe du pragmatisme, dont il fait honneur « aux penseurs de l'Angleterre, de l'Écosse et de l'Irlande ». « Sur le continent européen, les philosophes ont trop souvent oublié que la pensée de l'homme est intimement liée à sa conduite. » Le principe de la philosophie britannique a été, depuis Locke, Berkeley et Hume, jusqu'à Stuart Mill, Bain et Shadworth Hodgson, « que la meilleure méthode pour trancher une question spéculative, c'est de chercher quelles seraient les conséquences pratiques dans les deux alternatives ».

Du seul point de vue de l'histoire de la philosophie, des réserves s'imposent déjà. Comte et Secrétan, pour ne pas multiplier les noms, avaient chacun, dans un sens différent, une conception pratique de la pensée spéculative.

Mais, sans insister sur cette remarque, nous écouterons, tout de suite, l'application que fait James du pragmatisme à la théodicée. « Que deviennent, dit-il, du point de vue du pragmatisme, les attributs métaphysiques de Dieu, distingués de ses attributs moraux? Quand même on nous en donnerait la démonstration logique la plus rigoureuse, nous devrions avouer qu'ils n'ont pas de sens. L'aséité de Dieu, sa nécessité, son immatérialité, sa simplicité, son indivisibilité, son indétermination logique, son infinité, sa personnalité métaphysique, son rapport avec le mal, qu'il permet sans le créer; sa suffisance, son amour de lui-même et son absolue félicité; franchement, qu'importent tous ces attributs pour la vie de l'homme? S'ils ne peuvent rien changer à notre conduite, qu'importe à la pensée religieuse qu'ils soient vrais ou faux ? »

L'auteur déclare qu'il ne veut blesser aucune conviction. Mais il estime, du reste, que la série des attributs métaphysiques de Dieu est « un assortiment de lourdes épithètes qui n'a rien à voir avec les besoins de l'âme humaine ».

Les attributs moraux offrent un tout autre intérêt. Il nous importe de savoir que Dieu est saint. Nous en concluons qu'il ne veut que le bien. Sa puissance nous inspire vigilance et confiance. Si rien n'échappe à son regard, aucun détail de notre vie ne doit contredire la loi morale. Sa justice nous garantit que le mal, non réparé et désavoué, sera puni. Son amour nous promet le pardon. Son immutabilité nous assure de la constance de ses desseins (1).

Le troisième problème, que nous discutons ici, se dédouble lui-même en deux questions. Il comprend un point de droit et un point de fait.

En droit, que vaut le principe du pragmatisme ? On nous répète : « Les croyances sont des règles d'action : la fonction de l'intelligence est de permettre à l'homme l'acquisition d'habitudes actives. » Toute pensée, fût-elle exacte, qui ne se répercute pas dans la conduite, est un élément que la spéculation elle-même doit négliger. Pour développer le sens et mesurer la portée d'une vérité, il faut et il suffit de déterminer la suite des actes qui peuvent en naître. « De ses effets pratiques elle tire toute sa valeur. »

En fait, que vaut l'assertion de William James :

(1) *L'Expérience religieuse*, trad. Abauzit, p. 373-376.

que l'aséité de Dieu, son infinité ou sa simplicité restent sans effet sur la conduite humaine?

Les deux points sont discutables. Ni le principe, ni l'application, ne se recommandent d'une évidence immédiate.

Le pragmatisme avance la proposition contraire de celle que professe l'intellectualisme extrême. S'il se contentait d'émettre la contradictoire, il aurait gain de cause. D'une part, en effet, l'on déclare que l'immoralité n'est pas signe de fausseté, et que le spéculatif, si telle est l'orientation de sa pensée, peut s'attacher à une théorie qui paralyse l'action, ou que l'action condamne. On admet qu'il est rationnel de rejeter, au point de vue théorique, la thèse de la liberté, et de s'indigner, pratiquement, contre les malfaiteurs comme s'ils n'étaient pas le jouet du déterminisme. On raisonne comme si tous les hommes et tous les êtres se confondaient avec Dieu et se confondaient entre eux dans une même réalité foncière, et l'on agit comme si les hommes étaient, non seulement des êtres distincts, mais des étrangers et des ennemis. Tel est, d'une part, l'intellectualisme outré, qui s'épanouit en une fleur vénéneuse : le dilettantisme.

D'autre part, que prétend le pragmatisme? Qu'une théorie contredite par la morale ou répudiée par l'expérience est disqualifiée, même spéculativement? Ce serait parler le langage du bon sens et de l'honnêteté. Le pragmatisme va plus loin, il se jette à l'extrême opposé, il déclare qu'une doctrine sans application pratique ne peut retenir l'attention d'un penseur ou d'un savant. Il ne suffit pas qu'une thèse, ou une hypothèse, soit inoffensive. Elle doit être utile. Ce n'est pas assez qu'elle ne soit pas contredite par l'expérience et la vie. Il lui faut encore leur approbation positive. Être ignorée d'elles, c'est être frappée de condamnation. Pas de milieu. Ou bien cette thèse part de l'expérience et retourne à la pratique : elle acquiert alors droit de cité dans la spéculation. Ou bien elle est, soit contradictoire, soit indifférente, à l'action : dans un cas comme dans l'autre, elle est condamnée au bannissement.

Si l'intellectualisme radical est certainement faux, le pragmatisme n'est pas évidemment vrai. Une thèse immorale est une thèse fausse. Mais s'ensuit-il qu'il faille frapper d'ostracisme la spéculation pure? S'ensuit-il qu'un problème soit chimérique et oiseux, dès là que l'expérience ne le pose pas?

Encore faut-il voir de plus près ses relations avec la pratique, et considérer si l'expérience en désavoue l'énoncé, ou bien tout simplement ne le soupçonne pas. Des problèmes, nous répéterons ce que nous disions des solutions. Celles-ci sont certainement fausses, si elles entrainent des conséquences irréalisables ou immorales. Ceux-là sont dépourvus de valeur, si l'expérience en nie positivement la raison d'être. Oui, discuter en théorie une vérité que l'expérience ne parvient pas à mettre en doute, s'inquiéter spéculativement quand on goûte, pratiquement, un repos inaltérable, c'est s'amuser ou se torturer à un problème irréel, à une difficulté artificielle, à un pseudo-mystère ; c'est perdre son temps, discréditer la spéculation et favoriser l'erreur. Avec les pragmatistes, nous dénonçons les problèmes arbitraires, et, par là même, dangereux. Nous ferons ailleurs le procès d'une de ces questions factices et insolubles.

Mais n'est pas factice une question, par cela seul qu'elle n'intéresse pas la conduite. Nous ne repoussons que celles que la conduite nie. Nous ne protestons, au nom de l'expérience compétente, que lorsqu'on veut, à grands renforts d'analyses et d'arguments, résoudre un doute que nous n'avons jamais eu, discuter, comme incertaine, une chose dont nous sommes assurés.

Faut-il suivre plus loin les pragmatistes ? Leur réaction contre les excès de l'intellectualisme paraît, à son tour, exagérée.

On peut les accuser, tout d'abord, de tourner dans un cercle vicieux, ou de commettre une pétition de principe. Vous refusez, leur dirons-nous, d'étudier telle théorie, sous prétexte qu'elle n'intéresse pas votre conduite. Mais, si elle n'intéresse pas votre conduite, c'est peut-être parce que vous ne l'avez pas étudiée. Il vous importe peu, prétendez-vous, que Jésus-Christ soit Dieu, ou que Dieu soit infini. Remarquez donc que la divinité de Jésus et que l'infinité de Dieu ne vous sont pas indifférentes par elles-mêmes, mais parce que vous les considérez comme fausses ou incertaines. Si vous appreniez par l'étude que ces vérités sont assurées, elles s'imposeraient à votre conduite avec tout l'intérêt d'une croyance obligatoire, avec toute l'importance d'un devoir.

Le pragmatisme définit mal ce qu'il entend par l'action et la pratique. C'est un autre grief qu'on peut lui objecter. Qu'est-ce que la vie, d'après lui ? Est-ce la vie matérielle, la vie morale ou bien la vie intellectuelle ? S'il faut entendre et comprendre les trois choses à la fois, on ne voit pas quelle sorte de spéculation scientifique rejetterait le pragmatisme, ni quelle étude précise n'offre pas, au moins, cet intérêt vital, d'alimenter la curiosité de l'esprit. Si la vie, d'après les pragmatistes, se restreint à l'action extérieure, ou s'étend, tout au plus, à l'accomplissement de la loi morale, leur doctrine devient plus significative et plus exclusive, mais elle se révèle arbitraire. De quel droit renouveler ce partage de Salomon ? Pourquoi exclure l'intelligence du domaine de la vie et de l'activité ? Pourquoi diviser ainsi l'homme ?

6. — Du reste, ce n'est pas à titre de spéculation purement théorique et curieuse que nous défendons ici l'étude des attributs métaphysiques de la divinité. Après avoir indiqué quelques-unes des objections que soulève le principe du pragmatisme, nous allons discuter l'application qu'en fait William James.

Il lui plait de mettre dans une catégorie l'aséité, l'infinité, la simplicité, l'unité, et, dans une autre, l'immutabilité avec la justice et l'amour. On pourrait peut-être, sans malveillance, critiquer cette répartition, et penser que l'immutabilité est de même ordre que l'infinité. Mais l'objet principal de la controverse est ailleurs.

De fait, l'aséité divine et les autres attributs énumérés par James n'offrent-ils aucun intérêt pour l'homme pratique, pour l'homme moral? On est surpris que, reconnaissant de quelle manière l'immutabilité de Dieu fonde notre espoir, cet auteur ignore l'importance pratique de l'aséité et des autres attributs qu'il appelle métaphysiques.

Comment mon âme serait-elle indifférente à l'aséité divine, alors que Dieu cesserait d'être le Premier Principe, c'est-à-dire d'être Dieu, s'il n'était pas celui qui existe par lui-même et par qui tout le reste existe? Autant dire, tout de suite, avec les athées et les positivistes, que Dieu n'a rien de commun avec la vie individuelle et sociale des hommes. L'aséité, la nécessité, entrent dans la première notion que je me forme de la divinité. Je ne conçois pas l'une sans les autres. C'est plutôt d'un Dieu dépendant et contingent, qu'il faudrait dire qu'il n'intéresse pas notre vie religieuse et morale. Que pourrions-nous attendre de ce souverain détrôné, de cet être ambigu? Quels hommages devrions-nous lui offrir?

Qu'importe, pour la vie de l'homme, l'immatérialité divine? demande encore William James. Si rapprochées et si opaques que soient les œillères entre lesquelles j'emprisonne mon regard, je désire pourtant savoir si je dois adorer une divinité olympienne ou le Père des esprits. C'est une curiosité bien légitime et d'ordre pratique, de s'informer si Dieu est un être corporel ou un esprit pur.

Et ma vie religieuse serait indépendante de ce que j'admets relativement à la simplicité divine! Et elle n'éprouverait aucun désarroi, le jour où l'on m'apprendrait que Dieu est divisible! Et son infinité n'apporterait aucun appui à mon âme, ne provoquerait aucun sentiment dans mon cœur! Ces attributs n'auraient nulle portée religieuse!

La justice et la miséricorde divines me touchent plus profondément que l'infinité, soit. Mais la justice et la miséricorde m'inspireraient-elles les mêmes sentiments et les mêmes résolutions, si, au lieu d'être incommensurables avec les étroites qualités que j'appelle ici-bas de ce nom, elles m'apparaissaient tout à coup finies, c'est-à-dire à peu près humaines? Mettez des bornes à la justice, à la sainteté, à la sagesse, à la bonté de Dieu. Mon esprit s'inquiète, ma confiance s'ébranle, mon jugement hésite. Si le Père qui est dans les cieux, n'est pas le maître absolu du monde et le souverain sans égal, comment pourrais-je encore m'abandonner sans réserves à son gouvernement providentiel? Si le Juge dont j'attends la sentence ne m'offre pas des garanties illimitées de sagesse, de clairvoyance, d'impartialité, de dignité, comment pourrais-je être efficacement stimulé et encouragé par la pensée du jugement futur?

James ne s'est-il pas aperçu qu'il proclame lui-même l'importance morale et l'intérêt humain de l'infinité divine, lorsqu'il déclare que c'est pour « l'âme pieuse » un « soutien » de reconnaître un Dieu omnipotent et omniscient, toute justice et tout amour?

Nous avons entendu le principe général du pragmatisme et l'application qu'on en veut faire à la théodicée.

Le point de droit nous semble douteux et équivoque. L'application, dans l'espèce, est arbitraire et fausse. En fait, tous les attributs divins qu'étudie la philosophie traditionnelle, intéressent, à un degré variable peut-être, mais toujours appréciable, la vie religieuse et morale. Ainsi, malgré le ton paradoxal de la formule, il est permis de conclure que le pragmatisme a tort et que la méthode expérimentale triomphe. Les deux causes ne sont pas liées. Le pragmatisme fixait à l'expérience des limites qu'elle a franchies. Il lui interdisait un domaine où elle a pénétré.

LIVRE IV

LE PROBLÈME DU MAL

LIVRE IV

LE PROBLÈME DU MAL

CHAPITRE PREMIER

LA VALEUR DES SOLUTIONS

1. La méthode expérimentale appliquée au problème du mal. — 2. Danger du sentimentalisme. — 3. L'expérience semble donner des résultats équivoques. — 4. Ne s'en rapporter ni à une expérience désordonnée, ni à une logique tout abstraite. — 5. On ne résout pas le problème du mal en supposant Dieu fini. — 6. L'agnosticisme consiste à admettre que le problème est réel et qu'il est insoluble. — 7. L'hypothèse d'une création nécessaire. — 8. Le mal triompherait du bien, si, en prévision du mal futur, Dieu s'abstenait de faire une œuvre bonne. — 9. Le recours à l'éternité divine et à la vie future. — 10. La manifestation de la force et de la justice divines. — 11. Dieu est *provisor universalis*.

1. — Pour préciser l'étude du problème du mal et l'examiner, comme les précédents, du point de vue, non exclusif, mais dominateur, de l'expérience, nous allons considérer non seulement le rapport logique de l'idée du mal avec l'idée de Dieu, mais le rapport psychologique du sentiment du mal avec la croyance en Dieu. Nous allons donc mettre en regard, non pas une pure définition et une autre définition, mais deux actes ou deux états d'âme. Ici, l'on est aux antipodes

de la méthode spinoziste. On ne manipulera pas la notion de Dieu et celle du mal, comme s'il s'agissait de lignes, de figures ou de volumes. On n'essaiera pas de faire rentrer le mal dans le gouvernement de la Providence, comme on inscrit un triangle dans un cercle.

On essaiera même une méthode quelque peu différente du rationalisme modéré. De l'idée d'une Providence infiniment bonne et puissante, on ne rapprochera pas simplement le mal, qui est l'absence d'une perfection ultérieure, c'est-à-dire, un moindre bien, et le mal, qui est le manque d'une perfection nécessaire, c'est-à-dire un mal véritable, pour voir idéalement si un terme exclut l'autre. Omettre ou dépasser ce genre de comparaisons théoriques, ce n'est pas, du reste, en méconnaître l'intérêt et la nécessité. Mais cet ouvrage est orienté dans un sens déterminé. Si l'analyse des idées y intervient, c'est que les idées font partie essentielle d'une expérience vraiment humaine. Nous considérons, aux prises avec le problème du mal, des êtres sensibles et raisonnables.

A vrai dire, nous étudierons moins directement un problème de théodicée qu'un problème d'âme. Il pourra, d'ailleurs, se faire que le second aide à résoudre le premier, et que les complexités d'une expérience, au premier abord, chaotique, se dissipent, pour faire place à une vérité lumineuse.

Suivant la remarque de Leibniz, l'expérience nous présente parfois toutes faites, des réponses que la raison analytique s'efforce inutilement de construire. La réalité « est comparable à un bateau poussé également, dans un sens par le courant, dans un autre sens par le vent. Au point de vue de l'entendement abstrait, il n'y a pas de solution ; le bateau ne peut suivre les deux directions à la fois, puisque ce sont deux directions différentes ; il ne peut suivre l'une plutôt que l'autre, puisque les deux poussées sont égales ; il ne peut enfin rester immobile, puisqu'il est sollicité à se mouvoir par des forces données. Cette question, abstraitement insoluble, la Nature la résout, en dirigeant le bateau suivant une résultante qui transforme et synthétise les deux forces contraires. » M. Boutroux emploie cette comparaison, pour illustrer le processus hégélien. Mais elle me paraît exprimer une pensée plus haute et plus exacte (1).

C'est au cœur de l'homme et dans sa pensée intime, que nous verrons surgir le conflit de la religion et de la souffrance. Il faudra que cette idée incolore et insensible du mal prenne corps à nos yeux, et se réalise, soit dans les défections d'une conscience faible ou orgueilleuse, — alors elle sera le mal moral, — soit dans la gamme indéfiniment variée où se succèdent, déchirants ou étouffés, les gémissements de toutes les douleurs. Il ne suffit pas de voir l'idée générale de péché se subdivisant et se spécifiant en orgueil, colère, brutalité, injustice, lâcheté, perfidie, paresse, jalousie, cruauté. Regardons le pécheur à l'œuvre. Songeons à Néron, éclairant ses jardins à la lueur de torches humaines, et n'oublions pas que Néron est légion, que les tyrans, grands ou petits, cyniques ou dissimulés, continuent à faire couler le sang ou les larmes de

(1) *Bulletin de la Société française de philosophie*, avril 1907. *Sur la Nécessité, la Finalité et la Liberté chez Hegel*, par René Berthelot, p. 148 et 149.

leurs victimes. Voici les scandaleux, et leur moisson d'âmes fauchées et flétries. Voici les blasphémateurs. Bientôt le regard se fatigue. Plus il s'attache au spectacle du monde, moins il parvient à délimiter son objet et à ordonner sa contemplation. Mais cet embarras même nous aide à réaliser ce qu'est le péché. Il couvre de sa végétation malsaine et luxuriante, il enveloppe de ses lianes enchevêtrées, le champ du Père de famille. Le langage humain ne parvient pas à nommer chacune des souffrances qui torturent le cœur et le corps de l'homme. Un physiologiste de la première moitié du XIXe siècle, Müller, a commencé l'énumération des épithètes qui caractérisent les souffrances corporelles. Elles sont lancinantes, déchirantes, brûlantes, sourdes, aiguës, continues, intermittentes. Pincements, tiraillements, étouffements, nausées, stupeurs, énervements : comment achever la liste, surtout si l'on considère qu'à la diversité spécifique, il faut ajouter les différences d'intensité ? Différences qui vont depuis une légère fatigue jusqu'aux tortures. On n'épuiserait pas davantage le détail des douleurs morales. Qu'on essaie pourtant l'entreprise ! Qu'on prête l'oreille à ces voix de misère, dont la rumeur confuse et immense, comme celle de l'océan, s'élève de la terre vers le ciel ! Remords et regrets, désespoirs et hontes, anxiétés et tristesses : quelle signification dans ces mots, et, au-delà de l'impassible idée qui les représente, quelles réalités !

Nous désespérons de comprendre, dans son entière vérité, la souffrance et la misère morale de l'homme. Or, l'humanité n'est qu'une portion de l'univers. Si l'homme est le bourreau de l'animal, l'animal aussi est un meurtrier. C'est la lutte des espèces contre les espèces, et des individus entre eux. Le lion ne peut pas se nourrir d'herbes, de fruits et de graines. Les bacilles de la peste ou du typhus, qui sont aussi des créatures et qui cherchent à vivre leur vie, ne sauraient poursuivre leur existence et propager l'espèce sans empoisonner le sang de l'homme ou de l'animal.

Les éléments ne sont pas toujours des auxiliaires pour l'humanité. Ils se montrent souvent rebelles ou hostiles. Combien de pays, sur notre planète, jouissent de climats tempérés? A la surface de la terre et dans ses entrailles, nous trouvons des aliments, des remèdes, des forces motrices, des matières combustibles ou éclairantes. Mais, à côté des aliments et des remèdes, que de poisons! A côté des mines de charbon et des sources de pétrole, que de cratères aux éruptions dévastatrices!

Ainsi devons-nous pénétrer notre esprit de ce qu'est, dans la réalité, le problème du mal. Procéder de la sorte, ce n'est pas délayer une définition philosophique et intellectuelle en développements imaginatifs et fantaisistes, mais à un résumé abstrait substituer la donnée concrète, et échanger le billet contre le métal qu'il représente. Pour comprendre le sens du problème qu'il soulève, il faut non seulement penser au mal, mais en goûter l'amertume, en voir, ou, du moins, en soupçonner, l'étendue.

Plus fidèlement formulée, la question sera peut-être aussi plus réellement résolue. Nous attachant à l'expérience humaine, nous saurons comment la pratique rejoint la théorie. Bien mieux, il nous est permis d'espérer une synthèse concrète et une harmonie vivante des deux termes que l'analyse abstraite peut bien réconcilier, mais dont elle formerait difficilement l'union originale. Si l'expérience médiate ou immédiate répond à notre enquête, elle dira, non pas uniquement *que* la croyance en Dieu et le sentiment du mal peuvent coexister ou non, mais *comment* ces deux dispositions se repoussent ou se fondent.

2. — Une objection a, sans doute, déjà frappé l'esprit du lecteur. La méthode expérimentale, que nous adoptons ici, ne va-t-elle pas dégénérer en méthode sentimentale ? Sous prétexte de sympathiser avec ceux qui souffrent et de vivre leur vie, ne risquons-nous pas d'adopter leurs préjugés, au lieu de leur communiquer la sérénité, l'impartialité et la claire vue, de l'état d'esprit philosophique ? Le péril est manifeste, et l'objection s'impose. On ne voit pas bien tout d'abord comment la méthode que nous suivons serait autre chose qu'un effort pour ressentir le mal ; et on voit trop que la sensibilité est un guide aveugle. Par une sorte d'application des sens, nous voulons souffrir avec ceux qui souffrent ! Mais ne connaissons-nous pas leurs respectables et néanmoins déplorables illusions ? N'avons-nous pas remarqué leur naïve partialité et leur inconsciente injustice ? Jusque-là, ils trouvaient que la vie était bonne, et ils approuvaient l'œuvre du Créateur. Par l'exemple d'autrui, ils savaient, il est vrai, que l'on souffre ici-bas. Eux-mêmes avaient une faible expérience de la chose. Les voici atteints par un de ces coups qui surprennent et bouleversent l'âme. Leur fille, leur femme, leur sœur, était allée porter son offrande, ou recueillir l'of-

frande des autres, à une fête de la charité. Des vapeurs d'éther s'enflamment. L'incendie éclate. Quelques instants d'agonie; et celle qui était, tout à l'heure, la vie, la jeunesse et la joie, n'est plus qu'un cadavre calciné. Alors le problème surgit : Pourquoi, mon Dieu? Mais le philosophe, qui, respectant la souffrance des cœurs, a le droit de discuter les idées des intelligences, s'étonne à son tour. Si jeunes et si nobles qu'elles soient, cent victimes d'une mort soudaine représentent-elles, à la face des cieux, un mystère de mal plus troublant que tant d'autres hécatombes, batailles, épidémies, naufrages? Et, pour avoir été réunies par la charité sous la même toiture de bois goudronné, ces victimes forment-elles un total de souffrances et de deuils supérieur aux souffrances et aux deuils qui, à la même heure, sur toute la surface de la terre, torturaient tant d'êtres humains? D'où vient le grossissement? D'où vient l'erreur d'optique? De ce que les parents des victimes consultent leurs sentiments et s'en rapportent à leur seule et personnelle expérience. Le philosophe juge mieux, parce qu'il pense abstrait. L'abstraction est la condition de l'impartialité.

La psychologie expérimentale n'a-t-elle pas dénoncé le caractère perturbateur de l'émotion? L'émotion désagrège la synthèse personnelle, elle ébranle la constance de la volonté, elle affaiblit la cohésion des idées, elle est un symptôme morbide, une forme inférieure de l'activité, elle représente une fuite, une déperdition, d'énergie. Pas plus pour l'homme de pensée que pour l'homme d'action, pas plus pour l'âme que pour le corps, elle n'est dynamogène. Or, encore une fois, consulter l'expérience pour apprécier le mal et la souffrance, n'est-ce pas vouloir s'en donner l'émotion ?

Nous tournerons-nous vers ceux que la souffrance épargne et que le péché ne scandalise pas ? Expérience trompeuse encore. Quelle attention prêtent-ils au problème du mal, ces apathiques ou ces jouisseurs ? Ils ne se représentent pas comment des rêveurs trouvent d'angoissants mystères, dans un monde où eux-mêmes ont de si heureuses digestions.

Cessons donc d'interroger l'humanité en chair et en os. Ne consultons pas les âmes individuelles. Par excès ou par défaut, leur sensibilité nous égare.

Cette objection limite et précise l'emploi de la méthode psychologique dans l'étude du problème du mal. Il s'agit de voir comment la question se pose, non pas précisément dans une âme idéale, mais dans une âme réfléchie, non pas au moment « où souffle l'aquilon », mais aux heures d'accalmie relative, quand le sentiment et la pensée se font équilibre.

Lorsque nous voulons étudier le mysticisme, nous recueillons le témoignage des personnes qui ont éprouvé cet état à quelque degré, et qui, dans l'intervalle de leurs ravissements, ont tâché de fixer le souvenir de leurs expériences. Nous ne sollicitons pas, en cette matière, les confidences des impies ou des âmes qui suivent la voie commune. La théorie mystique doit être extraite de l'expérience mystique.

Toutes les âmes ne sont pas appelées à cette expérience privilégiée. Mais toutes ont souffert, toutes ont pu déplorer le triomphe momentané du péché, toutes, dans une mesure variable, ont été des causes ou des victimes du scandale. Consultons une âme, non pas héroïque ou géniale, mais simplement soumise à l'influence de réflexions sincères, et voyons si vraiment elle maudit l'ordre providentiel.

3. — Comment l'âme humaine réagit-elle au contact du mal?

Surprise embarrassante : le même réactif : la souffrance ou la douleur, provoque tantôt la révolte et la négation, tantôt un acquiescement plus confiant à l'existence et à la volonté de Dieu. D'où, nouvelle objection contre notre méthode : elle est ambiguë.

L'expérience peut se renouveler d'une autre façon. Cette fois, c'est la pensée de la Providence dont on se servira comme réactif, et qu'on approchera, pour ainsi dire, de l'âme blessée. Même résultat contradictoire et paradoxal. La pensée d'une Volonté suprême console les uns, exaspère les autres.

Voilà donc deux expériences cruciales, d'où nous devions recueillir le dernier mot de la question qui nous intéresse; et, dans les deux cas, nous recevons des réponses discordantes; dans les deux cas, l'âme humaine se contredit.

La tentation de la souffrance produit indistinctement des athées ou des croyants. Ici, l'épreuve fait ployer les genoux, et le désespoir se transfigure en prière. Là, l'épreuve est fatale à la croyance, et la prière dégénère en blasphème. Première série d'expériences contradictoires.

Voici la seconde. A cet homme, affligé ou malade, vous parlez de la Providence qui gouverne le monde. Il se calme. On dirait qu'un baume bienfaisant a été appliqué sur ses plaies. A cet autre, frappé lui aussi dans son âme ou dans son corps, vous faites entrevoir, au-dessus de tous les événements qu'il dirige, la main du Tout-Puissant. Il murmure, il rugit peut-être. Il semble que sa blessure sente le contact d'un liquide corrosif. Celui-là se consolerait plutôt en songeant que nulle volonté supérieure ne se mêle des affaires humaines, et n'est responsable de nos maux. On accepte, on subit, tout au moins, l'inévitable. L'amertume intolérable, c'est de penser que le malheur présent pouvait être écarté, qu'il est le fait de la liberté humaine et d'une permission divine. Sur terre et dans les cieux introduisez la nécessité : le mal perd, pour ainsi dire, son âcreté morale ; l'esprit ne se fatigue plus à combiner vainement d'autres concours de circonstances et à peser les responsabilités ; l'homme cesse de se débattre en mouvements qui ne font qu'irriter ses blessures ; il ne se sent plus attaché à des volontés libres, comme à un lit de Procuste ; et plus volontiers qu'aux souples mouvements d'une Providence, il s'abandonne aux rudes bras du Destin.

La souffrance est-elle, ou non, révélatrice de la Providence ? La Providence est-elle, ou non, consolatrice de la souffrance ? Chaque question provoque un âpre et interminable conflit de réponses.

Ou plutôt, l'expérience est décisive, elle est achevée. Nous savons que la psychologie ne résout pas le problème du mal. Nous touchons le fond de l'impasse.

4. — Que nous reste-t-il désormais à faire, sinon à classer la question, ou à changer de méthode ? La psychologie a échoué. Revenons à la discussion purement

logique. Mais, du même coup, nous abandonnons notre sujet précis, et nous ne devons plus parler d'un dilemme expérimental et d'un Dieu de l'expérience.

Pourtant est-il impossible d'en appeler de la psychologie à la psychologie mieux informée ? Est-il impossible de trouver la conciliation des deux réponses opposées, et de discerner dans la négation la plus blasphématoire l'importante affirmation que, de fait et de droit, elle implique ?

Écoutons, en effet, l'exacte réponse de la souffrance révoltée.

Elle ne s'arrête pas à nier la bonté et la justice divines. Elle va, tout droit et tout de suite, à repousser l'existence de Dieu. Mais, par son intransigeance même, une telle attitude d'âme signifie une concession : à savoir, que notre conscience ne sépare plus de la divinité la justice et la bonté. James Houghton Kennedy (1) indiquait naguère et soulignait cet important aveu, qui ne réunit pas encore les deux réponses contradictoires, mais qui les rapproche. L'objection que soulève désormais l'existence du mal affirme à quel point nous jugeons, nous sentons, nous voulons indissolubles les deux termes : Dieu et Providence. Si Dieu n'est pas sagesse infinie, il n'existe pas. Il nous est impossible de croire à l'existence d'un Être suprême qui ne posséderait pas, à un degré infini, toutes les qualités. Le temps est loin où le poète décrivait, avec une égale sérénité, la divine origine des biens et la divine origine des maux ; où il célébrait, avec un pareil

(1) *Natural Theology and Modern Thought*, p. 256-258, 269. London, Hodder and Stoughton, 1891.

respect, Zeus, le dieu de l'Ordre, et la Nuit, mère de la Querelle, aïeule des Douleurs, du Parjure, du Crime, des Meurtres. Notre concept de la divinité est pur de tout alliage. Dieu est bon et sage, ou il n'est pas du tout. Depuis vingt siècles de christianisme, dans tous les esprits qui pensent, la soudure est faite irrévocablement entre l'essence divine et les attributs moraux.

L'épreuve du mal peut donc pousser l'âme moderne à nier l'existence divine. Mais alors nous revenons au premier dilemme : Dieu est-il, ou n'est-il pas ? Si nous voulons nous en tenir au problème du mal et de la Providence, nous constatons que la notion de Dieu et celle de la Providence sont inséparables, pour presque tous les esprits, et que nul vraiment ne proclame l'existence d'un Dieu qui serait favorable, ou indifférent, au mal.

La tâche qui désormais se présente, c'est de montrer le raccord des deux termes : œuvre divine, œuvre partiellement mauvaise. Sans doute, par rapport au mal physique, Dieu n'est cause que *per accidens*, et, par rapport au mal moral, il n'est cause ni *per se* ni *per accidens*. Nous supposons ces distinctions établies et admises. Elles ne forment que la préface du problème ; elles écartent les malentendus ; elles délimitent la difficulté, mais elles ne l'entament pas. Comment un Dieu bon et puissant permet-il ce qu'un homme bon et puissant ne permettrait pas ? Pourquoi ce qui n'est pas injuste de la part du Créateur serait-il injuste de notre part ? D'où vient que la sainteté divine a voulu ou toléré ce que repousse la conscience humaine ? L'irrésistible instinct de notre âme est de dire que nous aurions préféré un monde sans douleur et sans péché. Quel attribut divin explique cette différence entre le jugement de Dieu et le jugement de l'homme?

L'histoire de la philosophie énumère les différentes propriétés de la nature divine qui ont été mises en avant, et proposées comme la clé de l'énigme.

5. — Une explication dont l'origine est ancienne consiste à excuser Dieu, en invoquant les *limites* de sa puissance et de son action. Dieu n'a pu résister au mal. Il le repousse et le subit. Longtemps avant la guerre de Troie, le mage Zoroastre proclamait, chez les Perses, l'existence du Dieu bon : Oromaze, et l'existence du mauvais démon : Arimane. Les Chaldéens croyaient que, parmi les divinités habitantes des planètes, il en était deux bienfaisantes, et deux malfaisantes. La mythologie égyptienne reconnaissait, en face d'Osiris, le principe de l'ordre, Typhon, le dieu de la passion et de la déraison.

De célèbres philosophes ont professé, sous une forme plus rationaliste, une doctrine analogue. Les Pythagoriciens voyaient dans l'unité le principe du bien, et dans la dyade le principe du mal. Pour Platon et tous les philosophes qui admirent l'éternité de la matière, le principe ténébreux du mal était tout trouvé. Dieu introduit l'ordre dans le chaos. Mais la matière reste, en partie, soustraite à son action. De là, ce que nous voyons de mauvais et de défectueux dans le monde. Le Persan Manès, au IIIe siècle de notre ère, reprend la doctrine de Platon, et la modifie en ce qu'il suppose la matière, non seulement sujet passif du mal et limite du bien, mais encore puissance active.

de désordre et mauvais génie. Rares sont, de nos jours, les partisans du dualisme, ou les adorateurs du Dieu fini, qui, dans la faiblesse de la divinité, trouvent, tout à la fois, sa justification et l'apaisement du scandale qu'ils éprouvent à la vue du mal. Il faut pourtant signaler leur doctrine. Un aspect surtout, une forme curieuse, de cette doctrine, mérite l'attention. Ce n'est pas précisément parce que la puissance divine est neutralisée ou combattue par une autre force que le mal désole le monde ; mais, pour un temps, Dieu est absent. Il est absent de son œuvre. Tel, le père de famille qui envoie son fils à l'étranger, pour achever son instruction, et qui, de loin, ne peut l'assister dans les difficultés. Tel, mieux encore, le père de famille dont parle à plusieurs reprises l'Évangile. Il est parti en voyage : pendant son éloignement, le mauvais intendant maltraite les serviteurs, l'économe peu diligent néglige de faire fructifier le talent qu'il a reçu, l'homme ennemi vient semer l'ivraie dans le champ de blé. Mais le maître reviendra quelque jour. Chacun recevra son dû. L'ordre régnera de nouveau. Cette théorie du Dieu absent ne diffère pas, du point de vue philosophique, des autres théories qui nous représentent Dieu comme fini et borné dans sa puissance et ses autres attributs. Mais elle offre quelque chose de saisissant. Interprétation littérale, et, de ce chef, interprétation nouvelle, d'anciennes paraboles, elle unit, dans une harmonie étrange, le son de la nouveauté aux échos de la tradition, et donne cette impression troublante qu'on appelle le sentiment du déjà vu. L'objet est nouveau, et pourtant nous le reconnaissons. Nous le reconnaissons parce que, depuis l'aube de notre vie religieuse, cette image évangélique du maître qui part en voyage est familière à notre esprit. Nous le reconnaissons, parce qu'au contact de cette simple et hardie expression : Dieu absent, des sentiments qui flottaient dans l'âme, sans pouvoir se fixer et se prendre en une formule, se sont groupés et cristallisés. Oui, Dieu est absent, lorsque nous attendons sa visite toujours retardée. Il est absent, lorsque nous nous plaignons avec le poète :

Répondez-moi, Seigneur; Seigneur, êtes-vous là ?

Mais la théorie que nous résumons implique deux négations : Dieu est absent sensiblement pour nous; il est absent réellement. Seul, le second membre appelle la discussion.

Ne contestons pas que cette pensée d'une absence provisoire, mais réelle, de la divinité, puisse apaiser une âme. C'est un fait que telle personne y a trouvé la consolation. Une femme instruite, intelligente, rapporte le Dr Flournoy, cité par M. Marcel Hébert, se heurtait au problème de la souffrance. Que tous les maux fussent des châtiments, cette conception offensait son idée de la justice et de la moralité. Soudain, à l'âge de quarante ans, elle entrevoit l'explication : « C'est que Dieu est absent du monde... Dieu absent du monde, tout s'explique alors... Si Dieu était vraiment dans le monde, il n'y serait pas oisif, laissant ses créatures, ses enfants, exposés à tous les ennemis intérieurs et extérieurs; il n'y serait pas aveugle et injuste, faisant tomber la tour de Siloé sur des passants ni plus ni moins coupables que d'autres... Dieu est le père *indifférent*, presque barbare, ou il est le père *absent*. Cette dernière hypothèse enlève de dessus mon cœur une pesante amertume ; elle y met le baume de la compassion divine, puisqu'un père absent n'en est pas moins un père (1). »

Encore une fois, ce serait d'une puérile témérité, de prétendre que cette femme se fait illusion à elle-même, et qu'elle ne goûte pas, de fait, l'hypothèse du Dieu absent.

Mais la méthode psychologique ne nous emprisonne pas dans l'observation du fait brut, et ne nous interdit pas toute critique. . uivant la distinction si énergiquement affirmée par M. Lachelier, la psychologie empirique sert de matière à la psychologie rationnelle. Il convient que la pensée guide et élève l'introspection, et que les faits s'éclairent à la lumière intellectuelle.

Il est donc permis de chercher si le phénomène rapporté plus haut peut fonder une théorie, et s'il offre la consistance et la cohésion d'une donnée rationnelle. A-t-on le droit de se consoler des maux de cette terre, par la pensée que Dieu en est absent, c'est-à-dire que sa science et sa puissance sont limitées ? Que vaut, enfin, comme solution du problème du m. l, l'hypothèse du Dieu fini ?

Elle aggrave la misère humaine. Si Dieu est fini, observe M. Domet de Vorges, où trouver une garantie absolue de sa justice ? « Nous pouvons très bien penser que son œuvre est imparfaite, que sur certains points on pourrait faire mieux, et dire avec Garo : A quoi pensait l'auteur de tout cela ? Que dis-je ! rien ne nous empêche de juger qu'en nous imposant telle épreuve, ce Dieu n'est pas juste, qu'en nous donnant tel

(1) Marcel Hébert : *Le Divin*, p. 153-155.

ordre, il a tort. Après tout, nous ne lui devons pas une soumission absolue... Ne pourrait-il se faire qu'un jour nous croyions approcher plus que lui de la justice absolue, que nous nous jugions vis-à-vis de lui dans la situation où l'honnête homme se trouve quelquefois vis-à-vis d'un Gouvernement qui proclame une loi injuste, à laquelle nous pouvons et souvent nous devons résister (1) ? » Si Dieu est fini, je ne puis, avec sécurité, m'en rapporter à lui. Il m'est supérieur, mais il reste faillible. Ma raison est tentée de s'ériger en juge suprême, et, ne comprenant pas le mystère du mal, de le déclarer définitivement incompréhensible et odieux.

La puissance de Dieu et ses autres attributs sont limités. Telle est la pensée dont on a voulu bercer la misère humaine. Nous voyons qu'à ce refrain la douleur s'endort d'un court et mauvais sommeil, pour se réveiller bientôt plus exaspérée.

6. — Stuart Mill ne peut, en présence du mal, admettre l'existence de Dieu qu'à la condition qu'il s'agisse d'un Dieu indéterminé et *inconnaissable*. « Si l'on m'enseigne que ce monde est gouverné par un être dont les attributs sont infinis, mais indéterminables ; si l'on avoue que nous ignorons les principes de gouvernement, que nous en savons seulement une chose : c'est qu'ils sont contraires à la plus haute moralité humaine ; si l'on me donne cette persuasion, je supporterai mon sort de mon mieux. Mais, quand on ajoute que je dois, en même temps, donner à cet Être

(1) *Revue de Philosophie*, 1er décembre 1906, p. 611.

les noms qui expriment et affirment la plus haute moralité humaine, je déclare nettement que je m'y refuse... Je refuse d'appeler bon un être qui n'est pas ce que j'entends, quand j'applique cette épithète aux hommes, mes frères; et, si un tel être peut me condamner à l'enfer, pour ne l'avoir pas appelé de ce nom, en enfer j'irai.

« La bonté divine, que l'on dit être différente de la bonté humaine, bien que la bonté humaine en soit un faible reflet et une imparfaite ressemblance, concorde-t-elle, oui ou non, avec ce que les hommes appellent bonté, avec ce qui constitue l'essence de la bonté? Si oui, les rationalistes ont raison : on peut juger de la bonté divine par la bonté humaine. Si non, l'attribut divin, quel qu'il soit, dont on parle, n'est pas la bonté et ne doit pas s'appeler la bonté... C'est l'attribut inconnu d'un Être inconnu. Il n'existe pas pour nous. Nous ne pouvons rien en affirmer, nous ne lui devons aucun culte (1). »

Que Dieu représente un terme indéterminé, un X : nous ne verrons plus d'opposition évidente entre l'existence de Dieu et l'existence du mal, puisqu'une opposition implique deux termes connus. Ainsi Stuart Mill résout le problème. Il se réfugie dans l'agnosticisme.

L'agnosticisme ne saurait triompher de la difficulté. L'agnosticisme échoue pour deux motifs : il est d'abord cette doctrine vague que nous avons essayé de caractériser plus haut; ensuite, il exprime un aveu d'ignorance et de découragement, mais non une solution. « Je

(1) *Examination of Sir W. Hamilton's Philosophy*, ch. VII. Cfr. *The Dublin Review*. January, 1905, *The morality of the Creator*, by the Rev. A. B. Sharpe, M. A., p. 146-167.

tâche de supporter mon sort comme je puis. » Stuart Mill ne va pas plus loin ; il ne sait pas, et il déclare ne pas savoir, pourquoi le mal existe, en même temps qu'il considère le problème comme réel et inévitable.

Cette solution agnostique, que nous devions signaler, ne peut cependant rester au nombre des solutions proposées. Si obvie qu'en soit l'explication psychologique, elle n'offre guère matière à discussion. Elle maintient un problème, qu'elle se refuse à examiner. Elle est toute négative.

7. — D'autres, respectant ou non l'infinité de Dieu, ont proclamé son action *nécessaire*. Il ne pouvait pas se manifester par une œuvre créée, sans produire le monde actuel, parce que celui-ci représente le meilleur des univers possibles, et que Dieu doit réaliser, entre les êtres possibles, ceux qui forment les plus nobles combinaisons. Je ne sais quelle consolation cette doctrine leibnizienne, si elle était vraie et certaine, apporterait aux hommes. Je doute que l'esprit, même alors, y pût trouver une pleine satisfaction. Quelque pessimiste jugerait peut-être que, si ce monde est le meilleur possible, ou le moins mauvais, mieux eût valu que Dieu s'abstînt de créer. Créant, il ne pouvait pas faire mieux : soit. Mais pourquoi appeler à l'existence un monde que déshonorent et désolent tant de maux ? Pourquoi créer ? Du reste, rares sont, je pense, les esprits qui sont persuadés que ce monde soit de tous le meilleur possible. C'est un fait historique qui éclaire la psychologie : l'optimisme absolu que nous venons de résumer n'a été professé que par Leibniz.

Pourtant des doctrines voisines ont apparu, au cours

du siècle dernier, qui affirment elles aussi une connexion nécessaire entre la création et l'existence, ou, du moins, la possibilité, du mal. Donnant l'être à des créatures libres, Dieu ouvrait la voie au péché. Liberté, en effet, implique pouvoir de choisir entre le bien et le mal. Une volonté invinciblement orientée vers l'ordre subirait une loi de déterminisme et de nécessité. Dieu a voulu produire des êtres porteurs de ce précieux et redoutable trésor : la liberté. Son ambition fut, non de donner l'existence à la matière seulement, mais d'être « ouvrier d'ouvriers ». De là, le péché. Ainsi peut se résumer la théorie de Secrétan. Reste le mal physique, dont il faut expliquer et justifier l'apparition. Renouvier ne craint pas d'étendre jusque-là son système, et, en rattachant tous les désordres quelconques dont l'homme peut être spectateur ou victime, à l'injustice et à la révolte des créatures libres, c'est-à-dire au péché, d'en faire la conséquence de la liberté. Plusieurs pages du dernier ouvrage de Renouvier : *Le Personnalisme,* sont consacrées à l'exposition de cette hypothèse, seule capable, d'après l'auteur, de justifier l'œuvre divine. Les premiers êtres produits par Dieu, les premiers-nés de la création, possédaient une telle puissance que leur révolte entraîna, non à titre de châtiment, mais par voie de conséquence, des perturbations cosmiques, et détermina dans l'univers l'état que nous voyons. Tout vient du péché. Le péché est le risque nécessaire et l'inévitable rançon de la liberté. La liberté est un don sublime. Ainsi Dieu est justifié.

Ici se place une théorie semblable à celle de Charles Secrétan. Le P. Rickaby estime « qu'une création sans le mal est une contradiction *in terminis* ». « Ce mélange de bien et de mal dans la création ne fait pas plus échec à la Toute-Puissance divine que l'impossibilité, pour Dieu, de créer un triangle dont les trois angles, par leur somme, ne seraient pas égaux à deux droits (1). » L'auteur suggère cette théorie, au moins, à titre d'hypothèse.

Entre tant d'affirmations, nous en signalerons une, d'où dépend tout le système. On nous dit que la créature libre peut, d'un pouvoir inamissible et indéclinable, être pécheresse. La psychologie empirique donne raison à cette assertion. Tout homme sent en lui-même, qu'il est à la fois, et dans la même expérience, libre et vulnérable à la tentation. A tous les péchés toutes les âmes n'offrent pas un aussi facile accès. Mais au péché, à plusieurs péchés, nous devons tous nous avouer capables de consentir. La psychologie expérimentale ne conçoit guère, elle se doute à peine qu'un être puisse jouir du double privilège de la liberté et d'une sainteté indéfectible. Une liberté nécessairement bonne ou miraculeusement confirmée en grâce échappe aux prises de l'expérience psychologique. La pensée qui dégage l'essentiel de l'accidentel peut définir, il est vrai, une liberté soustraite aux contingences de l'humaine faiblesse. Mais la simple observation se reconnaît mieux dans la définition que proposent Secrétan ou Renouvier. Admettons donc que Dieu, créant des êtres libres, devait, de toute nécessité, les créer faillibles. S'ensuit-il que le scandale du mal soit supprimé? Nullement. L'esprit

(1) *The Month*, November 1898. Cfr. *The Dublin Review*, loc. cit.

pourra toujours se demander si Dieu fit bien de donner l'existence à des êtres quelconques, libres ou non.

En un mot, on justifie la Providence de permettre le mal, en invoquant la nécessité. L'excuse est équivoque. Il est nécessaire, si Dieu crée, que le mal existe ou soit possible : nous l'accordons pour le moment. Mais est-il nécessaire que Dieu se décide à créer ?

Dans la même catégorie d'explications rentre l'hypothèse exposée, il y a quelques mois, par M. Remacle (1). En permettant le mal, comme occasion du bien, Dieu tirerait l'être du néant, le mal étant négation. Si nous comprenons la pensée de M. Remacle, le mal serait nécessaire à l'œuvre créatrice. La difficulté n'est pas résolue. L'esprit demande encore si la réalité ainsi produite est un bien absolu.

Nous restons sur ce doute.

Jusqu'ici, deux solutions ont été critiquées. D'après la première, Dieu serait fini, et subirait lui-même la présence du mal dans le monde. D'après la seconde, Dieu pourrait être infini, mais il permettrait, par nécessité, et indirectement, le mal. Nécessité pour lui, dans le premier cas, d'être le témoin du mal. Nécessité pour lui, dans le second cas, d'être la cause éloignée du mal. Dans les deux théories, on invoque la nécessité qui provient, ici de la perfection même, là de l'imperfection, de Dieu. Les uns disent : Il est trop faible pour s'opposer au mal. Les autres répondent : Il est trop fécond pour ne pas le permettre.

(1) *Revue de Métaphysique et de Morale*, mars 1907. *Note sur le problème du Mal*, p. 171-85.

8. — De cette seconde théorie se rapproche la troisième, bien que les formules paraissent se contredire. Si Dieu créa un monde où les maux se mélangent aux biens, il était libre après tout. On n'explique plus la présence du mal par une nécessité soit extérieure, soit inhérente, à l'action de Dieu, mais par son indépendance souveraine. Il est le maître : nous n'avons pas à lui demander de comptes. Il est le maître : s'il lui plaît de produire tel ordre de choses dans le monde, il ne convient pas que sa volonté recule devant le mal qu'il prévoit devoir s'y introduire. Alors, en effet, le mal triompherait du bien ; au mal Dieu sacrifierait le bien ; devant le mal il abdiquerait son libre amour du bien. Saint Augustin, entre autres, développa cette idée.

Il semble que la morale humaine se reconnaisse dans cette explication, et qu'elle y retrouve un principe usuel. Elle professe que l'homme, en présence d'une action d'où suivra un bon résultat, mais d'où naîtra aussi une conséquence fâcheuse, peut, sans commettre de faute, poser parfois cette cause à double effet. Dieu agit ainsi, quand il créa notre univers. Il prévoyait, dans le développement de ce plan choisi entre des plans innombrables, que Néron déshonorerait l'empire romain et que saint Vincent de Paul serait l'apôtre de la charité. Il ne voulut pas, pour éviter ce mal, renoncer à ce bien. Il ne sacrifia pas Vincent de Paul à Néron.

Cependant, pour qu'une œuvre humaine soit jugée digne d'approbation ou d'éloges, encore faut-il que le bien compense le mal, ou même l'emporte sur lui. Qui dira si, dans l'univers, l'ordre prévaut sur le désordre? Qui dira si l'expérience humaine peut faire écho au témoignage d'admiration que Dieu lui-même décernait à son œuvre, et proclamer que la création est bonne : *et vidit Deus quod esset bonum ?*

Est-il certain que, « dans l'état de conscience confuse et obscure où vivent les animaux... ils aient plus de bien-être que de mal-être (1) » ?

Est-il certain que les sanctions futures fassent équilibre, ou apportent de généreuses compensations, aux douleurs de l'humanité ; de telle sorte qu'il faille dire avec Platon : « Ne faisons pas de reproches aux dieux, notre immortalité les absout » ?

9. — En tout cas, nous passons ainsi d'une troisième théorie à une quatrième. La liberté divine ne suffit pas à résoudre l'énigme. Nous comptons sur la vie future, et sur l'*éternité* de Dieu, non moins que sur son libre amour du bien. A la parole, que nous citions tout à l'heure, de la philosophie païenne, s'ajoute l'axiome de la résignation chrétienne : *Patiens Deus, quia æternus.*

Nier la valeur et l'efficacité de cette doctrine, ce serait mettre en doute, contre toute évidence, la vertu consolatrice de nos immortelles espérances. Que les négateurs parlent pour leur compte ! Mais qu'ils ne se fassent pas le porte-parole de ceux qui croient et qui espèrent, et qu'ils ne substituent pas la psychologie de l'incrédule à la psychologie du croyant. Que les aveugles ne se vantent pas d'avoir éteint le soleil !

Feuilletons les biographies qui nous révèlent la pensée des croyants illustres ; prêtons l'oreille aux

(1) G. Fonsegrive : *Éléments de Philosophie*, II, p. 339. Paris, Picard.

réflexions que murmure la foule fidèle. Une conclusion immédiate ressortira de notre enquête. L'espérance des destinées futures adoucit d'innombrables douleurs. C'est un fait, qu'on peut critiquer ou railler, mais qu'on ne peut nier : que beaucoup d'hommes se sont consolés, et se consolent encore, en songeant, avec l'Église, que Dieu, un jour, « essuiera les larmes des yeux de ses élus ».

On ne saurait discuter la certitude de ce fait psychologique. Mais il est peut-être permis d'en limiter la portée. Peut-être la pensée de l'éternité ne répond-elle pas à toutes les difficultés, et même soulève-t-elle des objections nouvelles. Alors, notre angoisse demeure, et elle s'aggrave.

D'abord, on nous propose une solution, malgré tout, partielle. Les réparations futures concernent le mal subi ou commis par l'homme ; mais elles laissent sans remède les souffrances de la créature inférieure, de l'animal privé de raison mais non de sensibilité, de l'animal qui gémit lui aussi, *ingemiscit*.

Solution partielle encore, parce que l'homme n'y trouve pas, pour lui-même, l'adoucissement actuel de la souffrance actuelle. L'espérance du bonheur est plus que l'idée du bonheur, mais elle n'en est pas néanmoins la réalité. Au mal présent ne faut-il pas un remède immédiat ? Il sera bien temps d'intervenir pour le divin Libérateur, lorsque la torture prolongée aura arraché au patient les dernières abdications ou les irréparables blasphèmes ! Quelles compensations possibles pour les damnés ?

Car, tel est l'abîme que l'éternité entr'ouvre à nos regards : Il y a d'éternels maudits !

La raison et la foi nous assurent que ceux-là seuls souffriront le châtiment, qui l'auront mérité, et que la séparation d'avec Dieu sera la consécration définitive de ce que l'homme aura décidément voulu. *Fiat voluntas tua, homo, in æternum.* — Mais le cœur humain proteste en faveur des âmes victimes de leur propre faiblesse, ou de la brutalité d'autrui ; en faveur des déshérités ; en faveur de ceux qu'on scandalise ; en faveur des enfants abandonnés ; en faveur de ceux qu'oppriment les tristes atavismes.

La justice de Dieu, nous dit-on, connaît toutes les circonstances qui aggravent, atténuent, ou même excusent, le péché. Nul effort de la bonne volonté ne lui échappe. Sa miséricorde est, du reste, égale à sa justice. — Mais, quelle que soit leur culpabilité, les damnés ne sont-ils pas, par leur révolte définitive et leur interminable supplice, le déshonneur de l'œuvre divine, le cauchemar qui hante la pensée des élus?

Dieu ne permettra pas qu'aucun nuage vienne altérer la radieuse contemplation des saints. Nous ne connaissons pas tous les secrets de sa bonté et de sa puissance. L'œil de l'homme n'a pas vu, son oreille n'a pas entendu, son esprit ne saurait concevoir les merveilles réservées aux élus. Quant aux rebelles, ils doivent être punis, de même que les innocents doivent être vengés. Il faut que le dernier mot reste à Dieu, et que la justice remporte une victoire entière. — Mais pourquoi appeler à l'existence ceux qui devaient en abuser et se perdre ?

Leur place était marquée dans un ordre providentiel, où le bien tenait aussi son rang. S'ils restaient dans le néant, mille chefs-d'œuvre de vertu ou de beauté n'auraient jamais réjoui le regard des hommes et de Dieu. — Mais la science infinie ne connaissait-elle pas d'autres plans plus merveilleux, et l'infinie puissance était-elle incapable de les réaliser? Est-il donc nécessaire que le mal toujours serve d'ombre au bien ?

En exigeant que Dieu eût créé un monde meilleur, vous portez atteinte à sa liberté ! — Mais la liberté a-t-elle donc une valeur propre, absolue, indépendante de tout idéal? Suffit-il qu'une décision soit libre, pour qu'elle soit sainte? Nous revenons, d'ailleurs, à une théorie déjà estimée insuffisante ; et, de nouveau, nous voici « au rouet ».

10. — Cinquième théorie : Le mal concourt à la manifestation des attributs de *force* et de *justice* qui font la beauté de Dieu, non moins que les attributs de miséricorde et de bonté.

Il existe une forme récente de cette théorie. On la trouvera développée dans la *Dublin Review* (1). L'opposition universelle, dit l'auteur, est une des lois de l'univers. Gabriel Tarde nous avait déjà habitués à cette conception. Mais il n'avait pas songé à chercher en Dieu l'idéal et la transfiguration de cette loi du monde créé. L'auteur que nous citons, convient qu'il ne peut déterminer exactement l'attribut divin que reflète et d'où dérive l'opposition universelle. Il sait seulement qu'il est beau d'être victorieux, et que, par suite, Dieu doit remporter des victoires et célébrer des triomphes. Or, de quoi Dieu peut-il triompher, sinon du mal ?

La forme la plus caractéristique, l'expression la plus

(1) January, 1905, *The Morality of the Creator*, p. 146.

célèbre de la théorie dont on s'inspire ici, c'est la thèse fameuse de Bañes.

Dieu, dit Bañes, ne peut se proposer, dans ses œuvres, une autre fin que lui-même. Inutile donc de chercher à la création un autre but que l'épanouissement au dehors et la projection, des divins attributs. Faire luire la Miséricorde, faire éclater la Justice : à ce double objet, tout le reste : bonheur ou malheur des créatures, péché ou vertu, salut ou damnation, se rapporte et se subordonne, comme un moyen. A ce titre de moyen, le mal est expliqué, le péché lui-même est transfiguré. Sans réserves, il convient de dire : *felix culpa, necessarium peccatum.*

D'une part, donc, Dieu se propose de déployer sa Miséricorde. Pour obtenir cette fin, le salut de quelques hommes est nécessaire. En conséquence, il fixe le nombre de ses élus.

La prédestination au bonheur implique elle-même un ordre de grâces infailliblement efficaces. Ainsi se détermine, de toute éternité, le sort des élus. Ceux-là seront les témoins de la Miséricorde. Mais d'autres doivent servir au triomphe de la Justice vindicative, pour que la gloire de Dieu se révèle dans toute sa majesté. Avant tout, il faut que cette Justice éclate. D'où nécessité de l'enfer. Des créatures sont d'avance et positivement désignées pour le peupler. Encore faut-il que leurs actes méritent l'éternel châtiment. Qu'à cela ne tienne. Dieu décide de leur refuser les grâces efficaces qui les empêcheraient de tomber dans l'abîme (1).

(1) *Bañes et Molina*, par le R. P. Th. DE RÉGNON, p. 276-9. Paris, OUDIN, 1883.

On croit entendre, traduit en langage théologique, le récit du cauchemar qui se forma, sous l'action de l'éther, dans le cerveau d'une patiente, et qui lui révéla le mystère de la Dureté divine (1).

Quel affligé trouvera, dans cette explication, une satisfaction de son intelligence et de son cœur? Le spéculatif qui, le corps dispos et le cœur léger, organise ainsi les destinées du genre humain, pendant que, commodément assis à sa table de travail, il jouit d'une tranquillité favorable; le spéculatif réalise-t-il la redoutable signification des idées et des mots qu'il manie : Justice divine, réprobation, péché? Croyant résoudre la grande énigme du monde, ne s'amuse-t-il pas à l'exercice facile de son talent dialectique?

Que, de la souffrance et du péché, Dieu tire le bien : c'est le problème même que nous étudions. Mais qu'il réprouve d'avance un certain nombre d'hommes, et que, pour avoir lieu de les châtier, il leur refuse les grâces qui les conduiraient au salut : c'est la solution que les lèvres ne formuleraient pas, si la conscience en pesait la signification.

11. — Sixième théorie : Dieu permet le mal que l'homme ne permettrait pas, parce que l'homme agit et doit agir en petit souverain d'un minuscule territoire, tandis que Dieu gouverne le monde en maître *universel*.

Je passe près d'un canal. Un enfant, ou un maladroit, ou un désespéré, vient de s'y jeter. La charité me presse de lui porter secours, ou, si les forces et les

(1) Cf. *supra*, L. I, c. II.

moyens de sauvetage me manquent, d'appeler à l'aide.

Personne, au contraire, n'a été témoin de l'accident; personne, sauf Dieu pourtant. Dieu va-t-il secourir celui qui se noie, soit en créant une barque ou une planche que les mains du malheureux puissent saisir, soit en solidifiant tout d'un coup l'eau où ses pieds cherchent désespérément un point d'appui, soit en lui communiquant par miracle des forces et un art de la natation qu'il ne possédait pas? Non. Dieu qui, sans effort et sans peine, pourrait rendre cet enfant à ses parents, ce père à sa famille, restera témoin impassible de cette agonie.

Ce que nous dirions d'un homme qui garderait semblable attitude, nous ne le dirons pas de Dieu. Pourquoi?

D'où vient cette différence entre la vigilance de Dieu et la vigilance des hommes, entre les principes de notre moralité et les voies de sa Providence? Ce qui est mal pour nous peut-il être bien pour lui? La loi morale est-elle changeante et relative?

Non, la morale ne varie pas. Dans les mêmes circonstances, mêmes sont les devoirs. Mais il se trouve justement que l'homme et Dieu ne peuvent jamais être placés dans les mêmes circonstances. Dieu a la charge de tout l'univers, *provisor universalis*; l'homme, fût-il pape, ne gouverne qu'une fraction du monde, à un moment de la durée, dans une sphère restreinte, *provisor particularis*. Ce que l'un ne saurait tolérer, l'autre peut le permettre. Dieu, d'un mal auquel il n'a pas fait obstacle, saura tirer un bien que Lui seul connait et peut réaliser.

Quel bien peut naître d'un meurtre, d'un accident

mortel, d'une maladie? Je l'ignore. J'ignore surtout si le bien possible compense le mal imminent. Aussi je m'emploierai à sauver celui qui se noie, à désarmer le criminel, à guérir le malade. Les adeptes de cette étrange secte qui s'appelle : *Christian Scientists;* ces quiétistes de la thérapeutique, qui repoussent toute prescription médicale, et veulent que le malade s'en remette à la seule nature, comme au seul ordre providentiel; ces prétendus esclaves de la volonté divine, s'arrogent, naïvement, le rôle même de Dieu. Ils oublient que l'homme est *provisor particularis*. A Dieu, de guérir ou de ne pas guérir le malade; à Ambroise Paré de le soigner. A Dieu les directions d'ensemble; à chaque homme, d'exécuter sa mission individuelle.

Mais il faut se garder néanmoins de soustraire la vue et l'ordonnance des détails au Législateur universel. Il faut éviter de laisser entendre que Dieu sacrifie les individus aux collectivités, et que, de Lui comme du préteur, on doit dire : *de minimis non curat.* Il faut prendre soin de maintenir l'enseignement évangélique, et d'étendre aux plus humbles créatures la paternelle Providence de Dieu. Autrement, la conscience religieuse répéterait la protestation de Bossuet contre les adorateurs d'une Providence générale et impersonnelle : « Que je méprise ces philosophes qui, mesurant les desseins de Dieu à leurs pensées, ne le font auteur que d'un certain ordre général, d'où le reste se développe comme il peut... comme si la souveraine intelligence pouvait ne pas comprendre dans ses desseins les choses particulières qui, seules, subsistent véritablement (1). »

(1) *Oraison funèbre de Marie-Thérèse d'Autriche.*

Ainsi, Dieu ne préfère pas les lois qu'il a établies, aux êtres qu'il a créés. Il ne sacrifie pas les intérêts individuels, pour maintenir un ordre général. S'il fait concourir le mal de l'un au bien de l'autre, ou de plusieurs, il ne cesse pas d'être le Créateur et la Providence de tous individuellement.

Voilà le dogme que postule notre conscience.

Mais, ainsi interprétée, ainsi étendue aux cas individuels, la Providence générale fournit-elle une explication du problème du mal ? Notre cœur se complaît en cette notion d'un Dieu qui veille sur le moindre passereau et qui dirige l'Univers. Mais notre expérience reconnaît-elle, de fait, son intervention singulière dans tous les maux qui nous entourent ? Or, pour que la question du mal soit résolue, il faut, semble-t-il, que tous et chacun tirent profit du mal de chacun. Arrière, disons-nous avec Adam Bede, les consolateurs qui nous prêchent que nous pouvons recevoir avantage et lumière du malheur d'autrui !

Le héros de George Elliot pleure la mort lamentable de sa jeune fiancée, dont l'égoïsme d'un jeune seigneur a fait une criminelle. Un vieil ami d'Adam Bede s'efforce de le consoler. « Voici ce que je pense de vous ; vous prendrez le dessus, vous serez un nouvel homme ; et peut-être, de cette épreuve, un bien sortira-t-il, que nous ne voyons pas. — Un bien sortir de là ! réplique Adam avec passion. Cela ne changera rien au mal qui est arrivé. Sa mort est irréparable. Je hais cette manière de dire, comme s'il y avait moyen de remédier à tout... Quand un homme a ruiné l'existence d'une autre créature humaine, il n'a pas le droit de se consoler en pensant qu'un bien peut naître de là. Le bien d'un autre ne changera rien à la honte et au malheur de cette enfant (1). »

Une religieuse disait à une malade : « C'est une grande consolation, dans les épreuves de cette vie, de contempler Jésus en croix. — Non, non, protesta la malade ; un crime ne peut pas être une consolation pour moi (2). »

Si notre cœur accepte que le bien vienne du mal, il pose des conditions, il est prompt à la révolte.

C'est au malheureux lui-même que nous voulons que sa souffrance profite. Il nous répugne de recueillir l'héritage qu'il a chèrement acquis et qui ne nous a rien coûté. Si notre conscience exige une Providence particulière, c'est dire que la doctrine de la Providence générale ne fournit pas encore au problème du mal la réponse attendue.

Mais nos successifs échecs ne doivent pas nous décourager. Nous avons avancé. Chacune de nos défaites, chacune de nos chutes, fut une « promotion ». Constatant que l'esprit humain, en quête d'une réponse au problème du mal, trouve partout des impasses, nous sommes amenés peu à peu vers l'unique issue.

Loin de rassurer notre conscience, l'hypothèse d'un Dieu fini redouble les inquiétudes de notre cœur et les impatiences de notre esprit. Plus que jamais, nous voulons savoir si et comment le mal finira par triompher. Le résultat nous apparaît singulièrement douteux, si une toute-puissante Bonté ne se charge pas de l'obtenir.

(1) *Adam Bede*, p. 226-227, t. II, éd. TAUCHNITZ.

(2) Rev. Charles-B. GARSIDE, M. A., *The Helpers of the Holy Souls*, p. 41, New-York, 1892.

Alors, nous prêtons l'oreille à ceux qui prétendent que le mal est la nécessaire condition du bien, et le péché, l'ombre inséparable de la liberté. Mais nous entendons aussitôt, comme un écho à cette théorie, le blasphème du désespoir! Maudite soit donc l'existence vouée fatalement au mal! Leibniz croyait jeter la pure semence de l'optimisme; et c'est le pessimisme qui a levé.

Si ce n'est la nécessité, ce sera peut-être la liberté divine, devant laquelle nous prosternerons notre esprit?

Qu'on invoque l'indépendance de Dieu ou les intérêts de sa gloire, qu'on invoque l'immensité de son pouvoir et l'universalité de ses lois, notre cœur a besoin d'une Providence particulière, notre esprit réclame un Dieu qui soit le Père de chacune de ses créatures. De moins en moins, la philosophie humaine explique pourquoi Dieu n'a pas créé un monde meilleur. Et cela même est une conclusion; c'est le résultat décisif d'une discussion qui paraissait interminable.

Qu'une induction assez prolongée nous imprègne de cette persuasion, que la philosophie ne peut résoudre le problème : voilà un fait dont la méthode expérimentale doit tenir compte et tirer profit.

Quand la pensée spéculative rend les armes, non pas dès le début de l'action et dans un accès de paresse, mais après des tentatives multipliées et à la suite de réflexions méthodiques; elle ne doit ni trouver mauvais que la sagesse pratique prenne, à son tour, la parole, ni regretter son propre labeur. Les efforts de la spéculation n'ont pas été inutiles; ils étaient nécessaires; ils seront féconds; pourvu qu'ils ne dégénèrent pas en obstination, pourvu qu'à des espérances quelque peu présomptueuses, ne succède pas le dépit.

Nous semblons revenir à notre point de départ, ni plus ni moins renseignés qu'au début de l'enquête. Nous ignorions pourquoi Dieu n'a pas créé un monde meilleur; nous l'ignorons encore; tout au plus, apercevons-nous quelques lueurs, juste assez pour entrevoir le mystère insondable des desseins providentiels et mesurer la courte portée de l'esprit humain. De l'incertitude, nous aboutissons à l'incertitude. Nous tournons en cercle.

Erreur : notre pensée a progressé en spirale. Elle revoit son point de départ, mais elle le surplombe. Le même méridien relie les deux positions. Mais un faible écart de latitude les sépare : faible écart, et pourtant infranchissable. Notre ignorance, naguère impatiente et présomptueuse, ne retrouvera plus sa juvénile audace. Elle s'est assagie, et elle se pacifie. Cessons de heurter du front le mystère. Non loin de la muraille d'airain, cherchons plutôt s'il n'est pas de larges issues et de consolantes perspectives.

CHAPITRE II

LA COMPLEXITÉ DU PROBLÈME

1. Chercher pourquoi Dieu n'a pas créé un monde meilleur, n'est-ce point poser une question qui aboutit à une antinomie? — 2. Rien ne presse le chrétien de faire cette recherche. — 3. Le philosophe n'a jamais souhaité réellement un autre ordre de choses. — 4. Quand il pense éprouver ce désir ou douter du bienfait de l'existence pour lui, il est victime d'une suggestion ou d'un mirage. Un problème salutaire : comment lutter contre le mal? — 5. Autre problème soluble : Dieu peut-il tirer le bien du mal? Mais ces deux problèmes diffèrent de cet autre : pourquoi Dieu n'a-t-il pas créé un monde meilleur? — 6. On peut douter que les penseurs chrétiens aient vraiment prétendu agiter ce dernier problème. La pratique des directeurs d'âmes. — 7. Le problème doit-il être « classé »?

1. — A mesure que l'échec de nos démarches successives nous persuadait qu'il ne convient pas à l'homme de vouloir résoudre entièrement le problème du mal ; d'une ascension lente, mais irrésistible, une autre conclusion, ou, si l'on veut, une autre question, s'élevait en notre esprit. Il est déraisonnable de vouloir *résoudre* le problème ; mais est-il même raisonnable de le *poser?*

La méthode analytique a fait passer sous nos yeux les difficultés inhérentes à chacune des explications essayées.

Un dilemme résumera peut-être, en un relief plus saillant, les difficultés du problème classique dont nous contestons ici la valeur.

Ou Dieu pouvait créer un autre ordre providentiel, d'où le mal eût été absent ; ou il ne pouvait pas produire un autre univers que celui auquel nous appartenons. Il faut que le problème, s'il existe, se tranche par l'une ou l'autre affirmation. Cette bifurcation marque les deux voies principales entre lesquelles choisissent nécessairement tous ceux qui s'engagent dans la discussion du problème du mal. Or, les deux routes semblent aboutir à une impasse ou à un abîme. Les deux issues semblent condamnées.

Si vous choisissez le premier membre de l'alternative, si vous admettez que Dieu pouvait créer un monde meilleur, d'où le péché et la souffrance auraient été exclus ; vous vous heurtez à cet obstacle, à cette muraille de diamant, à moins que vous ne préfériez dire que vous êtes pris à l'engrenage des dilemmes sans fin. Une question, en tout cas, surgit, qui vous saisit, ou vous arrête : Était-il mieux de créer un monde meilleur? Comment résoudre un tel problème? Par la négative? Mais ne voyez-vous pas là une contradiction dans les termes? Comment oser prétendre qu'il ne vaut pas mieux créer un monde meilleur? Autant dire qu'un monde meilleur ne serait pas meilleur. Si nous restions dans l'ordre relatif où se meut souvent l'activité humaine, un tel langage se concevrait. Ici le mieux peut être l'ennemi du bien. A poursuivre un idéal irréalisable, on risque de compromettre un bien accessible. Le résultat net est un déchet, une défaite. On a sacrifié le mieux réel au mieux apparent. Mais la question suprême que l'on appelle le problème du mal, n'appartient pas au monde des apparences et des contingences. Le monde meilleur dont les philosophes prétendent parler serait un monde absolument et véritablement meilleur que celui où nous vivons. Dès lors, est-il possible de soutenir qu'il vaut mieux que ce monde meilleur n'existe pas ? Nous voilà donc relancés vers l'affirmative. Nous sommes tentés d'affirmer que Dieu eût sagement fait de créer un monde supérieur à l'univers actuel. Mais cette position est également intenable. L'esprit humain ne parvient pas à concevoir que Dieu puisse s'appeler infiniment bon, alors qu'il eût mieux fait de créer un autre monde. Il semble inutile de poursuivre plus longtemps nos investigations dans cette voie.

Revenons à l'embranchement. Nous avions opté pour la doctrine qui considère Dieu comme l'auteur libre de l'ordre actuel. Cette route est un dédale. Essayons l'autre chemin. Supposons maintenant qu'il fût impossible à Dieu d'appeler à l'existence un ordre de choses meilleur. Cette affirmation peut s'entendre de deux manières également embarrassantes. Cette impossibilité viendrait de l'une de ces deux raisons. Ou bien le monde qui nous désole par le spectacle du mal, serait le meilleur des mondes possibles. Nous avons vu quelle stupeur produit dans l'esprit qui réfléchit une telle prétention. C'est, en une seule, réunir plusieurs affirmations, non seulement arbitraires, mais à peu près incompréhensibles. Quiconque, en effet, regarderait l'ordre actuel comme le meilleur possible, supposerait d'abord que le nombre des mondes possibles est nettement déterminé, et qu'ils sont susceptibles d'un classement. Le premier de la liste ne contiendrait pourtant qu'une somme finie de perfection. Aussi faudrait-il conclure, soit qu'il n'est pas vraiment le premier, et qu'un monde meilleur encore est concevable, soit qu'il est tout ensemble fini, par définition, et infini, puisqu'il exprime tout le bien possible. Passons sur cette première sorte de difficultés. Il existe une série de mondes possibles, qui se compose d'un nombre fixe de degrés, et qui se termine par un échelon suprême : soit. Reste à prouver que le monde actuel représente ce maximum de perfection. Qui le croira ? N'est-ce pas un fait d'expérience psychologique que nous concevons, ou pensons concevoir, un ordre de choses plus clair, plus juste et plus serein ?

Mais, dira-t-on, vous rêvez d'une perfection chimérique. Dieu ne pouvait pas témoigner autrement sa bonté. Ainsi nous passons à la seconde interprétation de notre formule. Ce monde n'est pas l'objet d'un libre choix. Si Dieu était libre de créer ou de ne pas créer, — question qu'il faudrait cependant examiner, — du moment qu'il voulait appeler d'autres êtres à l'existence, il devait nécessairement produire le monde actuel. Tout autre était irréalisable, ou n'avait qu'une possibilité logique, théorique, lointaine. Bref, l'acte créateur est libre *quoad exercitium,* mais nécessaire *quoad specificationem.* Combien trouverait-on de théologiens ou de philosophes à professer cette théorie ? Par quelles preuves l'établirait-on ?

La négative et l'affirmative mènent à d'insolubles questions. Soit que l'on dise : Dieu pouvait créer un monde meilleur, soit que l'on opte pour l'autre partie de la disjonction, on entre dans la voie des propositions arbitraires ou inintelligibles. Les deux solutions troublent l'intelligence. N'est-ce point le signe d'une antinomie ?

Une antinomie, d'autre part, n'est-elle pas l'indice d'une question mal posée ?

Pourquoi nous fatiguer à un labeur de Sisyphe ? Pourquoi essayer encore de rouler jusqu'au sommet de la montagne le rocher qui toujours retombe, et qui finira par nous entraîner dans sa chute et nous écraser ? Qui donc nous a chargés de cette tâche, et punis de ce supplice ?

2. — La philosophie des chrétiens serait-elle moins avisée que la sagesse païenne ? Ils savaient encore, ces penseurs naïfs, que l'âme, Psyché, a parfois de fatales curiosités ; qu'il est des désirs insatiables et des vases sans fond, que vainement l'on essaierait de remplir ; et que, si l'on veut prendre part à la vie féconde des cités, devant les sphinx qui en gardent l'entrée, il faut passer, le regard indifférent, la bouche close.

Et ne savons-nous pas, nous-mêmes, par l'exemple du plus hardi des docteurs de l'Église, qu'attaquer certains problèmes, c'est vouloir, dans une coquille, faire entrer l'Océan ?

Qui donc nous impose de discuter le problème du mal ? De quelle région de l'âme cette curiosité est-elle née ? Car, il ne suffit pas qu'un problème se présente à l'esprit et même l'obsède, pour mériter une attention volontaire. Il est des pensées mauvaises et des interrogations morbides. Quelle garantie avons-nous, que le problème du mal ne soit pas de ce nombre ? La psychologie médicale dénonce, comme un des symptômes et des effets de la psychasthénie, l'abus des recherches métaphysiques, et elle constate la parenté de cette disposition avec la maladie des scrupules. C'est qu'il est plus facile qu'on ne croit de prendre la rêverie pour la curiosité, oubliant que, s'il y a une rêverie de l'imagination, il e[illegible] aussi une rêverie de l'intelligence. Rêverie subtile peut-être, rêverie géniale, si l'on veut, mais rêverie tout de même, la pensée spéculative, quand elle ne se rattache pas aux nécessités de la vie intégrale, quand elle ne présente pas un intérêt humain, quand elle reste sans répercussion sur le savoir utile, à plus forte raison, quand elle déconcerte ou paralyse l'action morale.

Je veux bien que ce soit à la raison pure de résoudre les problèmes. Ce n'est pas toujours à elle seule qu'il appartient de les établir. Les facultés abstraites ne suffisent pas à en contrôler la légitimité.

Leur dénier cette compétence, ce n'est, du reste, pas se livrer au pragmatisme extrême, et se désintéresser, par exemple, du dogme de la Sainte Trinité, sous prétexte que la génération du Verbe ou la procession de l'Esprit n'aurait aucun effet sur ma vie. Ici la liaison existe, indirecte, mais réelle. Il m'importe, pour remplir ma destinée, de savoir si je dois croire les enseignements de l'Église. Un lien immédiat unit la vérité spéculative et la conclusion pratique. Mais je me contredirais moi-même, si je ne me préoccupais pas d'apprendre quelles vérités particulières reposent sur l'autorité générale de l'Église, ou me sont transmises par elle. Par la vérité immédiatement pratique de la divinité de Jésus-Christ et du magistère de son Église, tout le *credo* intéresse ma conduite. Avant d'être un aliment pour son intelligence curieuse de spéculations, le dogme est un devoir pour l'homme, tenu de soumettre à Dieu son esprit et tout son être.

Ai-je également le devoir de résoudre le problème du mal ? Et d'où viendrait ce devoir ? Qui me l'aurait promulgué ? L'Église m'assure qu'il est des « fautes heureuses », et que Dieu tire le bien du mal ; mais elle n'a jamais défini le dernier *comment*. Jésus-Christ pleure sur Jérusalem coupable et sur l'immensité de nos maux, alors qu'il est le Maître du bien et du mal ; mais il ne m'a pas obligé de comprendre le dernier *pourquoi*. Si, pressée de se prononcer entre Bañe et Molina, l'autorité infaillible a toujours refusé de faire sienne l'une ou l'autre réponse, n'est-ce pas qu'il lui déplaît de voir agiter le problème de la prédestination ? Donc, au philosophe chrétien qui se débat aux prises avec le problème du mal, et qui veut expliquer pourquoi Dieu n'a pas créé un monde meilleur, je fais observer qu'il se charge bénévolement, j'allais dire : naïvement, d'une tâche que nulle autorité religieuse ne lui a imposée. Ce n'est donc pas un devoir dont il s'acquitte. Dès lors, je transforme ma remarque en avertissement, et je lui demande : s'il a bien grâce d'état pour s'approcher jusqu'au bord de l'abîme ; s'il ne craint pas d'éprouver le vertige ; si, par de présomptueuses théories dont il ne réalise pas lui-même, mais dont d'autres comprennent, le redoutable sens, il ne va pas, chez ces autres, susciter des doutes insolubles et mortels. Je lui demande s'il est bien sûr que le problème du mal soit un de ceux que la Providence livre aux disputes des hommes, et non une question réservée, un mystère sacré.

3. — Au philosophe qui n'adhère pas à la Vérité révélée, et qui se tourmente, lui aussi, pour compren-

dre, non pas les causes secondes, — celles-ci nous sont accessibles, — mais la raison dernière, de la souffrance et du péché ; à ce philosophe, qui ne relève que de sa conscience, mais qui admet, lui aussi, s'il ne veut pas cesser d'être homme à sa table de travail, que philosopher, c'est remplir un devoir et s'acquitter d'une mission, je demande : quelle obligation avez-vous de savoir, quelle obligation avez-vous de chercher, pourquoi finalement Dieu créa un monde de péché et de douleur ? Vous ne reconnaissez pas de devoir, qui n'ait pas pour héraut la conscience humaine. Osez donc dire que votre conscience vous contraint de discuter ce problème, et que l'existence du mal constitue vraiment pour vous un scandale.

Non, vous ne doutez pas réellement que la création soit bonne. Vous n'avez jamais désiré réellement un autre ordre providentiel que celui qui est sous vos yeux. Vous n'avez jamais réellement estimé que notre univers fût une objection contre la bonté divine. Voyez donc ce que signifient ces trois mots : un monde meilleur ! Un monde meilleur que celui auquel vous appartenez, c'est un monde auquel vous n'appartiendriez pas ! N'imaginez point, en effet, que votre personne puisse passer d'un plan dans un autre, comme on transporte un livre, d'un rayon sur un autre rayon. Votre personne tient à son milieu par de si fortes attaches et par des liens si ténus et si complexes, qu'éblouis par ce riche tissu d'innombrables relations, des philosophes ont perdu de vue l'être absolu qu'elles revêtent, et conçu les personnes humaines comme des points plus saillants sur la trame des événements, comme des renflements formés par l'interférence, le croisement ou la convergence d'actions et de réactions indéfinies. N'allons pas jusqu'à ces extrémités. L'individu est autre chose qu'un impersonnel système de relations. Il ajoute de sa spontanéité au reste de l'univers. Il répond à sa pesée par une réaction originale. L'homme est libre dans le monde, mais il est solidaire du monde. En lui, comme en tout être créé, se répercutent de proche en proche les événements qui composent le grand drame. Il est également vrai de dire que tout se distingue et que tout s'enchaîne. « Les mers frissonnent encore du sillage du vaisseau de Pompée. » Notre existence ne se découpe pas dans l'ensemble des choses actuelles, comme une pièce d'un vaste jeu de patience, comme un losange dans une mosaïque immense. Vous rêvez, dites-vous, d'un monde meilleur? Alors, vous rêvez pour vous du néant! Osez dire qu'il en est ainsi, que vous ne savez pas s'il vous serait meilleur d'être ou de ne pas être? Hamlet se posait la question. Les désespérés la résolvent par une décision qui nous contredit. Oui, mais dépassons les apparences. Tous les hommes veulent le bonheur, tous les hommes sont épris de leur être propre, même ceux qui courent se pendre ; Pascal n'estime pas nécessaire de prouver cette affirmation. D'où vient, en effet, la folie des désespérés, sinon d'un frénétique désir de bien-être ? Et comment se représentent-ils le néant, qu'ils paraissent souhaiter, sinon comme un état de repos absolu, dont ils seraient encore les témoins et les sujets ? Quoi qu'ils disent, et quoi qu'ils pensent peut-être, ils assistent, en esprit, à leur propre destruction, et ils se félicitent d'avoir échappé, par un anéantissement imaginaire, aux tourments de la vie terrestre. Plus que mourir, c'est dormir qu'ils voudraient. Écoutez la folie lucide de Hamlet : « Mourir, dormir, plus rien, et, en dormant, dire qu'on met un terme aux souffrances du cœur, et aux mille chocs naturels qui sont l'héritage de notre chair : quelle fin ardemment désirable ! Mourir, dormir, dormir. » On parle de mort ; mais on rêve, sans le remarquer, d'un sommeil qui serait conscient.

Et puis, le philosophe qui discute le problème du mal n'est pas un désespéré. Il compulse les livres de sa bibliothèque, il rédige ses notes, il s'occupe de l'impression et de la vente de son ouvrage, de cet ouvrage où précisément il célèbre les attraits du néant. S'il tombe malade, il appelle le médecin. Si ses ressources lui permettent une agréable et salutaire villégiature de vacances, il ne se privera point d'un moyen d'améliorer et de prolonger son existence. A ce pessimiste en chambre, je m'adresse : Avez-vous jamais révoqué sérieusement en doute l'excellence de votre être ? Est-ce à la fine pointe de l'esprit et par une factice hésitation, ou bien, avec l'élan de toute votre âme, que vous discutez les avantages respectifs d'exister ou de ne pas exister ?

Vous voulez être. Donc vous adoptez le monde tel qu'il est.

Peu importe que vous déploriez ses imperfections, comme vous déplorez vos propres misères. Le mal est pour vous une *souffrance*. Il ne constitue pas un *problème* désespérant. Vous vous affligez *que* le mal existe. Vous ne cherchez pas, avec une réelle inquiétude, *pourquoi* Dieu créa un monde où le mal a sa place. Tout votre être affirme que cet univers est bon, puisque vous en faites partie. Vous voulez, d'une volonté fondamentale, que votre existence se continue, et que le monde actuel soit. Le premier terme dépend du second. Si notre activité peut briser parfois et dominer le déterminisme, notre existence elle-même, notre existence individuelle, ne saurait émigrer dans un autre univers. Vouloir vivre, c'est vouloir appartenir à l'ordre choisi par Dieu.

4. — Alors, quel mauvais génie, quelle illusion collective, a introduit dans tous les ouvrages de philosophie, et jusque dans les cours les plus élémentaires, le problème du mal ?

Si l'existence du mal n'est pas un problème, c'en est un, de savoir pourquoi la philosophie s'évertue à le résoudre.

Plus que jamais on se demande pourquoi Dieu n'a pas créé un monde meilleur. « Quoi qu'on pense de l'importance de la question dans le passé, il n'est pas douteux que, de nos jours, elle soit d'une actualité qu'elle n'a jamais eue auparavant » « Elle était peut-être, naguère, d'un intérêt exclusivement académique, continue l'auteur que nous citons ; maintenant elle pèse avec une force extraordinaire sur l'intelligence de l'homme du commun, *the man in the street* (1). »

D'où vient le fantôme, d'où vient le cauchemar, qui obsède les hommes de pensée et les autres ?

Deux influences pourraient expliquer cette grandiose hallucination métaphysique, deux influences d'origine différente, mais de force à peu près égale.

L'homme qui croit douter de la bonté de l'œuvre

(1) *The Dublin Review*, January 1905, p. 150.

divine, ne serait-il pas victime, tout à la fois, d'une suggestion externe et d'un mirage intérieur ?

D'abord, nous qui sommes les successeurs de si nombreuses générations, nous en sommes aussi les imitateurs.

Or, les philosophes athées ou sceptiques n'ont jamais manqué de faire observer qu'une des raisons de leur incroyance, peut-être la plus forte, c'était la présence du mal dans le monde, et l'insoluble problème qu'il provoque.

Les théistes attachent à ce problème une attention plus grande encore. Ils ne songent pas à se demander si le problème est réel ou fictif. D'emblée ils se mettent à le discuter. Les diverses réponses se croisent. Du conflit des théories jaillissent des éclairs, qui sillonnent le mystère. Mais la discussion ne produit pas de lumière définitive et intégrale ; et cet insuccès même redouble l'activité des chercheurs.

Plus la question soulève de nuages, plus elle suscite d'intérêt. Dans une philosophie qui critique tout, un dogme s'élève au-dessus de toute contestation, c'est la souveraine dignité et la valeur philosophique du doute. Nous vivons toujours du doute hyperbolique de Descartes. La tendance à l'interrogation et à l'inquiétude intellectuelle n'a fait que s'aggraver depuis son temps. En même temps, le problème du mal devait redoubler d'acuité.

La question, du reste, paraît si naturelle : Pourquoi Dieu, infiniment bon et puissant, permet-il tant de maux ?

Elle paraît naturelle, parce que, proposition irréelle et simple miroitement du sable dans le désert, elle évoque pourtant des souvenirs familiers qui lui prêtent leur coloration et leur consistance. J'indique ici la seconde influence qui me paraît expliquer l'origine et le succès d'un problème illusoire.

Il n'est pas naturel de chercher si l'œuvre divine est bonne ; mais il est naturel de chercher comment nous pouvons travailler au triomphe du bien. Celle-là est une question réelle, qui sort avec une irrésistible vigueur de notre amour de l'être. Elle s'enracine dans un sol qui n'est pas illusoire, elle est bienfaisante, elle donne de l'ombrage, elle porte des fruits. Nos ambitions infinies, que rien ne satisfait et n'égale, sont le ressort qui se déploie toujours, sans s'affaiblir, la *vis a tergo*, la force propulsive qui nous lance à la conquête d'une vie meilleure. Comment, dans une proportion infinitésimale, contribuerai-je à rendre l'humanité plus heureuse et plus juste? Comment puis-je ennoblir et toujours purifier ma propre existence? Comment acquérir plus de science, de bonheur et de vertu? Autant d'aspects d'un même problème, autant de manifestations d'une même inquiétude. Ce problème est fécond, cette inquiétude est efficace. Mais la question du mal et de la Providence est différente. On se demande ici, non pas comment la liberté humaine peut réaliser le bien laissé par Dieu à son initiative, mais pourquoi Dieu lui-même n'a pas adopté un autre plan.

Cependant, l'esprit ébloui peut prendre l'inquiétude factice et malsaine, pour l'inquiétude essentielle et salutaire. La force, qui devrait nous pousser à une action meilleure, va déchoir et dévier vers une curiosité dangereuse. Il se produira, en de vastes proportions, dans la spéculation philosophique, ce que la pathologie observe surtout chez les psychasthéniques : il se produira un phénomène de dérivation.

En chacun de nous se manifestent quelques phénomènes de dérivation, signes et effets d'une activité inférieure, symptômes d'une tension psychologique qui s'abaisse. Lorsque des paroles prononcées devant nous, qu'il s'agisse d'une démonstration difficile ou d'une conversation insipide, ne provoquent plus, de notre part, la juste mesure d'attention ; lorsque nous éprouvons fatigue ou ennui ; des mouvements automatiques traduisent le trouble de la synthèse volontaire. Tremblement de l'extrémité du pied, tics du visage, fébrile agitation des mains, distractions ; autant de « fuites », autant de dépenses inutiles, d'une force nerveuse qui ne suit pas son cours régulier.

Ces symptômes peuvent s'aggraver. Prenons le cas d'un franc psychasthénique. Ici, l'activité supérieure, c'est-à-dire l'activité synthétique et volontaire, l'activité féconde et adaptée, n'apparait qu'à des intervalles de plus en plus rares, et elle suppose des efforts de plus en plus douloureux. Le sujet se trouve désarmé dans la lutte vitale. Il est distrait, craintif, sans fermeté dans sa propre conduite, sans influence sur les autres. Tout travail utile l'épuise, ou lui fait horreur. Cependant, les ruminations intérieures se poursuivent sans répit. Les fatales associations d'idées se répètent monotones. Dans le psychasthénique, l'homme d'action est paralysé, mais l'homme d'imagination, l'homme de pensée abstraite, se donne encore libre carrière. Scrupules moraux et scrupules théoriques obsèdent son esprit. Au lieu d'agir, il rumine. Au lieu de résoudre les questions nécessaires, il discute sans fin les questions spécieuses. Il semble qu'incapable de retenir ses énergies en un solide et souple faisceau, l'âme ait lâché sa prise, et soit devenue la victime d'aveugles révoltes. A l'activité forte et ordonnée succèdent les phénomènes de dérivation et de désagrégation.

Le problème du mal par rapport à la question du progrès, ne serait-il pas ce que la rumination mentale est à la décision volontaire, ce que l'obsession est à l'attention, ce qu'un tic est à un geste, ce que la phobie est à une prudente défiance : c'est-à dire un phénomène de dérivation? Le sage, l'homme parfaitement sain, se demande : *Comment puis-je combattre le mal?* Et il lutte contre ses défauts, il oppose à l'injustice le pouvoir qu'il possède, il cultive les pensées qui exaltent son courage, il évite de s'user en indignations stériles, il agit. Le rêveur, l'homme atteint d'hypertrophie cérébrale, cherche *pourquoi Dieu n'a pas créé un monde meilleur.*

J'ai parlé du pur intellectuel. Mais l'émotif aussi, dans une phase de dépression, peut se laisser prendre à l'engrenage des questions morbides. Il peut se demander avec angoisse : Pourquoi Dieu n'a-t-il pas créé un autre monde? Et lui, il se désespère. Mais rêverie intellectuelle et rêverie émotive représentent deux degrés voisins sur l'échelle des valeurs psychologiques. Il s'agit, dans un cas et dans l'autre, d'activité fébrile, de phénomènes de dérivation. On confond une question morbide et un problème salutaire.

5. — Le malentendu s'explique d'autant mieux que l'existence du mal soulève des questions multiples, qui ne se résolvent pas par une commune réponse. D'un problème à l'autre, la transition est perfide et le chemin glissant. La tentation est spécieuse de faire des

substitutions de sujets, et de donner, comme solution du problème général, ce qui est la solution d'une difficulté secondaire et partielle. Mais une question escamotée, le prestidigitateur fût-il lui-même inconscient de sa petite opération, ne devient pas, du fait de la bonne foi, une question réglée. Ainsi, le dernier pourquoi qui formule, avec toute son acuité, le problème du mal, ne cesse pas, une fois posé, de hanter l'esprit, parce qu'on nous a montré le bien que Dieu peut tirer du mal. On nous a promis autre chose, et l'on ne saurait nous donner le change. La réponse pèche par *ignoratio elenchi*. Dieu peut-il faire concourir la souffrance et le péché même à un heureux et saint résultat : c'est une question réelle et susceptible de solution. Mais discuter pourquoi Dieu n'a pas créé un monde meilleur, d'où le mal, sous toutes ses formes, aurait été exclu, c'est poser un problème distinct du premier, qu'il reste à résoudre ou à critiquer, lorsque la valeur et la solution du premier ont été démontrées.

On nous dit que la souffrance exerce la patience des justes, que la lutte stimule l'industrie et le courage, que le péché peut être la matière du repentir, que l'impénitence finale permet à la justice de Dieu d'éclater. Soit. De là, il suit que du mal peut sortir un bien. La sainteté de Dieu et les aspirations de l'homme veulent que le bien riposte au mal et en triomphe. Mais, quand même nous aurions l'expérience ou l'espoir certain qu'il en est toujours ainsi, nous attenderions encore avec angoisse la réponse promise au problème suggéré. Ce fut une fâcheuse idée, de nous inviter à chercher pourquoi Dieu n'avait pas créé un monde meilleur. Mais l'idée est lancée et poursuit dans l'esprit son œuvre désastreuse. Trop enclins, par infirmité naturelle, aux spéculations illusoires, et trop exposés, par présomption innée, aux chimères dévorantes, nous nous obstinons maintenant à examiner comment il est conforme à la bonté, à la puissance, à la sagesse infinies de Dieu, de créer un monde où le mal livre de si rudes batailles au bien. Oui, pourquoi procurer le bien par le mal, alors que nous autres, mortels, nous n'avons pas le droit d'employer le mal comme un moyen pour atteindre le bien; alors que la Providence pouvait, sans permettre le mal, obtenir un résultat égal et même supérieur à la somme des biens que présente la création actuelle? Si l'on nous répète que Dieu sait et veut tirer le bien du mal, nous insisterons : pourquoi n'a-t-il pas préféré tirer le bien du bien? Il est des leçons trop faciles à retenir. Les chercheurs téméraires qui nous ont inspiré cette funeste curiosité, se croyaient maîtres de lui fixer une limite, comme le célèbre avocat pensait pouvoir diriger et arrêter à son gré les bêlements et la feinte innocence qu'il avait enseignés au berger, son client. Nous nous retournons, nous aussi, contre nos maîtres, et nous répétons la question qu'ils nous ont apprise. Pourquoi Dieu n'a-t-il pas créé un monde meilleur?

La théodicée aurait toujours dû s'en tenir à ce problème : Dieu peut-il tirer le bien du mal? Ici, la réponse est possible et pratique.

Pratiques aussi, nous l'avons vu, cet autre problème et la solution multiple qu'il comporte : Pourquoi lutter contre le mal? Nous reprenons pied sur le sol de la réalité, lorsque nous cherchons les moyens d'améliorer la vie en nous et autour de nous, à l'exemple de Dieu, qui tire le bien du mal.

L'intérêt et la valeur de ces problèmes enveloppent de leur rayonnement et semblent de loin justifier, l'énigmatique question qui a tant préoccupé l'esprit humain. Elle profite indûment de ce voisinage pour dissimuler son néant et se parer de leur gloire. Une des tentations contre lesquelles le philosophe doit rester en garde, c'est de prendre un mirage pour une oasis, la rêverie pour la réflexion, une énigme pour une question métaphysique.

6. — On hésite pourtant à bannir définitivement du domaine de la philosophie, un problème que tant de penseurs chrétiens auraient entrepris de discuter. Mais est-il bien certain qu'en signalant les bons résultats qui, indirectement, peuvent naître du mal, ils prétendaient montrer pourquoi Dieu n'a pas créé un monde meilleur? Si leur ambition philosophique les a parfois emportés jusque dans ces régions obscures, peut-on dire qu'ils y aient fixé le centre de leurs investigations, et qu'ils aient situé là le problème de la Providence?

En tout cas, lorsque je refuse, comme philosophe, de donner mon attention à ce qu'on appelle le problème du mal, je mets la théorie d'accord avec la pratique.

Que nous enseignent, en effet, les maîtres de la vie morale et les directeurs des âmes? Que répondent-ils à l'homme troublé par le scandale du mal? « A quoi bon disputer subtilement sur des sujets cachés et obscurs, qu'au jour du jugement Dieu ne nous reprochera pas d'avoir ignorés (1)? » C'est l'instinct d'une âme religieuse, quand l'énigme se présente, de s'appliquer à la prière ou à l'action, c'est-à-dire de s'insérer plus solidement dans le monde réel auquel elle appartient, comme pour s'assurer à elle-même qu'elle y tient et qu'elle ne doute pas vraiment de sa bonté.

7. — En langage judiciaire, on parle d'affaires « classées ». Dans le domaine de la spéculation aussi, certaines questions méritent d'être « classées », c'est-à-dire reléguées dans une catégorie qu'on n'étudie plus. Des conditions pourtant sont à remplir, avant qu'on ait le droit d'exclure un problème de la sphère des recherches rationnelles. Pour être légitimement « classée », encore faut-il qu'une question puisse être étiquetée d'une rubrique précise, et non simplement abandonnée dans une masse confuse de spéculations hors de cours.

Une première division répartit les questions oiseuses et morbides en deux groupes. Certaines inquiétudes sont malsaines par leur intensité, tout en ayant un objet réel; par exemple, l'origine des billets de banque, qui tourmentait si cruellement ce malheureux étudiant dont M. Ribot a rappelé le cas (2); par exemple, l'existence de Dieu, lorsqu'elle obsède l'esprit, au point de paralyser ou de bouleverser l'existence. Des problèmes, d'un intérêt universel, peuvent, dans un cas et pour un temps donnés, devenir accidentellement morbides. Le directeur et le médecin s'accorderont

(1) *Imitation*, l. I, c. III, v. 1.
(2) *Psychologie de l'attention*, p. 128-130. Paris, ALCAN, 1900.

alors à détourner vers d'autres pensées l'esprit de l'obsédé. Il s'agit ici de préoccupations anormales, non par leur objet et leur matière, mais par leur mode et leur degré. Appelons-les des problèmes formellement morbides. Le second groupe comprend les questions matériellement irrationnelles, celles qui, par elles-mêmes, et en tout état de cause, méritent d'être bannies du domaine de la réflexion. Deux exemples éclairciront cette définition. Le rêveur qui s'efforcerait de conjecturer si le nombre des étoiles est pair ou impair, s'enliserait dans une investigation matériellement déraisonnable. De même, celui qui reprendrait l'antique et lointain problème de la cosmologie naissante, et qui se demanderait quels supports ou quelles attaches maintiennent la terre dans l'espace.

Cependant, les deux exemples ne sauraient être confondus. Ils appellent une subdivision du groupe commun auquel ils appartiennent. Certaines curiosités sont matériellement injustifiables, parce qu'elles dépassent la portée de notre esprit et les données de notre expérience, tout en s'attachant à un objet déterminé et connaissable pour une intelligence supérieure. Le nombre des étoiles est-il pair ou impair? Quelque total qu'il forme, le nombre est donné, il est actuel, il est fini, donc pair ou impair. L'homme ne saurait trancher la question. Mais l'intelligence divine connaît la réponse. Au contraire, Dieu lui-même ne saurait répondre à l'énigme indéchiffrable que discutait la naïve antiquité. D'après les premiers Chaldéens, la terre était creuse, et, semblable à un bateau, elle pouvait flotter sur l'abîme des airs. Les anciens Grecs s'imaginaient qu'elle reposait sur des piliers. Quelques anciens se représentaient la terre maintenue par deux tourillons placés aux deux pôles. Les Égyptiens l'avaient posée sur le dos de quatre éléphants, les éléphants étant eux-mêmes installés sur une tortue gigantesque, et la tortue nageant dans la mer (1). « D'après une opinion très ancienne... la terre était un cube, attaché par ses coins à la voûte du firmament. D'autres croyaient que la terre était un disque, gardé par un serpent enroulé, ou protégé par le fleuve Okeanos..... Quelques philosophes donnaient à la terre la forme d'une timbale, dont les pieds devaient, comme autant de racines, s'étendre à l'infini. Épicure, qui admettait comme exacte la croyance populaire, enseignait que le globe est assujetti par des ligaments, comme la tête l'est au cou et au tronc (2). » Les solutions abondent, comme les réponses apportées au problème du mal. Quel est le support de la terre? Aucune réponse n'est satisfaisante. Nous pouvons critiquer successivement, et rejeter une à une, les hypothèses rêvées par la science dans son enfance. Mais, à ces hypothèses puériles, notre âge adulte ne saurait substituer une réponse meilleure. Dieu lui-même n'a pas résolu le problème. Le problème est fictif et suppose une fausse notion de l'équilibre terrestre. Demander sur quoi s'appuie ou à quoi se rattache la planète que nous habitons, c'est admettre qu'elle est placée sur une base, comme une statue sur un socle, ou qu'elle est fixée à la voûte céleste, comme une suspension au

(1) *Astronomie populaire*, t. I, p. 66. Paris, MARPON et FLAMMARION, 1884.

(2) HOEFER : *Histoire de l'Astronomie*, p. 20 et 21. Paris, HACHETTE, 1873.

plafond d'une salle. Enfin, cette question implique que la terre s'appuie à son tour sur autre chose, de même que sur elle reposent les objets qui sont à sa surface. Des idées fausses sur la pesanteur et sur la forme de la terre suscitent un problème illusoire. D'autant plus, qu'on veut rendre compte du repos de la terre, alors que, faisant sur elle-même une révolution complète en vingt-quatre heures, elle est emportée dans son orbite autour du soleil, à la vitesse de vingt-neuf kilomètres par seconde. Le problème est deux fois insoluble.

Ainsi, deux sortes de questions matériellement irrationnelles : celles que l'intelligence humaine ne peut résoudre, bien qu'elles expriment un sens intelligible et supposent des notions exactes ; celles qui échappent à toute intelligence, parce qu'elles impliquent des idées fausses. Dans le premier cas, les termes du problème sont réellement clairs ; dans le second, ils ne le sont qu'en apparence.

Auquel de ces groupes faut-il ramener la question d'un monde meilleur ? Que ce problème soit, ou non, dans certains cas, formellement et accidentellement morbide, la théorie ne peut s'en préoccuper. C'est affaire aux directeurs d'âmes et aux médecins, de juger si une pensée religieuse, morale ou métaphysique, devient, pour tel ou tel individu, une obsession pathologique. Le philosophe, traitant un sujet de théodicée, ne peut se placer qu'au point de vue général et spéculatif. Il ne reconnaît que deux groupes de problèmes malsains : ceux qui, soit relativement à l'homme, soit relativement à toute intelligence, constituent une véritable énigme. Notre tâche est donc de déterminer si le problème du mal, (sous sa forme la plus élevée), est simplement inaccessible à notre intelligence, bien que précis dans son énoncé, ou s'il échappe à toute discussion rationnelle, parce que composé d'éléments faux, vagues ou arbitraires.

Peut-être serait-il permis d'aller jusque-là, et de soutenir que, lorsque nous posons le problème ultime du mal, nous entendons imparfaitement les paroles que nous prononçons. *Pourquoi Dieu n'a-t-il pas créé un monde meilleur?* Quand on a énoncé cette courte demande, s'imagine-t-on, en effet, avoir touché des réalités aussi précises que les mots qu'on employait? Pense-t-on que ce « pourquoi » et ce « meilleur » offrent à la réflexion des idées solides, lumineuses et simples? Jusqu'à quel degré voudrait-on que le monde fût meilleur? Dans quel but exact ce changement ou cette substitution sont-ils désirables? Pour le profit de qui cette mutation serait-elle à souhaiter? Qu'on essaie de donner à ces diverses questions une réponse nette, et de trouver un terme logique et satisfaisant au mouvement d'esprit qu'elles suscitent! La tentative se poursuivra longtemps. Le succès final est douteux.

Il faut bien que nous entrevoyions la possibilité d'autres mondes; sans quoi, nous ne saurions ni affirmer, ni concevoir, la liberté du Créateur, dans le choix de l'ordre actuel. Mais il nous est interdit d'explorer ce mystérieux domaine. Notre regard se fatigue et se voile, dès qu'il cherche à déterminer la valeur respective et les caractères propres des divers mondes possibles.

En résumé, le problème du mal englobe confusément trois sortes de recherches.

Le mal sollicite notre volonté à le combattre. D'où cette question pratique : Comment lutter, en nous-mêmes et autour de nous, pour le triomphe du bien ?

Le mal stimule notre raison à découvrir comment la Providence peut réparer les échecs de notre bonne volonté, et par quelle suite de conséquences les défaites partielles et provisoires du bien peuvent servir à son triomphe final. Les réponses que nous avons rappelées dans le chapitre précédent, montrent que cette seconde question n'est pas non plus insoluble.

Mais nous sommes parfois tentés de pousser plus loin nos investigations, et de demander à Dieu pourquoi il ne créa pas un monde meilleur. Or, cette troisième interrogation, dont on peut, du reste, expliquer la genèse, ne nous paraît pas susceptible de solution. Le scepticisme ne doit pourtant pas se prévaloir de cet aveu. Si la réponse se dérobe à notre intelligence, le problème, d'autre part, n'exprime pas une réelle anxiété de notre âme. Vraiment, nous ne désirons pas un autre ordre de choses que celui où trouve place notre personnalité. On peut même douter que les termes du problème soient suffisamment précis, et qu'il donne une prise ferme à un examen rationnel.

LIVRE V

L'EXPÉRIENCE PSYCHOLOGIQUE ET LE DIEU DU CHRISTIANISME

LIVRE V

L'EXPÉRIENCE PSYCHOLOGIQUE ET LE DIEU DU CHRISTIANISME

CHAPITRE PREMIER

LA GENÈSE DE L'APOLOGÉTIQUE D'IMMANENCE

1. Le libre examen. — 2. La méthode cartésienne. — 3. Le recueillement chrétien. — 4. Le criticisme. — 5. Le psychologisme. — 6. L'apologétique d'immanence est-elle plus simple? — 7. Son actualité. — 8. La réaction contre des méthodes trop extérieures. — 9. Le plan à suivre dans une discussion de l'apologétique d'immanence. Objections et difficultés.

1. — La vérité du Christianisme tombe-t-elle sous l'observation psychologique?

Si, au cours de l'histoire de la philosophie et de l'apologétique, cette question n'avait été posée que rarement et par des voix sans autorité, on pourrait juger superflu d'y répondre. On s'étonne, à première vue, qu'on puisse attendre de l'analyse de notre vie intérieure, si restreinte et si close, un verdict compétent sur les dogmes et sur les mystères du christianisme. Pareille tentative n'est-elle pas vouée à l'échec? N'est-elle pas condamnée d'avance par la théologie et par la philosophie? Il semble qu'une religion que nous révélerait la conscience ne mérite plus le titre de surnaturelle. D'autre part, la raison émancipée se détourne d'une religion qui se réclame d'une autorité supérieure aux facultés humaines. Croyants et incroyants, tous devraient s'accorder à écarter, d'emblée, une question dont le seul énoncé heurte de front le dogme du surnaturel et le principe du rationalisme.

La réflexion théorique et solitaire s'en tiendrait à cette fin de non-recevoir.

L'histoire inspire moins d'assurance et plus d'attention. L'histoire nous montre, en cette question, un résumé de problèmes que discutèrent, à maintes reprises, des philosophes et des théologiens de diverses écoles.

Le mouvement des idées fait monter à la surface des problèmes que l'ancienne théodicée laissait dans ces profondeurs de l'âme où gisent les vérités incontestées ou implicitement admises : tel le problème de la personnalité divine, ou bien qu'elle écartait de son cours comme issus d'une source surnaturelle : tel le problème de la religion révélée. La raison humaine se considérait comme trop assurée de l'existence de Dieu, pour discuter encore si ce Dieu était, ou non, personnel ; elle se jugeait, d'autre part, trop limitée pour découvrir ou pressentir, les secrets de la Révélation. Elle ignorait, et de telles hésitations, et de telles ambitions.

Plusieurs courants se réunirent pour former l'apologétique psychologique. L'esprit du libre examen invite chaque homme à se consulter lui-même, et le soustrait à la direction de l'autorité ecclésiastique. En vain, le protestantisme nous met une Bible dans les mains. C'est en nous-mêmes qu'il faut lire, pour interpréter la parole de l'Esprit-Saint. Premier courant : l'influence protestante.

2. — Le mouvement profond de la pensée cartésienne porte dans la même direction, bien qu'à la surface se dessine un courant contraire. Descartes veut tout d'abord séparer la raison et la foi; et, sous prétexte d'élever la religion chrétienne au-dessus des discussions humaines, il l'isole dans une retraite honorable. Toute communication semble interceptée entre la théologie et la psychologie. C'est une question de savoir si, dans la pensée de Descartes, la liaison, ou même la simple conciliation, des deux ordres de connaissances, a jamais été rétablie. Cependant, le principe de la réflexion personnelle et de l'observation psychologique, dont il tirait sa philosophie entière, contenait, en germe, d'autres conséquences, et sollicitait des applications nouvelles. Pourquoi le *cogito* ne révélerait-il pas à l'analyse, outre la réalité de ma personne, la vérité chrétienne? Si mon existence est essentielle à ma pensée concrète, cette pensée n'est-elle pas aussi imprégnée, et comme informée, du christianisme? Dès lors, il suffit que je poursuive l'étude de mon âme pour y retrouver une traduction psychologique de la théologie révélée.

3. — Le philosophe s'abandonnera d'autant plus volontiers à cet espoir, qu'il sera plus intimement pénétré de la tradition chrétienne. Le protestantisme s'oppose au catholicisme, en ce qu'il rompt la solidarité providentielle de l'enseignement intérieur de la grâce

et de l'enseignement officiel de l'Église. Mais le catholicisme ne nie pas la nécessité de la réflexion personnelle et du travail subjectif. Il nous convie, au contraire, à ce labeur. Il nous rappelle du dehors à l'intérieur, *ab exterioribus ad interiora*, Depuis l'Évangile jusqu'à l'*Imitation*, de saint Augustin à saint François de Sales, des origines chrétiennes jusqu'à nos jours, même enseignement, même invitation au recueillement, à la retraite, à la méditation : *Noverim me, noverim te, Domine*.

A l'influence hérétique du libre examen, à l'influence rationaliste de la méthode cartésienne, nous devons ajouter l'apport continu de la pensée catholique. Ces forces, diverses d'origine et quant à leur terme final, se trouvent, à un moment, exercer leur poussée sur un même point d'application.

Par un concours bien rare, dans l'histoire des idées et des méthodes, voici qu'à cette coalition imprévue de forces hétérogènes se joignent de nouvelles troupes. Pour un temps, et jusqu'à une certaine limite, le scepticisme et le sentimentalisme font cause commune avec les influences dont nous avons déjà parlé.

4. — De quel côté, en effet, se tourner, lorsque, d'une part, on veut rester attaché au christianisme, lorsque, de l'autre, on voit crouler, sous les coups de la critique et de l'hypercritique, les démonstrations rationnelles, historiques et scientifiques de la religion chrétienne? On recourt à la raison pratique? On se réfugie dans ce domaine de la conscience morale et de l'observation psychologique, où nulle affirmation de savant ou de philosophe n'est compétente, où le

sujet seul connaît ce qui se passe. Vous pouvez me démontrer que le principe de causalité se limite à l'ordre sensible, que la physique, ne connaissant plus de lois absolues, ne peut discerner les miracles, que le quatrième évangile n'a pas de valeur historique et que les trois autres sont interpolés. Mais vous n'essaierez pas de me prouver que ma vie morale n'a pas besoin du christianisme. Libre à vous, de prétendre que le principe de la Révélation est indémontrable ou controuvé. Je sais, moi, de bonne source, que la Révélation m'est nécessaire. J'en suis tellement persuadé, que je vous invite à faire le même examen de conscience. Reconnaissant, en votre âme, un besoin identique du surnaturel, vous en découvrirez peut-être les manifestations dans l'histoire et dans la société. Le désir inspirera plus de clairvoyance à votre raison, et plus de force aux arguments. L'esprit et la volonté se prêteront un mutuel appui. La démonstration objective, ébranlée par la critique moderne, trouvera un appui et une confirmation dans l'observation psychologique. La méthode subjective et la méthode objective fourniront, à elles deux, le total d'évidence nécessaire pour déterminer la conviction. Pertes et gains mis en commun, l'équilibre sera finalement rétabli. Mais la raison pratique aura profité du discrédit subi par la raison spéculative. Désormais l'observation interne est appelée à juger de la valeur du christianisme. Elle doit, en partie, cette promotion aux négations de la critique.

5. — Une tendance, dont l'origine est contemporaine de l'humanité, mais dont le développement est moins ancien, incline l'âme vers l'analyse intérieure.

Quelle part revient à Rousseau, et quelle part à Chateaubriand ; quel est le rôle des événements politiques, et quel est celui des livres, dans la genèse de la sensibilité moderne? Nous n'avons pas ici à le préciser. Mais les questions mêmes que nous venons de formuler, rappellent à l'esprit du lecteur les multiples causes de l'énervement actuel et de notre complexité morale. Le goût de l'observation intérieure est délicat et plus morbide qu'autrefois. Tare ou qualité, faiblesse ou force, il est complice du « psychologisme ». Qu'on rapproche, par exemple, l'état d'esprit d'un saint Thomas, et celui d'un Maine de Biran ! Qu'on relise ces confidences de l'illustre philosophe français : « Avec une machine frêle, presque toujours malade, je ne pouvais guère me répandre au dehors, j'existais donc en moi, je suivais toutes les vicissitudes qui s'opéraient dans ma manière d'être (1). » — « Il y a bien longtemps, écrira-t-il plus tard, que je m'occupe d'études sur l'homme, ou plutôt de ma propre étude ; et, à la fin d'une vie déjà avancée, je puis dire avec vérité qu'aucun autre homme ne s'est vu ou ne s'est *regardé passer* comme moi. Dès l'enfance, je me souviens que je m'étonnais de me sentir exister, j'étais déjà porté, comme par instinct, à me regarder en dedans, pour savoir comment je pouvais vivre et être moi (2). » Quelle tentation, pour de telles natures, de ne pas s'éloigner de leur cher intérieur, et d'y attendre, au milieu des objets familiers, l'apparition de l'Hôte divin ! Qu'il vienne : il recevra bon accueil. Mais qu'il n'oblige

(1) *Journal*, 25 décembre 1794.
(2) *Nouveaux Essais d'Anthropologie*, Œuvres inédites, t III, p. 335.

pas des valétudinaires à sortir, dans la nuit et le froid, pour aller le chercher.

Maladie ou paresse? Qui fera le départ équitable des causes qui nous retiennent à notre foyer intime? Dans la méthode subjective comme en toute autre apologétique, du reste, comme dans toutes les démarches humaines, enfin, la loi du moindre effort tend à s'établir. Lorsque nous argumentons suivant les procédés de l'apologétique ancienne, nous rencontrons le danger de confondre le respect de la tradition avec la tyrannie commode de la routine. Lorsque, partisans d'une apologétique plus intime, nous faisons le silence autour de nous, sous prétexte de prêter une oreille plus attentive à la voix de la grâce, ne fuyons-nous pas la peine de lire, de méditer et de retenir, les textes et les faits dont s'alimente l'apologétique objective et historique? On a plus vite dit : rien ne satisfait mon âme en dehors du christianisme, qu'on n'a établi, par l'histoire et l'Évangile, la Divinité de Jésus-Christ.

6. — Mais, disent les partisans de la méthode psychologique, cette simplicité même fait la supériorité définitive de notre démonstration. Seuls, nous proposons une démonstration populaire, accessible à toutes les âmes, et digne, par conséquent, de la bonté de Dieu. Tous ne peuvent pas lire dans les livres ; mais tous ont le temps et la science nécessaires pour lire dans leur âme. Le devoir est plus facile à connaître que le vrai. Si nous rattachons le christianisme à l'ordre de la pratique, si nous lions sa cause à celle du bien, les plus humbles consciences seront capables de l'apprécier. Ainsi, par notre méthode, le salut est

offert à tous. Que les détails de la philosophie de l'immanence échappent à la masse, nous l'avouons. Mais le principe même correspond à sa culture et à son attente. N'est-ce pas une maxime incontestée dans le peuple : qu'en matière de religion, chacun doit agir et croire « à son idée ». Aidons les hommes à prendre plus nettement conscience de leur « idée ». Philosophes et hommes de peine adopteront notre apologétique.

7. — Aux philosophes, en effet, qui repoussent la vérité chrétienne, au nom du principe moderne de l'autonomie, les partisans de la nouvelle apologétique opposent une argumentation *ad hominem*. Leur méthode, en plus des avantages déjà indiqués, offre celui d'être une rétorsion directe et une adroite concession. « Nous prenons notre centre dans la conscience humaine et nous rejetons sans autre discussion les dogmes qui répugnent à ses exigences (1). » Ainsi parlent les rationalistes incroyants. Au nom de la conscience humaine, reprend M. Blondel, vous devez reconnaître votre insuffisance et votre besoin du surnaturel. « Le progrès de notre volonté nous contraint à l'aveu de notre insuffisance, nous conduit au besoin d'un surcroît, nous donne l'aptitude non à le produire ou à le définir (du dedans), mais à le reconnaître et à le recevoir (du dehors) (2)... »

8. — En même temps que, par la méthode d'apologétique intime, le philosophe chrétien se con-

(1) Gabriel Séailles : *Les Affirmations de la conscience moderne*, p. 239. Paris, Colin.

(2) *Lettre sur les exigences de la pensée contemporaine en matière d'apologétique*, p. 38. Paris, Roger-Chernoviz, 1896.

cilie l'attention du philosophe rationaliste, et reçoit de ses mains l'arme même dont il va le combattre ; il se dégage de certains concours, qu'il juge compromettants aux yeux du public incrédule et gênants pour sa propre pensée. L'apologétique psychologique est, tout à la fois, une rétorsion contre l'incrédulité moderne, et une réaction contre un catholicisme estimé trop extérieur et trop autoritaire.

Ainsi Maine de Biran réagit et proteste contre de Bonald. Les exagérations du second provoquent les exagérations du premier. En face du traditionalisme, le psychologisme s'affirme, se précise et s'exalte.

« C'est, écrit Biran, pour avoir voulu aborder *ex abrupto* les notions morales et théologiques, prises pour base de la science, c'est en faisant abstraction complète des facultés purement individuelles de l'âme ou du *moi* humain, que des hommes à imagination brillante et forte, mais étrangers à la méditation, se sont engagés dans une fausse voie. Ces esprits systématiques, n'ayant pas l'amour, le besoin, ni le sentiment, du vrai, mais seulement le besoin d'agir, de faire effet au dehors, ont voulu établir l'autorité dont ils se font les ministres, la parole dont ils se font les premiers organes, comme la base unique, la condition absolue, la condition subsistante par elle-même, de toute notre science. Ils posent d'abord l'âme passive sous l'autorité qui doit lui donner sa forme et sa direction première ; ils font abstraction de toutes nos facultés actives, comme s'il n'existait aucune activité en nous, comme s'il n'y avait pas une conscience primitive, ou une connaissance intérieure, qui précède ou accompagne nécessairement toute autre connaissance, quels que soient d'ailleurs l'objet, la cause ou le moyen de cette connaissance donnée ou reçue. » La philosophie de Bonald, écrivait Biran à la même date, le 28 juillet 1823, rejoint logiquement les théories les plus hostiles au spiritualisme et au christianisme. « Admirez aussi comment les maîtres de cette nouvelle école, qui se fonde sur l'autorité absolue et le langage donné, appris, et jamais inventé par l'homme, retombent contre leur volonté, dans la théorie de la sensation passive et de l'influence exclusive des signes sur la pensée, se rejoignant ainsi, à l'autre extrémité du cercle, à la doctrine de Hobbes et des matérialistes. C'est que l'abnégation du fait primitif de conscience laisse sans base vraie toute morale, toute religion. » Trois articles principaux résument le *credo* traditionaliste.

D'après le « philosophe de l'antiphilosophie », la raison ne peut ni trouver de vérités assurées, ni établir l'unité intellectuelle entre penseurs, ni fonder de croyances religieuses. Donc, faillite de la raison individuelle.

La religion, la morale, la philosophie, intéressent de Bonald par leur rôle social. Social est aussi leur fondement. La révélation primitive explique l'origine de la parole et de la pensée humaines, de même que la révélation judéo-chrétienne donna naissance à la religion surnaturelle.

Quant à l'observation interne, quelles vérités pourrait-elle enseigner? Quelques années plus tard, Auguste Comte vouera à la dérision future des auteurs comiques la méthode des psychologues. De Bonald se contente de les comparer à « ces insensés du mont Athos » qui, étourdis et hallucinés par une contemplation stupide, finissent par prendre pour la lumière incréée, les éblouissements de leur vue fatiguée. Le travail du psychologue est « un labeur ingrat et sans résultat possible, qui n'est autre chose que frapper sur le marteau et qui ressemble tout à fait à l'occupation d'un artisan qui, pour tout ouvrage et dépourvu de toute matière, se bornerait à examiner, compter, disposer, ses outils (1) ».

Contre ces trois affirmations excessives et agressives, Maine de Biran dresse autant d'antithèses extrêmes.

La philosophie n'est point cette spéculation dérisoire et fertile en contradictions, dont le traditionalisme triomphe à bon compte. Sur les vérités premières de la métaphysique et de la morale, il existe une doctrine commune. Les dissidents sont précisément les hommes qui ne savent pas interroger ni comprendre leur conscience. « Loin d'être dans l'essence de chaque raison indépendante, cette diversité d'opinions ne tient-elle pas nécessairement à la dépendance d'une autorité étrangère à la raison, ou à la tyrannie des préjugés, des passions ou des intérêts, qui obscurcissent sa lumière et font taire sa voix? Entre les esprits qui consultent cette lumière ou entendent cette voix intérieure... n'y a-t-il pas eu et n'y aura-t-il pas toujours un accord parfait, au sujet des premières vérités philosophiques et religieuses (2)? » Biran poursuit sa manœuvre d'offensive. « Certainement, dit-il, un philosophe s'égare et *s'évanouit dans ses pensées* lorsque, cherchant les

(1) MICHELET : *Maine de Biran*, p. 116.

(2) *Œuvres inédites de Maine de Biran*, t. III, éd. NAVILLE. Paris, 1859. — *Défense de la philosophie*, p. 186 et 187.

preuves des principes ou des faits primitifs, il essaie d'appliquer les formes du raisonnement aux lois premières fondamentales et aux conditions mêmes de toute raison ; mais, si c'est là véritablement un écueil dangereux pour l'esprit humain, une source trop déplorable d'arguties et de subtilités qui déshonorent la philosophie, il est une autre source d'erreurs bien plus communes, et plus funestes, surtout aux progrès de la raison, de la morale et de la vraie religion ; c'est d'adopter sans examen toutes les croyances reçues et transmises par la société, comme des vérités générales, dont l'examen même est interdit (1). »

La raison personnelle protège et interprète la vérité révélée. Les ordres et les enseignements de l'autorité se subordonnent aux dispositions intimes de la conscience. « Quand j'entends une parole extérieure, fût-ce celle de Dieu même, son influence réelle sur mon intelligence tient essentiellement à ce que cette intelligence est déjà en elle-même, ou à la manière dont elle est spontanément disposée à agir ; et, si Dieu me parle ou me commande, il faut qu'il me fasse entendre et vouloir par moi-même, en vertu d'une inspiration surnaturelle; ou bien, il faut qu'il ait déposé dans mon âme, en la créant, le germe de ces idées ou de ces vouloirs qu'une occasion extérieure, une parole quelconque, viendra exciter sans les produire ni les forcer, de manière que, dans tous les cas, ce soit en moi-même que j'entende, ou par moi-même que je veuille. Changez cet ordre essentiel de la nature humaine, substituez l'influence immédiate d'une autorité

(1) *Défense de la philosophie*, p. 216 et 217.

extérieure quelconque, à l'autorité ou à l'évidence de la conscience ; qu'une force étrangère prenne la place de la spontanéité du vouloir et de la liberté de l'action, et vous détruirez l'homme moral, vous anéantirez du même coup et la science et la vertu (1). »

Biran n'avait pas attendu les railleries et les provocations de Bonald, pour exalter les mérites de l'observation interne. Dès 1816, il célébrait d'avance les découvertes psychologiques réservées à quelque « nouveau Colomb métaphysicien (2) ». Les attaques dirigées contre sa méthode favorite, loin de l'intimider, redoublent sa confiance. Un jour, il est vrai, il s'apercevra de sa présomption et doutera de la toute-puissance de sa méthode. Mais il devra cette leçon à ses déceptions personnelles. Le traditionalisme n'aura fait que le stimuler, et l'engager plus avant dans la voie de l'immanence.

Nous rappelons cet antagonisme de deux penseurs, qui furent aussi deux apologistes du christianisme, parce que nous voyons, dans le conflit des personnes, la rivalité de deux esprits. Les exagérations traditionalistes de Bonald provoquent, chez Maine de Biran, des excès de psychologisme ; comme, plus tard, l'apologétique sociale et le fidéisme un peu autoritaire de Ferdinand Brunetière inspireront à des rationalistes, d'abord inclinés vers la religion catholique, une sorte de recul, et un souci plus jaloux de leur autonomie philosophique. Les partisans de l'apologétique d'immanence, effrayés de ce qu'ils considéreront comme

(1) *Défense de la philosophie*, p. 184 et 185.
(2) *Journal*, 27 juillet 1816.

un scandale, et désireux de dégager leur responsabilité, insisteront d'autant plus sur la valeur religieuse du témoignage de la conscience individuelle.

Le mouvement de réaction portera vers des conclusions extrêmes. On accusera toute autre méthode que l'apologétique intime, d'être inefficace, démodée et dépassée. L'abbé Bougaud écrivait déjà : « Il suffit de jeter un regard sur le XIXe siècle, pour voir combien la méthode apologétique employée depuis deux cents ans est peu propre à lui apporter la vérité... Nous ne songeons, ni à en contester la sévère et grandiose ordonnance, ni à en nier la souveraine logique. Nous disons seulement que cette méthode convient peu à notre siècle. Elle n'entre pas assez dans le grand courant de ses études scientifiques. Elle ne répond plus à ses curiosités, éveillées par des observations si précises, couronnées de si belles découvertes. Elle est trop autoritaire pour une époque éprise de la méthode expérimentale, et avec juste raison, puisqu'elle lui a dû de si grands résultats. Elle est, d'ailleurs, très incomplète. Se doute-t-elle des intimes beautés du christianisme, de ses harmonies profondes? Elle fait courber les fronts dans l'obéissance ; elle ne fait pas relever les esprits et les cœurs dans la joie de la lumière et dans le ravissement de l'amour. Il faut donc à ce siècle une autre méthode (1). » Voici l'apologétique traditionnelle, c'est-à-dire la démonstration par les faits extérieurs, qui est rendue responsable de l'incrédulité contemporaine ! Du même coup, le fait inté-

(1) *Le Christianisme et les temps présents*, t. I, p. 28. Paris, Poussielgue. 1901.

rieur devient le signe libérateur, et la psychologie est appelée à racheter le monde.

Des causes multiples expliquent donc la formation et le succès de la méthode d'immanence. Ces diverses influences, dont nous ne voulons pas ici discuter l'importance et la valeur respectives, et dont il nous suffisait de signaler l'origine et la nature, n'agissent pas toutes en pleine lumière pour chaque conscience. Un catholique, partisan de la méthode d'immanence, n'admettra pas qu'il subit l'influence de Luther ou de Kant, autant que celle de saint Augustin ou de saint Bernard. Mais, du moins, il conviendra qu'il existe, en dehors des consciences, pour ainsi dire, et dans la circulation, un courant anonyme qui roule pêle-mêle des pensées chrétiennes, des principes rationalistes et protestants, des conclusions de la critique et des suggestions sentimentales, et que ce courant hétérogène peut s'appeler le « psychologisme ». Montrer que l'erreur y coule à côté de la vérité, ce n'est point discréditer la seconde ; ce n'est point condamner d'ensemble leur résultante commune ; c'est signaler la poussée qu'elles exercent par leur rencontre involontaire.

Telle est, du moins, l'unique conclusion qui nous intéresse au début de cette étude. Il y a un problème de l'immanence. La nouvelle apologétique ne surgit pas sur le sol de la philosophie moderne, comme un bloc erratique, sans attache avec la nature du terrain. Elle tient, par de multiples relations, à la spéculation philosophique et à la vie chrétienne. Elle intéresse, tout ensemble, la théodicée et la théologie. Croyants ou incroyants, tous les penseurs sont appelés à la juger.

C'est du point de vue psychologique, que nous allons examiner cette méthode psychologique. Nous n'emploierons que les procédés qu'elle reconnait. Nous n'analyserons que les faits dont elle se réclame. Nous n'invoquerons les vérités de la foi, qu'à titre de croyances observables dans l'humanité, et dont il est permis, en bonne logique, de tirer un argument *ad hominem* contre un apologiste catholique.

9. — L'expérience interne, comme toute autre expérience, est à double usage et comporte deux degrés. L'observateur peut étudier des faits dont il est le témoin attentif, mais passif, ou bien des faits dont il est le spectateur et l'agent. Dans le premier cas, on dira qu'il observe, et, dans le second, qu'il expérimente. Lorsque Maine de Biran se regardait vivre, et demandait à cette contemplation « des moyens de force, des motifs d'espérer, des raisons de croire et la clef de bien des énigmes (1) », il s'en tenait à l'observation, observation anxieuse, il est vrai. Lorsque Pascal invitait l'incrédule à se convaincre, non « par l'augmentation des preuves de Dieu, mais par la diminution de ses passions » ; lorsqu'il l'exhortait à « prendre de l'eau bénite », à « faire dire des messes », à « faire tout comme s'il croyait » ; il le pressait d'expérimenter la vérité du christianisme.

L'apologétique d'immanence tend à réunir et à fondre ensemble les deux procédés. Pour en faire une juste critique, il nous faut pourtant les discuter séparément. L'expérimentation du christianisme soulève

(1) Préface à l'*Examen des leçons de Laromiguière.*

des difficultés spéciales, que ne provoque pas la simple observation de conscience.

L'apologétique d'immanence et d'introspection se présente sous plusieurs formes, et donne lieu à autant de critiques distinctes. Nous devons limiter notre étude à quelques types. Les exemples choisis appartiennent surtout au passé. Ils nous offriront des thèses moins mobiles et mieux circonscrites, tout en nous donnant l'occasion de vérifier les idées générales de la méthode. Examinant de préférence les formes fixées de l'apologétique intime, nous éviterons une des difficultés que rencontre le critique, lorsqu'il s'efforce de la résumer ou de la caractériser. On l'accuse, en effet, de transposer en langage définitif et statique une pensée qui est *in fieri*.

Une autre difficulté subsistera, à laquelle nous prendrons garde, mais qu'on ne saurait guère résoudre à l'entière satisfaction des partisans de l'apologétique nouvelle. Ils protestent souvent contre leurs critiques, sous prétexte que ceux-ci déforment et exagèrent la méthode qu'ils attaquent. On nous prête, disent-ils, l'ambition de substituer la méthode d'immanence à la méthode historique, la psychologie à la logique, l'autonomie à l'autorité. On a beau jeu, dès lors, à montrer l'insuffisance, les dangers et les prétentions, de notre méthode. Mais nous désavouons une pareille apologétique. Nous ne reconnaissons pas notre pensée ainsi travestie. Nos adversaires s'escriment contre un mannequin. Nous oublions si peu la nécessité des preuves extrinsèques du christianisme, et nous sommes si éloignés de croire à la suffisance de la révélation intérieure, que notre principe fondamental est la féconde solidarité des deux ordres de démonstration, et que l'effort suprême de notre apologétique consiste à en préciser le point de raccord, le nœud vital. Nous protestons contre les partisans d'une apologétique qui compte uniquement sur « les supports extérieurs » ; mais ce n'est pas pour encourir le même reproche d'exclusivisme mortel, et mutiler, à notre tour, la seule méthode efficace, la méthode intégrale! L'apologétique ne se réduit ni à l'observation interne des exigences de l'âme ou de son dynamisme, ni à l'étude de la Bible ou de l'histoire. La lumière décisive ne saurait jaillir que de la rencontre des deux sortes d'arguments.

Il est donc oiseux de s'attarder à prouver que l'homme ne trouve pas en lui-même la démonstration du christianisme. Et, si cette accusation porte à faux, quelle critique atteindra les partisans de l'apologétique nouvelle? La plupart des griefs qu'on leur adresse ne reviennent-ils pas à celui-ci : l'observation interne et la dialectique de l'activité humaine sont insuffisantes?

Telle est la seconde difficulté qui nous attend.

Il est vrai que nous tâcherons de faire ressortir l'impuissance de la méthode d'immanence, soit à discerner l'action de la grâce, soit à découvrir le dogme chrétien. Mais nous ne pensons pas que cet effort se perde dans le vide.

D'abord, si des représentants plus récents et plus avisés de l'apologétique nouvelle, en reconnaissent les bornes et en restreignent le champ, on n'a pas toujours manifesté cette prudence. « Pour trouver la lumière de ces dogmes, de ces mystères qui semblent à quelques-uns si étranges, l'homme, écrivait Mgr Bougaud, *n'a qu'à descendre dans son propre cœur* (1). »

Quant à ceux qui reconnaissent explicitement la nécessité universelle de la révélation extérieure et les limites de l'introspection, est-il certain qu'ils fassent juste part aux arguments externes, et que leur position soit nettement fixée entre des bornes légitimes? On peut entendre de plusieurs manières, cette démonstration incomplète, que fournirait la méthode d'immanence. S'agit-il d'une préparation utile, ou d'une préparation indispensable, d'une introduction négative et générale, c'est-à-dire d'un déblaiement des préjugés, ou d'une ébauche positive et particulière, c'est-à-dire d'une première démonstration, de vérités distinctes?

En vain, les partisans de l'apologétique d'immanence veulent distinguer leur méthode, de la méthode psychologique. En vain, ils empruntent des comparaisons à l'histoire des sciences, et nous représentent la fécondité de la physique s'alliant aux mathématiques.

Ils en reviennent toujours au témoignage de la psychologie. D'autre part, ils n'établiront pas que la psychologie, collaborant avec l'histoire, puisse contribuer positivement à une démonstration du christianisme, si, par elle-même, elle ne fournit aucun élément déterminé de cette démonstration.

Il s'agit donc bien d'examiner si le dogme et la grâce appartiennent au domaine de la psychologie.

(1) *Le Christianisme et les temps présents*, t. I, p. 33.

CHAPITRE II

L'OBSERVATION PSYCHOLOGIQUE

1. La grâce et le dogme. — 2. L'observation psychologique et la grâce d'après Maine de Biran. Difficultés de son entreprise. — 3. Les dangers de la méthode. Le pur psychologue risque de méconnaître la gratuité de la grâce. — 4. Il est exposé à méconnaître aussi la transcendance de la grâce. — 5. L'observation psychologique et le dogme d'après Mgr Bougaud. Preuves de l'insuffisance de la méthode. — 6. Limites et portée de l'introspection en matière d'apologétique.

1. — L'observation interne peut-elle nous attester la réalité de la grâce et la vérité du dogme?

Nous sentons-nous aidés d'un secours surnaturel, ou, du moins, indigents de cet appui divin? Première question. Nous sentons-nous éclairés d'une révélation intérieure, qui dépasse la portée de notre intelligence, ou, du moins, avides de la recevoir? Seconde question.

Cette nouvelle distinction entre la grâce et le dogme, entre la force surnaturelle et la vérité surnaturelle, nous est imposée par l'histoire et l'expérience. Elle nous est imposée, parce qu'un Maine de Biran, par exemple, étudie surtout les manifestations psychologiques de la grâce, tandis que Mgr Bougaud nous décrit, de préférence, les harmonies du dogme et de l'âme. Elle nous est imposée, parce que certains auteurs attribuent une portée différente à la méthode psychologique, suivant qu'elle s'applique à saisir l'action de la grâce, ou qu'elle s'efforce d'atteindre le dogme. Ainsi M. Michelet, dans son ouvrage sur Maine de Biran, apprécie de la sorte, les résultats auxquels était parvenu le philosophe, vers la fin de l'année 1821. « Pour ce qui concerne la doctrine révélée, il (Biran) ne la rejette pas positivement, il l'ignore : conséquence de la méthode exclusivement psychologique qui lui sert de guide dans ses recherches ; péril qui guette plusieurs de ceux qui se proposent d'amener à la connaissance et à l'amour de Jésus-Christ, par la seule analyse de la vie intérieure. En s'observant lui-même, il a pu saisir les mouvements de la grâce ; comment aurait-il pu y découvrir les mystères dont la croyance s'impose, la Trinité, l'Incarnation, la Sanctification (1)? » M. Michelet ne considère pas l'apologétique d'immanence comme également insuffisante lorsqu'il s'agit d'établir la grâce, et lorsqu'il s'agit de démontrer le dogme. Son exemple nous prouve qu'il y a lieu d'étudier séparément l'efficacité de la méthode dans les deux cas.

2. — Il semble, au premier abord, que, par la simple observation, Maine de Biran ait constaté en lui-même tantôt la réalité de la grâce présente, tantôt le besoin, le regret, de la grâce absente. Il invoque les deux catégories d'expériences. « On peut dire, écrit-il dans son *Journal*, le 15 août 1823, que tout l'emploi de notre liberté consiste à nous disposer de manière à recevoir des idées ou des sentiments et, en général, l'influence de l'esprit qui peut seul modifier notre âme

(1) *Maine de Biran*, p. 172. Paris, Bloud, 1906.

d'une manière appropriée à sa destination et à sa nature. Mais les bons mouvements, le triomphe de l'esprit sur la nature, de la raison sur les passions, ne sont point en notre pouvoir immédiat comme agents libres; ils ne dépendent pas de nous-mêmes, mais de la grâce qui nous est donnée, suggérée à certaines conditions. » — « Nous sentons, écrit-il le 20 décembre de la même année, que les bonnes pensées, les bons mouvements, ne sortent pas de nous-mêmes. Cette communication intime de l'*Esprit* avec notre esprit propre, quand nous savons l'appeler ou lui préparer une demeure au dedans, est un véritable fait psychologique et non pas de foi seulement. » Ni le bonheur, ni la vertu ne dépendent de nos seules forces. Le « vrai contentement du cœur » n'est pas en notre pouvoir. « Nous ne pouvons donc l'obtenir que par une grâce qu'il faut demander (1). »

Sa faiblesse l'instruit autant que sa force. L'absence de la grâce ne se fait pas moins remarquer que sa présence. « Autrefois, je comptais sur mes facultés, j'espérais qu'elles s'étendraient toujours, j'attendais de grands progrès du temps et du travail; et l'expérience m'apprend que je m'appuyais sur un faible roseau, agité par les vents et rompu par la tempête. » — « Si l'homme, même le plus fort de raison, de sagesse humaine, ne se sent pas soutenu par une force, une raison plus haute que lui, il est malheureux ; et quoiqu'il en impose au dehors, il ne s'en imposera pas à lui-même. La sagesse, la vraie force, consiste à marcher en présence de Dieu, à se

(1) Octobre 1821.

sentir soutenu par Lui ; autrement *væ soli!* Le stoïcien est seul, ou avec sa conscience de philosophe, qui le trompe ; le chrétien ne marche qu'en présence de Dieu, et avec Dieu, par le *Médiateur* qu'il a pris pour guide (1). »

Est-il vrai que l'introspection découvre en nous le travail de la grâce? Quelle part d'exactitude faut-il reconnaître aux observations d'un Maine de Biran (2)?

Si la grâce signifiait un secours quelconque, si notre insuffisance se réduisait à dépendre, d'une manière générale, de ce qui nous entoure et de ce qui nous dépasse ; ce serait assez d'être sincère, pour connaître les bienfaits et la nécessité de la grâce. Oui, l'âme doit « se donner un but, un point d'appui hors de soi et plus haut que soi, pour pouvoir réagir avec succès sur ses propres modifications (3) ». Oui, notre vie spirituelle est soumise à « une influence supérieure ». Oui, pour goûter « la véritable, l'unique paix intérieure », il faut trouver « en soi un autre point d'appui que soi-même, autre que ce moi si ondoyant et divers ».

L'analyse psychologique permet d'établir ces affirmations. Mais elle pose plus de points d'interrogation qu'elle ne résout de problèmes.

Pourquoi accueillons-nous telle noble pensée ou tel sentiment salutaire et vivifiant? Si l'on s'en rapporte à l'exemple de Maine de Biran, il semble que, loin de saisir avec certitude une intervention surnaturelle, la conscience hésite d'autant plus qu'elle approfondit

(1) *Journal*, 17 mai 1824.

(2) Il est mort croyant et pratiquant. Mais sa méthode philosophique ne l'eût pas conduit jusqu'au terme.

(3) *Journal*, 1821.

davantage son état. Parfois l'analyse met en si vive lumière l'influence du physique sur le moral, qu'elle éclipse toute autre cause agissante. Il fut une époque surtout, où Maine de Biran éprouvait la fatalité physiologique. « Les hommes qui embrassent telles opinions, qui se livrent à tels sentiments, et qui pensent user de leur liberté, pourraient fort bien, comme moi, être toujours dirigés par l'état où ils se trouvent dans le moment; et, lorsqu'ils attribuent le bonheur ou le malheur dont ils jouissent, aux principes qu'ils ont embrassés, ou aux choses extérieures dont ils subissent l'influence, peut-être cette persuasion vient-elle de ce qu'ils ne s'examinent pas, et que faisant peu d'attention aux vicissitudes de leur être, ils vont toujours chercher la cause de ce qu'ils ressentent, hors d'eux, tandis qu'elle a sa raison uniquement dans leur disposition intérieure. Un homme, par exemple, qui aura toutes les affections sociales, s'applaudira et croira devoir à sa raison cette disposition heureuse; mais l'économie de ses affections ne dépend-elle pas de l'équilibre de ses humeurs?... D'après mon expérience... je serais donc disposé à conclure que l'état de nos corps, ou certain mécanisme de notre être que nous ne dirigeons pas, détermine la somme de nos états heureux ou malheureux, que nos opinions sont toujours dominées par cet état, et que, généralement, toutes les causes que l'on regarde vulgairement comme des causes du bonheur, ne sont, ainsi que le bonheur lui-même, que des effets de l'organisation (1). » La cause qui limiterait ou seconderait notre liberté, serait

(1) *Journal*, 1794.

donc d'ordre corporel. Nous voilà loin de ce secours surnaturel, qu'est la grâce.

Seconde hypothèse : la force mystérieuse de l'âme ne pourrait-elle pas expliquer ces états lumineux et paisibles, dont nous jouissons, par intervalles? Alors, non seulement il ne faudrait plus les attribuer à l'action du corps; mais ils seraient dus au triomphe de l'esprit sur la matière, à l'affaiblissement du lien vital qui unit l'un à l'autre. Le corps cesserait de « faire obstacle », l'âme serait « rendue à elle-même, à sa nature propre, ou à la manière d'exister ou de sentir qui lui appartient, indépendamment du corps ».

Une troisième hypothèse s'offre pourtant à l'esprit du psychologue. Le bien-être de notre âme ne serait l'effet ni d'un triomphe spirituel, ni d'une influence organique. Ni l'âme, ni le corps, agissant isolément, ne sauraient déterminer cet heureux état. Il résulterait de la « correspondance harmonique » entre l'un et l'autre.

Une seule certitude est acquise : « L'état dont je parle est tout à fait involontaire, et l'âme n'a aucun moyen de le faire naître, ou de le ramener, quand il est passé. » Biran avoue son embarras, en ce qui concerne le reste. « Tout cela est encore obscur, sujet à une foule d'incertitudes et d'anomalies (1). »

Les stoïciens font appel à la volonté, pour reproduire et conserver présentes les idées qui embellissent et enchantent l'âme. Les chrétiens, dit Biran, attribuent « tout à la grâce ». Le « philosophe observateur » critique l'une et l'autre explications. Contre les

(1) 28 Juillet 1833.

stoïciens, il admet l'influence d'une cause surnaturelle, pour rendre compte de « ce qui est produit quelquefois subitement en nous, mais sans nous, de grand, de beau, d'élevé » ; contre les tenants exclusifs de l'action surnaturelle, il affirme que « la spontanéité de l'organisation... peut contribuer à cet état pur et élevé de l'âme (1) ».

Mais de là se forme une quatrième hypothèse. La grâce, ce nouvel agent que le psychologue, remarquons-le, n'a point découvert par ses méthodes propres, mais dont il reçoit la notion d'une autre science : la théologie, la grâce vient s'ajouter à l'influence du corps et à celle de l'âme. Je parle d'hypothèse. Pour le croyant lui-même, en effet, il ne saurait être question d'autre chose. S'il est certain, à ses yeux, que la grâce agit dans les âmes, il n'est pas certain qu'elle agisse, à titre de troisième ou quatrième cause, par voie de juxtaposition, et comme sur le même plan que les autres.

On peut se représenter plusieurs modes d'insertion du surnaturel dans l'âme. Je ne sais si un choix s'impose. En tout cas, la psychologie hésitera toujours. Peut-être la grâce agit-elle par l'intermédiaire de ces dispositions physiques et morales qui, seules, tombent sous l'observation. Elle ne s'ajoute pas aux causes naturelles, elle ne se produit pas au même plan, elle ne fait pas nombre avec elles. Elle agit dans la zone que le regard ne saurait explorer : dans l'inconscient.

Peut-être en est-il autrement. La lumière et les secours surnaturels ne constituent pas des réalités dis-

(1) 17 février 1822.

tinctes des phénomènes dont notre âme est le sujet. On ne trouvera ni dans la zone lumineuse, ni dans les ténèbres, ni dans la pénombre de l'âme, des êtres ou modes d'êtres qui ne soient ni actes de connaissance, ni phénomènes volontaires ou affectifs. La grâce n'est pas une « entité » qui aide l'âme à penser, à désirer, à vouloir, mais la pensée même ou la volition, qui, avec le concours invisible et surnaturel de Dieu, sort directement de l'âme. Nombreux sont les théologiens qui comprennent ainsi la nature de la grâce actuelle. Ce n'est pas la psychologie qui pourra leur donner tort. Mais ce n'est pas elle non plus qui tranchera le conflit entre les thomistes, partisans de la grâce — « entité fluente », et les suaréziens, partisans de la grâce — acte d'intelligence et de volonté.

L'introspection met à jour la faiblesse et la dépendance de l'âme. Résultat précieux, mais limité. Si le psychologue demande trop à sa méthode, s'il reste obstinément replié sur lui-même et penché vers sa conscience, il risque de douter, à la fin, de cette grâce dont il prétendait saisir directement la réalité, et, pris de vertige devant les mystères du composé humain, de livrer la vie de l'âme aux fatalités de la matière. Le psychologue n'a pas entre les mains une méthode universelle. Il peut, en gros, indiquer comment le secours divin s'introduit dans l'âme, car il en constate l'infirmité et les aspirations. Tenter plus serait témérité de sa part. S'il fait le théologien, il est en danger de faire bientôt le physiologiste. Ne voyons-nous pas Maine de Biran sans cesse ramené vers cette pensée des fatalités organiques? « Ce corps n'intervient pas moins comme partie essentielle de l'homme, de telle sorte que, sans lui et hors de telle condition organique, il n'y aurait dans l'homme rien de pareil à ce sentiment intime qu'il a de sa pensée et qu'il exprime par ces paroles : *Je pense*. ... Nous dépendons de l'organisation pour recevoir une lumière supérieure qui nous éclaire, et jouir de la vérité; comme nous dépendons de la bonne conformation de nos yeux pour voir la lumière au dehors. » Ces remarques peuvent se justifier. Mais, par elles-mêmes, elles détournent l'esprit des explications d'ordre supérieur. A tout le moins, concluons avec Biran lui-même qu'elles nous laissent en face de « mystères impénétrables », de « questions insolubles ».

Une analyse complémentaire de la précédente achève l'embarras du psychologue livré à ses seules ressources.

Il ne sait comment identifier, parmi les multiples phénomènes qui concourent au bonheur et à la vertu, celui ou ceux qui représentent l'intervention surnaturelle de la grâce. Voilà ce qu'avoue Maine de Biran. Le psychologue, ajoutons-nous, ne parvient pas, par ses méthodes propres, à démêler, parmi les faits d'ordre physiologique et d'ordre psychologique, qui contribuent à produire le péché, le vice, la tristesse, celui ou ceux qui représentent l'intervention surnaturelle de la tentation.

Voici, par exemple, de quelle manière M. Antonin Eymieu, qui admet, comme théologien, le rôle du Tentateur, décrit, comme psychologue, l'état de colère. « La colère est avant tout un état psychique, un sentiment. Le meilleur moyen pour la supprimer consiste donc à faire usage des principes exposés dans *le Gouvernement de soi-même*, à détourner l'idée qui la nourrit, et à faire les actes contraires à ceux qu'elle inspire. Mais comme les autres sentiments, plus encore que les autres, la colère a son retentissement dans l'organisme : elle gonfle de sang les vaisseaux, elle excite les nerfs, elle fait trépider les muscles, elle bande l'être entier pour l'action offensive. » Et l'auteur ajoute en note : « Les idées qui se mêlent au sentiment de colère, sont essentiellement hostiles à l'être ou à la manière d'être de l'obstacle contre lequel on s'irrite ; elles inclinent donc à l'attaque de cet obstacle. Comme ces idées sont, en même temps, très « incarnées » et presque toujours très « riches » et très « complexes », elles sont très agissantes et chargent vigoureusement les neurones (1). » Que ces complexes phénomènes forment le clavier dont joue le Tentateur, soit. Mais deux choses restent évidentes. Certaines liaisons existent entre les touches du clavier, qu'il ne peut ni établir ni supprimer. Par conséquent, un certain déterminisme limite, et surtout masque, son action. C'est la première remarque. La seconde est encore plus obvie. C'est un fait incontesté, que le psychologue, fût-il prévenu et dûment éclairé par la théologie, ne relève, dans les états passionnels ou mauvais de l'âme, aucun élément qui ne soit pensée, sentiment, image, volition ou sensation.

La tentation, comme la grâce, s'identifie réellement aux phénomènes soit de la physiologie, soit de la psychologie. L'influence surnaturelle qui agit sur l'âme ou le corps, échappe à la simple observation, cette observation fût-elle très aiguë et très compréhensive. Ten-

(1) *Études*, 5 février 1907, *les Dérivations dans le gouvernement de soi-même*, p. 202-3.

tation, ou grâce, le fait surnaturel est en même temps un fait vital et immanent. Il sort de la faculté soutenue ou troublée par une vertu supérieure. La psychologie saisit l'acte, et, dans une certaine mesure, le mode, de sa production. Elle distingue, par exemple, les pensées ou les sensations fatales, et les décisions du libre arbitre. Mais elle ne peut remonter le fleuve, « *the stream of thought* », au-delà du tournant qui lui cache le cours supérieur et la source. Elle n'atteint par définition que le psychologique. Le divin et le diabolique ne sont pas objet d'expérience directe.

3. — Si elle refuse d'avouer ses incertitudes et d'accepter son incompétence, elle s'expose à des négations qui seront des erreurs.

Qu'on ne s'étonne pas si, dans cette étude tout expérimentale, nous jugeons au nom du dogme. En nous plaçant à ce point de vue, nous adoptons les données du problème posé par la méthode d'immanence, nous suivons les partisans de l'apologétique intime sur leur terrain. Ils se réclament de la théologie, et ils pensent corroborer ses enseignements par l'expérience. Nous interrogeons aussi la théologie, et nous constatons qu'elle réprouve certaines assertions de psychologues.

D'abord, la foi professe que la grâce prévenante est inséparable des premiers actes salutaires. Elle condamne toute doctrine qui considère la grâce comme la réponse nécessaire de Dieu à l'appel de notre bonne volonté, et comme la juste récompense méritée par l'initiative de notre libre arbitre ; elle condamne le semi-pélagianisme et le pélagianisme. Quiconque se réclame de la Révélation, doit adhérer à cet anathème.

Or, comme il est difficile à la pure psychologie de reconnaître, au principe et au cœur de notre liberté, cette intervention surnaturelle ! Maine de Biran ne peut s'y résigner. « Si nous obtenons certaines grâces pour des choses que nous ne pouvons nous donner, c'est que nous les avons méritées par un bon emploi de l'activité qui est en nous. »

La théologie distingue plusieurs sortes de relations entre l'âme et la grâce actuelle. Par ses forces naturelles et avec le concours ordinaire de Dieu, l'âme qui agit honnêtement écarte ainsi les obstacles qui intercepteraient les faveurs surnaturelles. On peut dire qu'elle se prépare à recevoir la grâce. Mais il n'est question, ici, ni d'une disposition positive, ni de créance à l'égard de Dieu, ni même d'un appel efficace à son équité et à sa bonté. La première grâce est vraiment une grâce, c'est-à-dire gratuite. A Dieu revient l'initiative de notre justification. Voici maintenant un homme qui est soumis à l'influence surnaturelle ; il répond fidèlement à la grâce. Envers cet homme, Dieu multipliera ses générosités. Mais de l'âme à son Créateur il n'existe point encore de rapports qui sollicitent la grâce, à titre de juste rétribution. Dieu, auteur de l'ordre surnaturel, ne s'engage qu'envers les justes qui, ornés déjà de l'amitié divine, pratiquent, à l'aide de la grâce, les bonnes œuvres. Ceux-là méritent de nouvelles grâces. Mais qu'on remonte à l'origine de leur sanctification. On y trouvera, non pas un mouvement tout spontané de l'âme vers le bien, mais une réponse de la créature raisonnable à la grâce prévenante de son Créateur.

Le psychologue risque de méconnaître la gratuité de la grâce : c'est le premier danger de la méthode.

4. — Une seconde hérésie le guette. Il est exposé à méconnaître la transcendance de la grâce, par le fait même qu'il considère comme également justiciables de sa méthode, les faits naturels et les faits surnaturels. Bien plus ; un Maine de Biran confondra, dans une même catégorie, des actes purement humains, des phénomènes de la vie chrétienne, et des prodiges supérieurs au cours ordinaire de la vie surnaturelle. Inspiration du philosophe païen, inspiration du simple fidèle, inspiration du mystique, représentent à ses yeux une même manifestation de la divinité. « Nous ignorons complètement les moyens dont Dieu se sert pour cette inspiration ou cette révélation tout intérieure, par laquelle il se communique à nous, et nous unit à lui plus intimement. Cette suggestion divine n'est pas donnée à toutes les âmes, ni à la même âme, constamment et en tout temps. Quelquefois elle nous saisit subitement et nous ravit au troisième ciel, et, l'instant après, elle nous abandonne, et laisse l'homme retomber de tout son poids vers la terre. C'est là, et là uniquement, qu'éclate l'action immédiate de la Divinité sur l'âme humaine. C'est à cette source que tous les philosophes religieux en ont puisé l'idée et l'intime conviction... Voilà le démon ou l'esprit de Socrate (1). »

Enfin, le psychologue s'enivre de sa méthode. Il voit et il entend plus confusément les signes extérieurs et objectifs du Christianisme. Sa partialité envers l'introspection lui voile la certitude historique de la Révélation. Et Biran écrit : « Si nous tenons sans aucun doute le fondement *subjectif* des croyances religieuses,

(1) Étude adressée à M. Stapfer, et publiée par Cousin en appendice aux *Nouvelles considérations sur le rapport du physique et du moral de l'homme*. Cfr. Michelet, *loc. cit.*, p. 119.

comme on peut le voir dans Pascal, qui nous a manifesté, dans ses *Pensées*, tout l'état de son âme, et tout ce qu'il a éprouvé à cet égard, il n'en est pas ainsi du fondement *objectif ;* la raison ne se satisfera jamais sur ce point (1). »

On nous promettait de nous faire saisir, d'emblée, l'action de la grâce en notre âme. C'était la démonstration immédiate, expérimentale, évidente, du surnaturel. Or, le secours que l'introspection découvre dans l'âme reproduit bien imparfaitement les traits qui définissent, d'après la théologie, la grâce actuelle. Quant à la grâce habituelle, ou grâce sanctifiante, la psychologie l'ignore. Finalement, la méthode d'immanence communique ses hésitations à l'ancienne apologétique. Du moins, on s'efforce d'ébranler notre confiance dans les preuves historiques du Christianisme.

Faut-il refuser toute valeur, et contester tout résultat heureux, à ces tentatives expérimentales faites pour saisir la présence ou le besoin de la grâce ? Non. Elles attirent l'attention sur la faiblesse et sur la dépendance de l'homme. De là, à prier et à recevoir les secours rédempteurs, la transition peut se faire. L'apologétique, que nous venons de critiquer, conserve donc un rôle indispensable. Mais elle n'a pas la portée que certains lui attribuent. Maine de Biran, lui-même, déçu dans sa confiance excessive et dans son espoir téméraire, fut tenté de maudire la méthode qu'il exaltait naguère. Le jeune psychologue de 1795 écrivait : « Je crois que le seul qui soit sur la route de la sagesse ou du bonheur, c'est celui qui, sans cesse occupé de l'analyse de ses affections, n'a presque pas un sentiment, pas

(1) Septembre 1823.

une pensée, dont il ne se rende compte à lui-même. » Le penseur de 1821 se demande avec tristesse et sévérité : « L'habitude de s'occuper spéculativement de ce qui se passe en soi-même, en mal comme en bien, serait-elle donc immorale? Je le crains d'après mon expérience. »

5. — Mgr Bougaud, que nous citons comme le principal représentant de l'apologétique intime appliquée au dogme, n'en est ni l'inventeur, ni l'unique promoteur. Lui-même, par exemple, cite une célèbre page de Joseph de Maistre, où l'auteur proclame que le dogme catholique prend racine « dans les dernières profondeurs de la nature humaine (1) ». Mais nulle part, je crois, cette méthode d'apologétique ne se développe avec autant d'ampleur que dans *Le Christianisme et les Temps présents*.

Comment se faire une idée des mystères révélés? demande Mgr Bougaud. En étudiant le cœur humain. Non seulement le dogme ne heurte pas la raison. S'en tenir à cet accord tout négatif, qui est indifférence, neutralité, et non affinité, c'est méconnaître la signification de la vérité révélée. Entre la nature humaine et le dogme chrétien, l'apologétique intime saisit une harmonieuse correspondance et une sympathie profonde.

Dieu ne nous impose pas des croyances étrangères à notre âme. « Comment dire ce que j'entrevois? Il prend « les élans, les désirs, les aspirations mêmes de l'âme humaine pour en faire les pierres vives de son

(1) *Du Pape*, p. 348. Lyon, Vitte, 1892.

édifice ». Il les élève « tantôt à la dignité de sacrements, tantôt à la hauteur souveraine de dogmes. En sorte que, pour trouver la lumière de ces dogmes, de ces mystères, qui semblent à quelques-uns si étranges, l'homme n'a qu'à descendre dans son propre cœur (1). » Comme l'édifice dogmatique devait être tout à la fois divin et humain, Dieu mêle ses aspirations aux nôtres, et il exprime dans la Révélation notre nature et la sienne. « Ces dogmes, je ne les pénètre pas complètement sans doute ; je fais mieux, je les pressens, je les rêve, j'en porte le germe vivant dans les dernières profondeurs de ma nature (2). »

Dieu ne pouvait-il pas nous promulguer des dogmes « pris en dehors de la nature humaine » ? Assurément, il le pouvait, d'un pouvoir absolu, d'une possibilité métaphysique. « Je dis seulement, continue Mgr Bougaud, qu'il ne l'a pas fait... Et si vous me pressiez un peu, je vous dirais nettement que Dieu n'aurait pas pu le faire. » Les dogmes — et ici l'auteur ne distingue pas entre les réalités nécessaires, comme la Trinité, et les réalités librement voulues par Dieu, comme l'Eucharistie, — les dogmes « sortent de la nature intime de Dieu, ils constituent son essence ». D'autre part, nous-mêmes sommes faits à l'image et à la ressemblance divines. Donc, en nous aussi se retrouvent les dogmes, non pas comme dans leur foyer et leur exemplaire, mais comme en un reflet. « Si bien que ces dogmes qui sont proposés à notre foi, impossibles à contempler en Dieu où ils nous éblouiraient, il suffit

(1) *Le Christianisme et les Temps présents*, t. I, p. 33.
(2) *Ibid.*, p. 34.

de rentrer en nous-mêmes pour les y retrouver. Ils y sont à l'état de pressentiment, et quelquefois même de réalité, finie sans doute comme nous, mais déjà sublime (1). »

Mgr Bougaud va jusqu'à dire que l'harmonie du dogme et de la pensée humaine prouverait par elle-même, et à elle seule, la vérité du Christianisme. « Otez tous les appuis, tous les supports extérieurs, les prophéties, les miracles ; il se tient debout. Il se justifie par lui-même : *Justificata in semetipsa* (2). »

On ne veut pas dire que l'âme imprégnée des vérités chrétiennes, par le bienfait de l'éducation, de la prière et de l'étude, perçoit au fond d'elle-même, lorsque les yeux lisent ou lorsque les oreilles entendent l'exposé des dogmes, un écho familier. Cette observation ne rencontre aucun adversaire, mais, d'autre part, elle ne suffit pas à justifier les ambitions de l'apologétique intime. Qu'une âme, habituée aux vérités chrétiennes qui lui ont été infusées, retrouve le christianisme en elle-même : c'est la nécessaire et bienfaisante conséquence qui fonde l'usage des méditations et des retraites ; mais ce n'est pas la découverte psychologique qui permettrait à l'incroyant de parvenir au christianisme par l'examen de conscience.

La question est tout autre :

Le philosophe qui ne connaît pas le christianisme peut-il, à force de réflexion et sincérité, en deviner les dogmes ?

A cette question, Mgr Bougaud répondait oui. « Otez

(1) *Le Christianisme et les Temps présents*, I, p. 36-38.

(2) *Ibid.*, p. 39.

tous les appuis, tous les supports extérieurs, les prophéties, les miracles »; le dogme « se tient debout ».

Cette réponse contredit plusieurs faits significatifs.

D'abord, si telle était l'harmonie du dogme et de la raison, comment expliquer les protestations d'un Spinoza ou d'un Renouvier, dont les paroles, même violentes, ne peuvent être assimilées aux vulgaires blasphèmes de misérables sans portée intellectuelle ou sans conscience?

Lorsqu'il s'agit de préciser la nature du dogme catholique, le témoignage de l'Église doit compter aux yeux mêmes du philosophe. S'il ne l'accepte pas comme article de foi, il ne saurait en méconnaître l'importance à titre de renseignement. Ce n'est donc pas sortir des limites d'un travail philosophique, que de rechercher ce que l'Église elle-même pense de son enseignement dogmatique. Or, elle professe, tout ensemble, qu'il dépasse la raison humaine et qu'il ne la désavoue pas. C'est dire qu'elle condamne, d'une part, l'incrédulité rationaliste, et qu'elle repousse, de l'autre, les ambitions d'une pensée qui voudrait allier l'autonomie et la foi (1).

Ce qui, de fait, prouve encore l'écrasante supériorité du dogme par rapport aux idées humaines, c'est que les croyants eux-mêmes se préoccupent de diminuer la distance. La tentative de Günther fut aussi célèbre que malheureuse.

Une enquête fut ouverte par *La Quinzaine*, à la

(1) Denzinger : *Enchiridion*, Wirceburgi, 1895, nos 1525-1527, 1551, 1556, 1505, 1645.

suite de l'article célèbre de M. Le Roy : *Qu'est-ce qu'un dogme* (1)? L'auteur ramenait les formules dogmatiques à une signification pratique et négative. D'après lui, Jésus-Christ est présent dans l'hostie consacrée, signifierait : l'attitude de tout notre être doit exprimer le respect et tous les sentiments que nous eût inspirés la présence même de Jésus-Christ pendant sa vie : sens pratique; il est présent réellement, c'est-à-dire qu'il réside au tabernacle, autrement que par métaphore, en souvenir, ou par sa vertu : sens négatif. En somme, pour atténuer l'effroi ou la répulsion que nos dogmes provoquent dans l'âme du rationaliste, M. Le Roy s'efforce d'en estomper le sens littéral, et nie que nous devions leur chercher un sens tout à la fois positif et spéculatif. Ou l'on se contente de les interpréter d'une façon pratique ; ils nous commandent alors une simple attitude. Ou l'on considère leur signification théorique; ils nous imposent alors un précepte négatif, et nous interdisent un certain nombre de croyances.

Il n'est pas nécessaire d'approuver la théorie de M. Le Roy sur la nature du dogme, ni de lire tous les commentaires qu'inspira son article, pour tirer de sa tentative la leçon qui nous intéresse. Nous prenons cette tentative en elle-même, sans examiner le résultat auquel elle aboutit ; et nous y voyons une preuve que les vérités révélées ne se naturalisent pas dans l'âme, comme les vérités purement rationnelles.

Une pensée analogue nous inspira naguère de rechercher pourquoi l'esprit rationaliste repoussait le dogme (2). Seulement, au lieu de proposer une inter-

(1) *La Quinzaine*, 16 avril 1905.

(2) *Revue apologétique*. Bruxelles, juin 1903. *La Raison chrétienne*, p. 20-39.

prétation plus large et un adoucissement de la formule dogmatique, c'est à l'intelligence incrédule elle-même que nous indiquions une modification et un remède. On se heurte, disions-nous, au mystère, parce qu'on veut l'imaginer comme toute autre vérité. Le mystère est une vérité qui déconcerte encore plus l'imagination que la raison. Faisons donc effort pour refréner notre tendance à exprimer l'idée en représentations sensibles. Résignons-nous à ce douloureux inachèvement de nos concepts, qui se travaillent en vain pour s'exprimer en images proportionnées. La notion rationaliste d'intelligibilité manque de profondeur et d'ampleur. Elle est superficielle, parce qu'elle n'admet qu'un plan : celui des idées naturellement et facilement imaginées ; tandis qu'entre la connaissance toute verbale, pur psittacisme, qui n'évoque aucune pensée, et la région des idées distinctes, il faut admettre des degrés, distinguer des plans plus ou moins lumineux, des virtualités plus ou moins épanouies. En plus des idées claires, qui se développent spontanément en images, surtout en images spatiales, il y a place, dans l'esprit humain, pour les idées confuses ou mystérieuses, qui cherchent, sans la trouver, leur expression imaginée. Pour un rationaliste comme Charles Renouvier, est contradictoire toute affirmation qui ne peut s'exprimer distinctement en images cohérentes. « La philosophie catholique propose, ou suppose, cette autre formule : est contradictoire toute affirmation qui, impossible à préciser en images conciliables, ne se réalise pas d'ailleurs en schèmes dynamiques qui corrigent ou repoussent successivement leurs ébauches de figuration sensible. En d'autres termes, pour nous, une chose reste possible, ou, du moins, n'est pas évidemment impossible, lorsque, tout en défiant les prises de l'imagination, elle fournit cependant matière à un travail mental d'élaboration qui, pour pénible et relativement infructueux qu'il soit, prouve néanmoins, dans une certaine mesure, par sa réalité même et sa persévérance, l'intelligibilité de l'objet auquel il s'applique (1). » Ainsi, « avant de condamner une notion comme absurde, il faut s'assurer si, incapable de figurer au premier plan, parmi nos idées explicites et, pour ainsi dire, solidifiées en images, elle ne peut pas cependant trouver place sur quelque plan de la connaissance, moins éclairé, plus mouvant, mais non pas impossible à discerner ». De plus, « avant de bannir définitivement une idée du domaine des choses réelles ou possibles, ou plutôt, simultanément avec ce travail de comparaison et de tâtonnement, par lequel nous cherchons à quelle catégorie de l'intelligible il conviendrait de la rapporter, nous devons prendre garde aux affinités naturelles et aux diverses relations qui sont le commentaire de cette idée. Pour savoir si un objet est chimérique ou seulement mystérieux, pour déterminer s'il appartient à un plan quelconque de la connaissance, il faut l'envisager dans son milieu, à sa place, entouré de son cortège de faits historiques et de circonstances morales. » En ce sens et pour ce motif, nous disons que la notion chrétienne d'intelligibilité est plus large que la notion rationaliste. « Nous discutons la valeur d'une idée par un examen intrinsèque. Mais nous recherchons aussi quels sont ses attributs extrinsèques, quelle est son efficacité et son histoire,

(1) *Revue apologétique, loc. cit.*, p. 29.

quels sont ses antécédents et quels sont ses répondants. Sans vouloir sacrifier la logique aux faits, nous avouons que les faits nous instruisent sur la nature des idées, et que l'expérience nous apprend celles qui sont viables et salutaires. Une intelligence parfaite ou supérieure à la nôtre jugerait toutes les notions et toutes les affirmations par elles-mêmes et en elles-mêmes. L'esprit humain doit bien souvent interpréter une idée par son contexte, et apprécier le possible par le réel. Alors ce qui lui paraissait à peu près contradictoire, pourra devenir moins invraisemblable, puis définitivement possible, et bientôt peut-être familier (1). »

Nous invoquons aussi l'expérience, mais l'expérience intégrale, et le témoignage de l'histoire. Pour calmer les inquiétudes de la raison et contenir ses prétentions, nous comptons sur « les supports extérieurs ». Nous disons au rationaliste qui, comme Spinoza, se révolte contre l'énoncé du dogme eucharistique : « Vous fixez une pierre suspendue au centre d'une voûte; par l'esprit et le regard, vous faites abstraction des autres pierres qui la maintiennent et qui, elles-mêmes, se relient de proche en proche aux murs et aux contreforts. Puis vous vous étonnez, vous refusez d'en croire vos yeux, vous dites : illusion, vous criez : paradoxe. Paradoxe, en effet, invraisemblance, pour qui ne considère pas l'ensemble de la voûte, et, en quelque sorte, le commentaire justificatif, le contexte, qu'il fournit à l'intelligence (2). » L'observation psychologique est un faible étai pour une pareille construction. Nous avons

(1) *Revue apologétique, loc. cit.*, p. 31 et 32.
(2) *Ibid.*, p. 33.

besoin qu'elle repose sur les « supports extérieurs » de l'histoire. Pour être accueilli par notre intelligence, il faut que le dogme nous apparaisse révélé de fait et confirmé par les faits (1).

6. — Le dogme n'est-il donc que l'épreuve de la raison? Il en fait aussi la noblesse et la joie.

L'histoire de la philosophie démontre que le dogme lui indique des problèmes à peine soupçonnés : tels le problème de la nature et de la personne, ou celui de la séparabilité des accidents. Elle démontre que le dogme corrobore et maintient des vérités rationnelles, que la pure raison ne possède pas d'une prise bien ferme : telles l'existence du vrai Dieu et l'immortalité de l'âme. Mais c'est l'histoire qui parle ainsi. Nous ne consultons plus la psychologie individuelle.

Il reste à celle-ci de nous convaincre que notre raison n'est pas un système clos, se suffisant à lui-même, et ne laissant accès à aucune vérité supérieure. Cet aveu est la prière de la raison. Et l'apologétique intime le provoque.

Qu'il s'agisse de la grâce, ou qu'il s'agisse du dogme, le rôle de la psychologie demeure le même. L'incroyant, qui examine ses forces, les voit limitées. S'il considère sa raison, il en remarque les ambitions et les incroyables défaillances. Ainsi la psychologie le dispose à demander la grâce et à recevoir le dogme : préparation utile et indispensable, mais insuffisante, éloignée et générale.

(1) « Divina enim mysteria suapte natura intellectum creatum sic excedunt, ut etiam, revelatione tradita et fide suscepta, ipsius tamen fidei velamine contecta et quadam quasi caligine obvoluta maneant, quamdiu in hac mortali vita peregrinamur a Domino. » (*Constit. Conc. Vatic.*)

CHAPITRE III

L'EXPÉRIMENTATION

1. L'expérimentation en apologétique. Pascal et Gratry. — 2. Objections contre le principe de la méthode. A-t-on le devoir de pratiquer avant de croire ? — 3. En a-t-on même le droit ? — 4. Objections *a priori* contre les résultats de la méthode. Ils sont douteux. — 5. On peut se demander s'ils sont légitimes. — 6. L'expérimentation rationnelle et nécessaire.

1. — Il ne s'agit plus, suivant l'expression de Maine de Biran, de se « regarder passer », et de s'en tenir à la simple observation.

On nous presse de faire des essais et de provoquer des expériences en notre âme. Incroyants, vivons comme les croyants. Nous finirons peut-être par penser comme eux.

Lorsque Pascal juge son interlocuteur incrédule persuadé qu'il est sage et prudent de parier pour l'infini et d'opter pour l'existence de Dieu, il lui indique le moyen de croire. En effet, il ne suffit pas que la foi représente le parti le plus sûr ; il faut qu'elle apparaisse comme la vérité. Comment l'incroyant qui désire adhérer à notre religion pourra-t-il y réussir? Comment passera-t-il de la volonté de croire à l'acte de croire ?

« Travaillez, lui dit Pascal, non pas à vous convaincre par l'augmentation des preuves de Dieu, mais par la diminution de vos passions. Vous voulez aller à la foi, et vous n'en savez pas le chemin ; vous voulez vous guérir de l'infidélité, et vous en demandez les remèdes : apprenez de ceux qui ont été liés comme vous, et qui parient maintenant tout leur bien ; ce sont gens qui savent ce chemin que vous voudriez suivre, et guéris d'un mal dont vous voulez guérir. Suivez la manière par où ils ont commencé ; c'est en faisant tout comme s'ils croyaient, en prenant de l'eau bénite, en faisant dire des messes, etc. Naturellement même cela vous fera croire et vous abêtira. — Mais, c'est ce que je crains. — Et pourquoi ? Qu'avez-vous à perdre (1)? » Si vous vivez en chrétien, poursuit Pascal, non seulement vos gestes et vos paroles vous suggéreront peu à peu à vous-même la foi qu'ils expriment; mais votre cœur aussi se purifiera, et, en se purifiant, vous éclairera. « Cela diminuera les passions, qui sont vos grands obstacles. — J'aurais bientôt quitté les plaisirs, réplique l'incrédule, si j'avais la foi. — Vous auriez bientôt la foi, si vous aviez quitté les plaisirs (2). »

Il n'est donc pas question seulement d'une expérimentation matérielle et extérieure, mais aussi d'un travail intime et d'une vérification morale. Que l'incrédule prenne de l'eau bénite, et qu'il combatte en même temps ses passions.

C'est à l'expérimentation interne que Gratry convie de préférence l'incroyant.

« Que feriez-vous, dit-il, si, tenant dans ma main quelques grains de poussière, je vous disais : « Voici des germes. Ceci implique des plantes et renferme

(1) *Pensées de Pascal*, éd. HAVET, art. X, p. 180-182. Paris, DELAGRAVE, 1880.
(2) *Ibid.*, p. 186.

des fruits. » Si vous en doutiez, il n'y aurait évidemment d'autre moyen d'arriver à la vérité que de confier ces germes à la terre, et de mettre cette poussière en demeure de germer, et de montrer aux yeux ce qu'on n'y voyait pas. Faites de même. Enracinez solidement, inébranlablement, dans votre mémoire, ces petits germes, ces formules de la foi. Ne méprisez pas la mémoire ; c'est le trésor des données, dit Bossuet ; c'est une terre qui ne conserve pas seulement, mais qui développe. Enracinez, dis-je, tous ces germes dans le sein de votre esprit, puis vivez avec eux. Laissez passer sur cette semence le mouvement de la vie, ses saisons, ses aridités, ses épreuves, ses douleurs, ses défaillances, ses espérances, ses joies et son soleil. Laissez vivre cet essai de moisson dans la fermentation de votre esprit, dans la sève dont il se nourrit, dans la lumière dont il s'enveloppe. Laissez couver ces germes par ces forces cachées qui font croître tout ce qui vit dans l'homme, et qui naissent comme une sorte d'électricité, du mouvement libre de l'âme vers l'attrait universel de Dieu ; en d'autres termes, priez toujours et ne vous lassez point... Faites cela, et vous verrez vous-même si les germes grandissent, et si Jésus a eu tort de dire : « La parole de Dieu est une semence ; tombée dans un bon cœur, elle produit trente, soixante et cent pour un... Essayez donc (1). »

Faites le signe de la croix, comme si vous adhériez au mystère de la Rédemption.

Demandez des messes, comme si vous admettiez la Présence réelle et la vertu du Sacrifice de l'autel.

(1) GRATRY : *La Connaissance de Dieu*, t. II, p. 370-372.

Combattez vos passions, comme si vous étiez déjà un disciple de la morale chrétienne.

Conservez avec soin dans votre mémoire les enseignements authentiques de l'Évangile et de l'Église, comme si vous en compreniez la vérité.

« Essayez. » Ce mot de Gratry résume cette seconde forme de l'apologétique intime : l'expérimentation religieuse.

Les divers articles de cette méthode ne satisfont pas tous également la raison.

2. — Au début, comme au terme, de cette méthode, des objections surgissent.

D'abord, des difficultés, qui sont autre chose que de mauvaises excuses de paresseux, des difficultés d'ordres différents, détournent l'âme de faire la tentative qu'on lui conseille.

Remarquons bien qu'aux yeux de l'incroyant elle est particulièrement incertaine, et n'oublions pas qu'elle est onéreuse. Les sacrifices sont évidents, la récompense est douteuse. Que répondre à l'incroyant qui s'armerait, contre nos exhortations, d'un principe admis par la morale chrétienne, et qui nous demanderait des preuves qu'il y a pour lui obligation certaine d'essayer la vie chrétienne ? Et, si nous ne parvenions pas à lui démontrer la certitude de l'obligation, comment le décider à tenter l'expérience ? *Lex dubia non obligat.*

Reprendrons-nous le pari de Pascal, et pousserons-nous notre interlocuteur à aller au plus sûr ? Mais la difficulté ne fait que reculer. Oui ou non, l'incroyant a-t-il le devoir d'expérimenter la vie religieuse? Celui qui admet sans hésitation l'autorité de l'Église, et celui qui en doute sincèrement, seraient donc également tenus d'assister à la messe, les dimanches et jours de fêtes? Le tutiorisme et le probabiliorisme sont condamnés par l'Église elle-même. Il est faux qu'on soit toujours obligé, en présence de deux partis dont l'un est plus austère ou plus sûr, de le suivre. Lorsque, soit pour des raisons accidentelles et subjectives, soit pour des raisons inhérentes à la matière même en litige, l'esprit hésite entre deux décisions, il peut, tant qu'il demeure dans une loyale incertitude, faire le choix qui lui plaît. A probabilités égales des deux côtés, la doctrine que nous rappelons est incontestable. Pratiquement même, tout le monde admet la thèse du probabilisme, celle qui affirme la licéité du parti le moins probable, pourvu, évidemment, que cette probabilité inférieure soit sérieuse et véritable.

A l'incrédule, l'obligation de pratiquer la religion apparait-elle comme certaine? Non, par hypothèse. Dès lors, nous qui l'exhortons à vivre en chrétien, nous lui imposons un devoir pour lui douteux, c'est-à-dire nul en pratique.

Mais, diront les partisans du pari de Pascal et de l'expérimentation religieuse, le probabilisme n'est applicable qu'à certains préceptes. Un chrétien qui ne sait pas si, tel jour, le jeûne est prescrit, et qui n'a pas l'opportunité de se renseigner, n'est pas tenu de jeûner : soit. Mais le médecin qui sait que tel remède est plus sûr et plus efficace pour sauver un malade, doit l'ordonner. De même, le prêtre, d'après la théologie catholique, n'a pas le droit de se servir d'une matière, d'une validité seulement probable, pour les sacrements. Comme le médecin, il a le devoir d'aller au plus sûr. Ne peut-on pas estimer que l'incroyant est également obligé d'agir chrétiennement, puisqu'il y va, non du salut de son corps, mais du salut de son âme ?

Une équivoque se cache ici. De quoi veut-on parler exactement ? De l'obligation, pour l'incrédule, de *chercher,* ou de l'obligation de *pratiquer,* la vérité qu'il ignore ? Le premier devoir s'impose, même dans l'obscurité de l'âme. Sachant quel est l'enjeu du conflit, il pèche gravement s'il s'en désintéresse. Qu'il interroge donc les hommes ou les livres, qu'il réfléchisse, qu'il supplie Dieu, et, s'il va jusqu'à douter de son existence, qu'il lui adresse, au moins, une prière conditionnelle. Agir autrement serait une coupable témérité.

Mais l'expérimentation de Pascal ou de Gratry demande à l'incrédule, non seulement de chercher, mais de pratiquer, la vérité qu'il méconnaît ou dont il doute. Pascal surtout le presse d'imiter les croyants. Or, ceux-ci se confessent, ils communient. Veut-il que l'incrédule se présente au confessionnal pour solliciter l'absolution, et qu'il s'approche de la Table sainte ?

Je sais bien que des hommes tourmentés d'objections contre le christianisme se sont présentés à des prêtres, que ceux-ci leur ont montré un prie-Dieu, que, la confession terminée, les nuages étaient dissipés. Mais qu'on ne s'en tienne pas à un examen superficiel de ce genre de conversions ! Les prêtres qui agissaient ainsi savaient que leurs pénitents étaient plutôt troublés qu'incrédules, et que l'agitation de la surface n'avait point ébranlé la foi au fond de leur âme. Ce qui est certain, c'est que s'il est permis ou opportun de laisser un incrédule commencer sa confession, ou même de l'y inviter, il serait sacrilège d'essayer, par une absolution, de lui conférer la foi.

3. — Voici donc que nous prenons l'offensive contre la méthode d'expérimentation religieuse, et nous l'accusons d'impiété. Non seulement l'incrédule a le droit, il a même le devoir, de s'abstenir de pratiquer une religion qu'il croit fausse ou dont il doute.

Plus exactement, nous reprochons à cette méthode de méconnaître un grave problème de morale et d'apologétique.

Parmi les pratiques du christianisme, quelles sont celles que l'on peut conseiller à un incroyant, quelles sont celles qui sont interdites aux profanes? La théologie dogmatique et la théologie morale étudient ces questions. Il est fâcheux que l'apologiste semble parfois ignorer que l'enseignement traditionnel renferme de subtiles analyses et de fécondes leçons sur ce sujet. Nous le rappelons ici, puisque nous discutons avec des chrétiens, sur l'expérimentation du christianisme. Des croyants ont introduit un empirisme hardi dans l'étude du problème religieux. L'expérience est ainsi mise en relation avec la théologie. Ne fût-ce que pour mesurer la distance des deux termes, il faut bien désormais les considérer l'un et l'autre. Le critique qui voudrait encore ignorer les notions théologiques, mutilerait la philosophie elle-même et renoncerait à préciser les limites de la méthode expérimentale.

Puisque l'on a voulu étendre l'expérimentation jusqu'aux pratiques de la religion révélée, il est juste et logique qu'on accepte d'entendre l'avis de la théologie.

Celle-ci distingue donc, entre les divers préceptes et les rites habituels du culte, ceux auxquels les profanes peuvent être admis ou même conviés, et ceux qui supposent la foi et la pureté du cœur.

A certains sacrements il n'est d'accès que pour les âmes croyantes et sanctifiées par la grâce habituelle. Quiconque s'approche de la Table eucharistique, par exemple, en état de péché mortel, mange et boit sa condamnation.

D'autres sacrements sont destinés à être les instruments et les canaux de la grâce sanctifiante et, par conséquent, ne la supposent pas nécessairement présente. Justes et pécheurs peuvent s'approcher du tribunal de la Pénitence. Les premiers y trouveront une augmentation de vie surnaturelle ; les seconds y recevront, si leur cœur est contrit, le principe même de cette vie, qui était mort en eux.

Au pécheur non repentant, tout accès aux sacrements est défendu, mais non toute pratique religieuse.

La sanctification du dimanche, l'observation du jeûne et de l'abstinence ecclésiastiques, la prière, la soumission à l'Église hiérarchique, le respect des décisions de l'Index, demeurent pour le fidèle, juste ou pécheur, contrit ou obstiné, d'impérieuses obligations.

On voit que la méthode d'expérimentation religieuse ne peut être appliquée indistinctement par tous et à tous. Beaucoup de réserves s'imposent. L'état de péché demande un traitement différent du régime qui est salutaire et permis aux justes.

Le directeur de conscience doit encore faire des distinctions dans la catégorie des justes. Leur ferveur n'est pas égale; leur tempérament spirituel n'est pas le même. On ne peut les pousser, sans choix, à communier, ou à se flageller, tous les jours.

Que de variétés! Et nous ne considérons encore que les fidèles!

Dans quelle mesure est-il permis, dans quelle mesure est-il obligatoire, à l'incroyant, de faire, par la pratique du christianisme, l'essai de sa valeur dogmatique et morale? Car c'est de l'incroyant, tout d'abord, que l'apologétique a souci.

Le christianisme contient certains enseignements d'ordre rationnel, qu'il donne de la part de Dieu, mais qui, par eux-mêmes, ne dépassent pas les forces de la raison naturelle. Le christianisme prescrit certaines règles de vie qu'il recommande d'une autorité surnaturelle, mais qui sont la matière de la loi morale proposée à toute conscience. Adorer Dieu, compter sur sa justice, sont parmi ces enseignements. Pratiquer la charité, combattre les passions, relèvent de ces règles de vie. Il est évident que ces enseignements et ces règles s'imposent, en dehors même de la Révélation connue.

Dirons-nous, avec Pascal, qu'il faut hardiment conseiller à l'incrédule de faire dire des messes, de prendre de l'eau bénite? Encore faut-il que l'incroyant ne soit pas troublé, en agissant ainsi, par la crainte qu'il sollicite, ou qu'il pose lui-même, des actes superstitieux.

Nous lisons, dans une pénétrante étude sur la conversion, que le directeur hésite à mettre l'*Imitation* entre les mains de son néophyte. « J'ai dit au P. Vincent, écrit celui-ci dans son *Journal*, quelles lumières je trouve dans l'Évangile... J'ai ajouté que je m'étais mis à lire l'*Imitation de Jésus-Christ*. Il a accueilli assez froidement mon ouverture. » Pourquoi? Le P. Vincent donne l'explication : « Pour être le plus beau livre humain, il ne s'ensuit pas que l'*Imitation* soit le premier livre à ouvrir... Dans ces élévations toutes spontanées... l'âme dit à Dieu sa misère, son vide, sa soif d'aimer. Elle lui en demande le remède. Or, il est certains temps, certaines dispositions d'âme, où le regard de l'homme n'est pas porté de ce côté (1)... » Toute la réponse du directeur est à lire. Elle exprime avec quelles distinctions et quelles réserves il faut progressivement introduire le néophyte dans le Saint des Saints.

4. — « Faites comme ceux qui croient » : cette maxime de conduite, édictée sans réserves, provoque des objections. L'incroyant la repousse. Le théologien la conteste.

Suivie aveuglément, elle aboutirait à des résultats douteux. Il est certain que nos actes réagissent sur nos pensées. Ce n'est pas l'efficacité, l'activité de l'expérimentation religieuse, que nous discutons. A imiter les pratiques des chrétiens, l'incrédule produira quelque modification en lui-même. Reste à savoir quel sera le fruit de l'expérience. La méthode ne restera pas inactive et neutre. Mais est-elle infaillible ?

On nous promet la foi, comme récompense de prati-

(1) *Études*, 5 février 1907. *Le Saint*, *La Conversion*, par L. Roure, p. 367-369.

tiques chrétiennes. Promesse téméraire, récompense incertaine. Pour avoir en la méthode une entière confiance, il faudrait ignorer d'importantes acquisitions de la psychologie générale et de la psychologie religieuse. La première nous enseigne que l'acte et la pensée, le psychique et le physique, ne sont pas réunis par des liens rigides et fixés en un parallélisme étroit. Un même état cérébral, un geste identique, une attitude semblable, les mêmes paroles, ne correspondent pas nécessairement à des pensées, à des sentiments, à des volitions, de même nature et de même intensité.

La théorie du parallélisme psycho-physique a vécu. L'étude des localisations cérébrales montre que la matière ne commande pas impérieusement le jeu de l'esprit. Une pensée peut s'accompagner de plusieurs états physiques différents. Un même état nerveux peut servir de base à divers phénomènes psychologiques.

M. Henri Bergson compare le cerveau au manuscrit où le dramaturge indique les jeux de scène. De cette notation générale et schématique, à la mimique précise et vivante de l'acteur, le lien est élastique. Il est plusieurs manières d'achever et de réaliser les mouvements indiqués par l'auteur. L'effroi ou la douleur, l'ironie ou la colère, s'expriment de mille façons. De même, les modifications cérébrales suggèrent ou signifient des phénomènes variés de pensée, de volition ou de sentiment. Un état nerveux n'est pas mécaniquement solidaire d'un état psychique déterminé ; mais il peut correspondre à toute une catégorie de faits mentaux. Amenez une disposition physique dans un sujet, vous ne pouvez pas prévoir à coup sûr quel état d'âme naîtra en lui.

La psychologie religieuse n'ignore pas quelle variété de dispositions morales peut correspondre à des gestes, à des actes, à des spectacles, matériellement identiques.

Le vicomte Melchior de Vogüé décrit, dans un de ses premiers ouvrages, une cérémonie religieuse dans la steppe du Donetz. « Au lever du jour, dans les champs labourés de la veille, au milieu des manœuvres, des bœufs attelés aux herses, le prêtre célébrait un *Te Deum.* » Une petite table « faisait office d'autel. Je regardais, et comme chacun revient involontairement aux préoccupations de son métier, je pensais à l'interprétation littéraire que des scènes pareilles suggèrent à nos écrivains. Quand le prêtre, revêtu de ses ornements fripés, suivi de son diacre en grosses bottes poudreuses, entra dans le labour, le goupillon à la main, il n'avait rien de majestueux, il était même assez ridicule ; empêtré dans sa chasuble retroussée sur le bras, tirant le pied dans la terre grasse, il tanguait avec des gaucheries de héron pris dans la vase ; le diacre laissait couler le seau d'eau bénite, les villageois assistaient à ce spectacle, las et indifférents par habitude. Voilà ce qu'aurait vu tel observateur qui croit être vrai, parce qu'il est myope (1). »

Mais ce tableau, qu'il est facile de faire grimacer et de pousser en charge d'atelier, se prête aussi à une tout autre interprétation. Si vulgaires que soient les détails matériels de la cérémonie, elle exprime la dépendance universelle de l'homme, son besoin du secours divin et son espoir dans la prière. On se dit encore que, si la moisson est maigre, les pauvres mou-

(1) *Souvenirs et visions*, p. 208-211. Paris, Plon.

jiks auront la vie plus dure. A l'aide de quelques réflexions obvies, le spectateur peut bien vite réprimer le sourire qui naissait sur ses lèvres.

Le contraste de ces deux états d'âme en face d'un tableau identique, se renouvelle en toutes circonstances.

Est-ce que tous les pèlerins de Lourdes éprouvent une égale recrudescence de foi ? Est-ce que tous les visiteurs de Rome en rapportent le même enthousiaste souvenir ? Est-ce que les convives de la sainte Table se retirent tous avec d'aussi consolantes impressions ? Est-ce que deux incrédules, que la curiosité, la routine ou l'inquiétude, conduisent dans une église catholique, un jour de fête plus solennelle, feront les mêmes réflexions et sentiront les mêmes émotions ? Il pourra se faire que l'un soit touché de regret ou de désir religieux ; tandis que son compagnon s'offensera, à tort ou à raison, d'un sermon, de chants, de décorations, qu'il jugera indiscrets, inesthétiques, ou mondains. Le premier sera attiré vers le catholicisme ; le second éprouvera un mouvement de recul.

Voici deux âmes croyantes, deux âmes pieuses. Elles se plaignent au directeur de leur conscience, de difficultés dans l'oraison. Celui-ci, persuadé qu'une même pratique et un seul remède combattent efficacement la sécheresse et la désolation spirituelles, conseille à l'une et à l'autre de prolonger leur méditation de dix minutes. En théorie et en général, le conseil est avisé. Mais il est possible qu'à bonne volonté égale, du reste, ces deux âmes ressentent des effets variés, de cette thérapeutique uniforme. L'une constatera qu'elle reçoit plus souvent la visite du Seigneur. L'autre sera demeurée dans la solitude et dans l'attente ; peut-être même s'affligera-t-elle que Dieu soit encore plus lointain qu'au temps des méditations plus courtes.

Si donc, après avoir examiné le principe, le début, la mise en train, de l'expérimentation religieuse, et les questions préalables qu'elle suscite, nous essayons d'anticiper les résultats auxquels elle peut ou doit aboutir, nous sommes autorisés à prévoir qu'ils seront entachés d'incertitudes.

5. — Ne peut-on pas aller plus loin, et les déclarer d'avance frappés de nullité ? Ne doit-on pas juger que la méthode est illicite et immorale, dans la proportion même où son mécanisme serait mû par un déterminisme fatal ? Que penser, enfin, d'une conviction religieuse qui serait le produit de pratiques aveugles ?

Aux partisans de l'apologétique traditionnelle, qui se confient, pour établir les motifs scientifiques de crédibilité, à la puissance de la logique, à l'enseignement de l'histoire et à l'objectivité des concepts, les représentants de l'apologétique nouvelle adressent le reproche, d'introduire dans l'œuvre spirituelle et vivante de la conversion des âmes, une sorte de machinerie dialectique et d'automatisme intellectuel. D'après eux, nous serions les esclaves d'une consigne.

Automatisme pour automatisme, répondrons-nous, mieux vaut celui de l'esprit que celui du corps. La pensée est plus qualifiée pour nous donner un mot d'ordre que l'impulsion. L'enchaînement des idées est formé d'anneaux plus lumineux et plus purs que celui des gestes et des réflexes. La croyance engendrée par le raisonnement est de meilleur aloi que celle qui naît, à force de répéter des actes incompris. Qu'on étende le champ d'expériences ; qu'on y comprenne tout ce qui, dans l'homme, signifie dynamisme, depuis les mouvements de la matière jusqu'à la genèse obscure des idées, considérées, non comme actes cognitifs, mais comme phénomènes psychiques ; ce vaste déploiement de consécutions nécessaires n'atteint pas encore la zone rationnelle des idées envisagées sous leur aspect objectif et représentatif. Le déterminisme dialectique est plus noble que le déterminisme aveugle ou myope des états inconscients ou subconscients. Si quelque chose dépasse en dignité la volonté raisonnable, ce n'est pas l'instinct, l'impulsion, la passion, la sensation ou le sentiment. Qu'on humilie les efforts de l'apologétique traditionnelle en face de l'action mystérieuse de la grâce ; soit. Mais, en face de l'instinct et du déterminisme, la raison et la liberté se redressent. Elles protestent contre les résultats de l'empirisme religieux. Elles l'accusent d'abus de pouvoir et de coup de force. Elles revendiquent pour l'être humain la faculté supérieure de diriger, à l'aide de principes lumineux, et parfois de briser, par une libre initiative, les suites de l'atavisme, de l'habitude, de la suggestion, et de toutes les influences qu'une science, trop éprise d'explications faciles, s'efforce de mettre au premier plan, mais que la morale subordonne à l'activité humaine, et que la médecine elle-même combat ou contrôle. Recherchons, si l'on veut, les obscures et lointaines impulsions du déterminisme, mais pour les soumettre à la lumière de la pensée et à l'empire d'une activité toute nouvelle. Mieux vaut encore ne pas troubler le jeu original de notre raison et de notre liberté par l'examen de causes et d'influences que la Providence même semble soustraire au regard de notre conscience, et dont elle nous invite à nous dégager.

Oui, l'action peut susciter la croyance. Mais à quel prix ! La pathologie mentale nous l'apprend.

On sait que certains sujets accueillent, avec une lamentable docilité, les suggestions volontaires ou involontaires qui leur sont faites, et qu'un geste, une attitude, déterminés dans les membres du sujet, sont parfois la plus merveilleuse des suggestions. Qu'on jette un coup d'œil sur les annales de l'hypnotisme et du somnambulisme ! Qu'on se reporte aux ouvrages du Dr Pierre Janet !

Voici, par exemple, une nerveuse à qui l'on suggère la pensée d'un général donnant ses ordres. La malade se redresse, elle se cambre. Cette attitude l'inspire. Elle parle du ton bref et coupant qui, dans son esprit, caractérise les commandements militaires. L'hallucination s'accentue et se développe. La malade devient, de plus en plus, dupe de ce drame qu'elle joue. La mimique du rôle qu'elle représente, donne à cette femme l'illusion de la réalité. A faire le général, elle se croit décidément général.

Cependant l'expérimentateur interrompt la première comédie, pour en provoquer une autre. Il a pris les mains de la malade, et les a jointes dans le geste de la prière. La physionomie du sujet se transfigure et s'adoucit. Maintenant la voilà toute pénétrée de piété.

La série des avatars imaginaires et la succession des personnalités fictives se poursuivent, chez les sujets de cette catégorie, à mesure que se remplacent les attitudes ou les gestes suggérés.

Cette déplorable influence, cette tyrannie, de l'acte sur la pensée, de la matière sur l'esprit, de la pratique sur la croyance, est une maladie, nous le reconnaissons. De l'état des malades, il ne faut pas conclure sans autre examen à celui des gens valides. Ce qui est poison mortel pour ceux qui ont la fièvre, peut être nourriture fortifiante pour ceux qui se portent bien. De ce que la pratique peut engendrer l'erreur spéculative, ne déduisons pas aussitôt qu'elle ne produit jamais la lumière dans l'esprit.

Sans doute! Pourtant, si la maladie exagère, diminue, ou défigure, les phénomènes de la physiologie normale, elle exprime toujours les lois naturelles, elle ne crée pas un nouvel ordre de choses. Si l'action exerce parfois une tyrannie sans bornes sur l'idée, et impose l'illusion qu'elle exprime, il est à craindre qu'à l'état normal elle exerce une tyrannie limitée, et suggère, si elle ne l'impose pas, l'erreur.

Quand même, dans certaines circonstances, elle déterminerait, de fait, une intelligence à croire une vérité ou un ensemble de vérités, il ne faudrait voir là qu'un accident heureux. Elle serait cause fortuite de connaissance et instrument illégitime de succès. Une science ainsi acquise vaudrait tout juste ce que vaut, aux yeux du logicien, la conclusion exacte d'un mauvais raisonnement, ce que vaut, aux yeux du moraliste, une fin désirable obtenue par des moyens intrinsèquement mauvais. D'elle-même, l'expérimentation religieuse ne nous offre pas les garanties d'une méthode rationnelle et légitime.

D'ailleurs, les impatiences et les empiètements de l'action se retrouvent en dehors du domaine de la maladie. Des esprits normaux peuvent être victimes plus ou moins conscientes et résignées des suggestions de la pratique.

Quelle inquiétante et instructive loi, que celle qui nous porte à « maximer » nos actes ! Lorsque l'homme n'agit pas suivant les principes de l'honnêteté et du devoir, il s'efforce de penser suivant ses agissements mauvais. Telle est la part de vérité que je concéderais à la thèse de M. Paul Lapie sur la *Logique de la Volonté*. L'auteur soutient, à l'aide de subtiles analyses, que tout homme cherche la justice dans sa conduite, que le saint n'est qu'un juste, que le criminel, lui aussi, veut être juste. Paradoxe qui se brise contre l'expérience. Nous savons tous que l'erreur ne suffit pas à expliquer la différence de vie entre les hommes, et qu'il est, dans le monde, non seulement des ignorants et des fous, mais aussi des méchants et des malfaiteurs. Nous savons tous que l'intelligence peut voir le bien et la volonté s'en détourner. Mais il est vrai que, plus ou moins sournoisement, suivant leurs habitudes de franchise ou d'hypocrisie, les pécheurs, grands et petits, tâchent de mettre leur morale spéculative à l'unisson de leur morale pratique, et que, dans une mesure variable, ils y réussissent. L'équilibre tend à s'établir entre ces deux vases communiquants qui sont la conviction et la conduite, la pensée et la vie.

Ainsi, nous admettons bien l'importance spéculative de la pratique en général, et, tout particulièrement, le rôle théorique de la pratique religieuse. Il faut agir dans un sens ou l'autre. S'abstenir, c'est encore prendre parti. « Nous sommes embarqués », suivant le mot de Pascal.

6. — Mais l'action, telle que nous la concevons dans le domaine religieux, diffère de l'essai ou de l'expérimentation que nous proposent certains représentants de l'apologétique psychologique. Nous n'engageons pas l'incroyant à faire crédit à Dieu, et à devancer, par une action incertaine et aveugle, la lumière qu'il n'a pas encore reçue. Nous l'exhortons à profiter de la vérité connue, et à tâcher de faire progresser sa vie à mesure que progresse sa pensée.

Les apologistes, dont nous discutons la méthode, ne seraient-ils pas dupes d'un principe équivoque? Ils disent, et nous répétons avec eux, que l'homme doit agir religieusement, avant même d'avoir la foi religieuse. Cette formule peut s'entendre de deux manières.

Ou bien, l'on parle d'une pratique religieuse, soit intégrale, soit, du moins, d'un caractère nettement chrétien. Ou bien, l'on prend l'expression dans un sens plus faible et plus vague.

Laquelle de ces deux significations choisit-on, lorsqu'on exhorte l'incrédule à pratiquer pour croire? Si l'on s'en tient au premier sens, on s'expose au reproche que nous signalions plus haut. La foi semble l'effet d'une suggestion active. Si l'on se contente du second sens, on rappelle alors une règle évidente et nécessaire, mais qui ne spécifie aucun mode particulier d'apologétique. Il est, en effet, admis, d'un commun accord, qu'avant d'adhérer et pour adhérer à la religion révélée, il faut vivre à la lueur des principes aperçus de la religion naturelle ; que, si l'on croit au christianisme, mais non à l'Église, il faut mettre en pratique ce que l'on a lu dans l'Évangile ; que, si, croyant, en principe, à la vérité du catholicisme, on ignore, en fait, certaines de ses prescriptions ou quelques-uns de ses dogmes, on doit, du moins, soumettre sa vie à la portion de vérité connue; que, si l'on est chrétien intégral, mais encore faible, on a le devoir, par une totale fidélité pratique, d'affermir la totale conviction spéculative.

Mais, par une telle conduite, aucune contrainte n'est exercée sur l'intelligence. L'acte ne devance pas et n'impose pas l'idée. On tâche de hausser sa conduite au niveau de ses convictions, mais non de préjuger, par une attitude conventionnelle, la vérité que l'on ignore. On ne jette plus ses actes au hasard ou sous l'impulsion d'une volonté obscure, comme on jette les dés du fond du cornet, décidé à s'en tenir au total formé, au résultat produit. On tâche d'être fidèle à la lumière, et d'écarter, par une action zélée, les obstacles au progrès de la vérité dans l'âme.

Jusqu'ici nous suivons Pascal. Il remarque justement qu'aussitôt la vérité perçue par l'intelligence, il faut s'empresser de la fixer dans l'âme par une pratique correspondante. L'automatisme peut intervenir ici sans intrusion, car il joue le rôle d'instrument subordonné et dirigé.

« Il faut avoir recours à elle (la machine) quand une fois l'esprit a vu où est la vérité, afin de nous abreuver et nous teindre de cette créance, qui nous échappe à toute heure; car d'en avoir toujours les preuves présentes, c'est trop d'affaire. Il faut acquérir une créance plus facile, qui est celle de l'habitude (1). »

(1) *Pensées*, art. x, p. 191.

Mais Pascal demande davantage à l'automate. Les incrédules, a-t-il dit, parviennent à la foi *en faisant tout comme s'ils croyaient*. Cette formule n'est pas la nôtre. La théologie la répudie ; et, comme la théologie, la méthode expérimentale proclame la loi du *rationabile obsequium*.

Il faut pratiquer pour croire, oui, mais pratiquer ce que l'on croit ou ce que l'on voit, afin d'arriver à une vérité plus entière, et non pratiquer ce que l'on ne croit pas encore.

Mesurer sa conduite à ses convictions, ce n'est point manquer de générosité envers Dieu et calculer avec lui. Quiconque agirait toujours en conformité avec la lumière actuelle, répondrait pleinement aux avances divines.

Étendre au-delà de ces limites l'emploi de l'expérimentation religieuse, c'est se heurter, nous l'avons vu, à de multiples objections.

Dès le début de la méthode, la philosophie et la théologie nous arrêtent. La philosophie nous avertit qu'une loi douteuse n'oblige pas, et qu'on ne peut imposer, comme un devoir, la pratique de la Religion révélée, à l'homme qui ignore loyalement la vérité de cette religion, ou qui en doute de bonne foi. Si ce n'est à titre de devoir, sera-ce à titre de conseil, que nous proposerons à l'incrédule d'essayer l'exercice du christianisme? Ici, la théologie prend la parole, et nous rappelle que les mêmes rites et les mêmes sacrements ne sont pas offerts à tous les fidèles : justes ou pécheurs, tièdes ou fervents. Elle proteste qu'un adulte ne peut recevoir un sacrement, s'il n'a pas la foi. Ces restrictions ne sont pas inconnues, assurément, des partisans de l'expérimentation religieuse ; mais ne sont-elles pas oubliées d'eux, lorsqu'ils invitent l'incroyant à « faire tout comme s'il croyait »?

Que penser des résultats auxquels aboutit cette méthode? Est-il certain qu'elle soit efficace par elle-même et que la pratique extérieure du christianisme rende l'âme croyante, d'incroyante qu'elle était? L'esprit n'est pas dans une telle dépendance du corps. L'action ne commande pas ainsi la pensée. Supposons pourtant que la conviction soit née de la pratique. On accusera cette conviction d'être factice, suggérée, disqualifiée. On assimilera ce genre de conversions aux illusions de l'hypnotisme et du somnambulisme. En tout cas, le rapprochement se présentera à l'esprit.

Il reste vrai qu'il faut appliquer sans retard les principes dont on a reconnu la sagesse, et tâcher de mettre en pratique toute la vérité que perçoit l'intelligence. En ce sens, l'expérimentation religieuse est une méthode nécessaire et féconde. La foi et la pensée sont des essences précieuses, mais volatiles, qu'il faut se hâter d'enfermer dans le vase clos de l'activité même matérielle.

De l'expérimentation, nous pouvons donc répéter ce que nous disions de l'observation psychologique, relativement au Dieu du christianisme. L'une et l'autre jouent, en apologétique, un rôle limité, indirect, mais indispensable.

L'observation sincère avertit l'homme de sa faiblesse et de ses aspirations. L'expérimentation morale et religieuse l'affermit, quand elle est fidèle et loyale, dans les vérités acquises, et le garde des illusions spéculatives qui naissent de la pratique inconséquente et lâche.

Mais nous n'observons immédiatement, en nous-mêmes, ni la réalité de la grâce, ni la vérité du dogme chrétien ; et nous n'expérimentons pas, par un essai automatique, qui serait, dans certains cas, sacrilège, la valeur de la révélation.

CONCLUSION

L'EXPÉRIENCE EN THÉODICÉE

CONCLUSION

L'EXPÉRIENCE EN THÉODICÉE

1. Sens du mot : expérience. — 2. Actualité de la méthode expérimentale. Les arguments *ad hominem* et la logique. — 3. Valeur intrinsèque de la méthode expérimentale. Son rôle naturel en théodicée. Elle nous aide à choisir et à formuler les problèmes. — 4. Elle fournit les prémisses des raisonnements. Les faits et les principes. — 5. Elle précise la valeur des conclusions. — 6. Limites et portée de l'expérience en théodicée.

1. — Le mot : expérience s'entend de plusieurs façons. Il serait donc chimérique de vouloir découvrir une signification qui rallierait tous les suffrages, et qui pourrait servir de commun point de départ. Ne nous mettons pas en quête d'une définition incontestée. Qu'il nous suffise de proposer une définition aussi indépendante que possible de toute doctrine antérieurement admise et de tout préjugé systématique.

Nous appelons, en premier lieu, données expérimentales, tous les renseignements fournis à l'intelligence, avec tant de clarté qu'elle ne parvient jamais à en douter spontanément, avec tant de rapidité qu'elle les perçoit d'emblée.

Nous opposons les données expérimentales aux idées ou impressions qui peuvent, pour un temps, occuper notre esprit, mais que la réflexion et une plus sûre information dissipent. Nous les opposons également aux vérités certaines, mais déduites et indirectement connues.

Cette notion de l'expérience, que les précédentes analyses supposent et affirment, n'offre pas, il est vrai, à l'esprit une clarté parfaite. Mais elle soutient sans désavantage la comparaison avec d'autres définitions plus ou moins explicites.

Est-il besoin de faire observer que la définition matérialiste de l'expérience, d'après laquelle ne seraient vérités expérimentales que les phénomènes corporels et leurs lois, suppose et résume tout un système? Systématiques encore et précipitées, les définitions idéaliste, criticiste, phénoméniste. Que l'expérience n'atteigne que des idées ou des états d'âme, comme le prétend l'idéalisme, du moins l'idéalisme vulgaire ; qu'elle soit assujettie et restreinte à la forme spatiale autant qu'à la forme temporelle, comme l'affirme la *Critique de la Raison pure ;* qu'elle se borne à de purs phénomènes, abstraits de tout être substantiel, comme l'enseignent les philosophies phénoménistes : autant d'affirmations qui ne sauraient passer pour des données premières ; autant de postulats tendancieux. Tout un système se prépare ou se résume en chacune de ces définitions. Elles sont partielles et partiales.

Expérience, l'idée ; mais expérience aussi, le sentiment ou l'action. Expérience, le phénomène matériel ; mais expérience également, le fait psychologique. Une substance en elle-même ne saurait être une donnée expérimentale ; mais les phénomènes abstraits, tels que la pensée sans sujet pensant, ne sont pas non plus objet d'expérience. L'expérience n'est ni sensualiste, ni idéaliste, ni subjectiviste, ni moniste. Elle s'étend à la matière et à l'esprit, à l'histoire comme à la psychologie. Elle comprend toutes les données immédiates et nécessaires. Elle exclut tout préjugé. Elle est en amont de l'élaboration dialectique.

Nous rangeons pourtant dans la catégorie de l'expérience les lois dont s'occupent la physique et l'histoire. Bien qu'il ne s'agisse plus ici de phénomènes directement observés, il est encore permis de parler, au sens large et usuel du mot, de vérités expérimentales. Personne ne nous accusera d'employer un langage arbitraire, si nous disons que les lois de la chute des corps ressortissent à l'expérience.

A l'expérience encore nous attribuons même les premiers principes, tels que le principe de contradiction ou celui de causalité. Cette répartition n'implique pas que nous donnions raison à Hume ou à Spencer, et que nous expliquions l'origine des vérités premières par l'association des idées, l'habitude ou l'hérédité. On peut être partisan d'une philosophie expérimentale, sans être adepte de l'empirisme. Le mot : expérience, ne saurait être réservé aux données sensibles ou à toute autre classe particulière de phénomènes, que par une restriction arbitraire. Puisque le principe de contradiction ou celui de causalité se présentent et s'imposent immédiatement à mon esprit, non à titre d'hypothèses ou à titre de conclusions; puisque leur genèse n'est pas éclairée par la lumière de la conscience, et, par suite, n'est pas l'œuvre de la dialectique, je les appelle des vérités expérimentales. L'expérience intellectuelle vaut bien l'expérience sensible ou l'expérience psychologique. Les données de la raison ne sont pas moins fondamentales que les données des sens ou de l'introspection.

Si M. Lachelier eût laissé au mot expérience cette légitime ampleur, il n'eût sans doute pas écrit qu' « une métaphysique qui cherche son point d'appui dans l'expérience est bien près d'abdiquer entre les mains de la physique (1) ». A l'appui de sa propre doctrine, et comme supplément à une introspection superficielle, quel instrument emploie-t-il, sinon l'analyse de la connaissance, c'est-à-dire une forme aigüe et subtile de l'observation? Et, si l'on veut combattre son idéalisme, quel procédé s'offre en premier lieu, sinon la révision de ses analyses, c'est-à-dire une contre-expertise?

2. — Nous venons d'indiquer le premier avantage, le premier usage possible, de la méthode expérimentale. Elle nous fournit, sinon un terrain d'entente, du moins un champ de combat, avec la plupart des adversaires de la théodicée traditionnelle. C'est un profit, entre philosophes de différentes écoles, de pouvoir se rencontrer. C'est un premier espoir, c'est un commencement de pacification, que d'échanger des coups qui portent. Pour s'adresser mutuellement des ripostes adaptées, il faut déjà s'entendre.

La méthode expérimentale nous offre, tout d'abord, cet avantage de nous mettre en contact avec nos adversaires. Elle est actuelle. Elle est *ad hominem*.

La théodicée traditionnelle est, pour ainsi dire, prise entre deux feux. On l'attaque à droite et à gau-

(1) *Du fondement de l'induction*, p. 36. Paris, ALCAN, 1896.

che. Le positivisme l'accuse d'une vaine présomption. Un mysticisme exagéré lui reproche d'être idolâtre par timidité et de substituer, dans son culte, la fragile conclusion de raisonnements humains, à l'être même du Dieu directement présent à l'âme. Les deux accusations se contredisent. Mais on se réclame, de part et d'autre, d'une même autorité : l'expérience. Tel est le témoin, dont le nom est le plus souvent invoqué.

Contre les deux groupes d'adversaires, nous citons, à notre tour, les témoignages de l'expérience. Aux athées qui adorent la matière, comme à ceux qui vénèrent une loi tout abstraite, nous répondons que leur philosophie, grossière ou nébuleuse, ne s'adapte pas aux pierres d'attente que l'observation découvre, parfois sous un amas de décombres, dans notre âme et dans le monde. Aux mystiques de la philosophie, qui prétendent que la divinité peut être l'objet normal d'une intuition ou d'une affirmation directe, comme aux téméraires de la théologie, qui proclament la grâce et le dogme justiciables de l'introspection ou d'une méthode d'immanence, nous opposons les résultats d'une psychologie non prévenue.

D'autres armes sont à la disposition des défenseurs de la théodicée traditionnelle. Il n'en faut mépriser aucune. La méthode que nous avons adoptée pour répondre à nos adversaires, n'est pas exclusive. Mais il nous a paru légitime de capter, au profit de thèses anciennes, une force persuasive qu'elle doit, en partie, aux préoccupations contemporaines. Tout le monde aujourd'hui veut être positif. Ne craignons pas d'en appeler aussi aux données positives et expérimentales.

L'argumentation *ad hominem* ne jouit pas toujours d'un très bon renom dans le monde philosophique, parce qu'elle signifie parfois une riposte plus embarrassante pour l'adversaire que convaincante, une arme plus légère que terrible. Lorsque l'argumentation *ad hominem* consiste à prendre une affirmation de l'adversaire, sans examiner ce qu'elle vaut, et à fonder sur elle, le fondement fût-il ruineux, la thèse que l'on veut faire prévaloir; elle est un instrument de confusion plutôt que de conviction; elle substitue une lutte de personnes à un combat d'idées; elle humilie la logique de l'adversaire, mais elle ne terrasse pas sa doctrine. Pour que ce résultat théorique fût obtenu, il faudrait que les assertions empruntées à l'adversaire fussent l'expression de la vérité. Or, dans l'argumentation dont il s'agit, nous lui disons uniquement : telle proposition est vôtre, et non : telle proposition est vraie. Aussi ne pouvons-nous conclure autre chose que la vérité conditionnelle de la thèse soutenue. Cette thèse est vraie, si la proposition de notre adversaire est elle-même exacte. Il a tort de ne pas conclure avec nous, s'il adhère encore à la proposition que nous lui avons rappelée. Une seule vérité est certaine : c'est qu'il manque de logique. Question de personnes, mais non d'idées.

L'argumentation *ad hominem* prend une tout autre signification, et elle possède une valeur doctrinale, si elle emprunte aux adversaires de la thèse contestée, un jugement ou des jugements reconnus vrais, une méthode reconnue légitime. Dès lors, l'argumentation *ad hominem* ne diffère pas essentiellement de l'argumentation normale. Au lieu que les lois générales de la logique forment, par leurs combinaisons multiples, des modes d'argumentation *ad homines,* le procédé dont il s'agit s'adapte plus particulièrement à l'état d'esprit d'un individu ou d'un groupe. Simple différence de degré. La logique universelle et la logique d'actualité reposent sur un même principe : à savoir, que les lois de l'invention et de la preuve doivent se conformer aux conditions de l'intelligence humaine. Ici et là, semblable distinction entre l'ordre cognitif et l'ordre ontologique. Le mouvement successif de nos connaissances ne reproduit pas la suite réelle des êtres et des phénomènes.

Puisqu'il faut renoncer à calquer la genèse de notre science sur l'ordre métaphysique des choses ; puisqu'il faut régler la marche de notre argumentation d'après l'allure de l'esprit humain ; le plus sage n'est-il pas d'accorder notre logique au rythme de la pensée contemporaine ?

Encore doit-on néanmoins éviter de conspirer avec l'erreur, et n'adopter des méthodes actuelles que les procédés légitimes.

Nous ne pourrons, avec sécurité, employer la logique expérimentale, à titre d'efficace argumentation *ad hominem,* qu'après en avoir constaté le mérite propre et la valeur certaine.

3. — Employer la méthode expérimentale en théodicée, ce n'est pas simplement affaire de tactique et mesure d'opportunité.

Cette méthode offre des avantages durables et possède une vertu intrinsèque. Elle nous guide dans le choix et l'énoncé des problèmes. Elle éclaire et dégage les principes de solution. Elle contrôle et délimite les réponses. Ce serait méconnaître son importance, que de la réduire à un rôle de manœuvre qui transporte des matériaux. Elle assiste et coopère au travail de la construction. Elle inspire le plan. Elle participe à l'exécution.

D'abord, elle nous aide à déterminer les problèmes. Soit la question du mal dans la création. La réponse que nous avons proposée, se répartit, pour ainsi dire, en deux étapes. Dans cette question générale, nous démêlons trois problèmes souvent confondus : Comment lutter contre le mal? Dieu peut-il tirer le bien du mal ? Pourquoi Dieu n'a-t-il pas créé un monde meilleur ? Distinguer ces trois interrogations, c'est procéder à un travail d'analyse. Telle est la première partie de la solution. Puis nous demandons si le dernier problème est rationnel. L'analyse encore nous suggère une réponse négative. La conscience, d'une part, semble témoigner que nous n'avons jamais souhaité un autre ordre providentiel, et par conséquent, que le problème ne nous inquiète pas réellement. D'autre part, un examen attentif nous persuade que les termes du problème, en particulier, ce mot : meilleur, n'offrent pas à notre intelligence un sens bien défini. Nous en concluons qu'il conviendrait peut-être de « classer » le problème du mal, posé sous sa forme générale. L'expérience et l'observation nous guident en toutes ces démarches.

Ainsi, elles jouent un rôle parfois décisif dans l'établissement ou l'élimination des problèmes philosophiques.

4. — Les prémisses du raisonnement sont l'apport de l'expérience.

S'agit-il des faits proprement dits? Leur caractère expérimental est évident. Lorsqu'on nie l'ordonnance du monde, ou le caractère impérieux de l'obligation morale, ou les aspirations infinies de l'âme humaine; quelle ressource avons-nous, sinon de solliciter une révision de l'expérience, et d'exhorter notre contradicteur, à une observation plus attentive de ses pensées, de ses désirs, du spectacle du monde?

S'agit-il des principes? Le rôle de l'expérience semble réduit. Quelle autorité pourtant invoquerons-nous avec le plus d'efficacité contre ceux qui nieraient l'une des vérités suivantes : le plus ne sort pas du moins; le néant n'explique pas l'être; l'acte prime la puissance; le devenir suppose l'être? Le raisonnement, en pareil cas, n'est qu'une explication et une analyse du principe que nous professons. Nous invitons notre interlocuteur à vérifier, en son intelligence, l'exactitude de notre affirmation.

5. — Il semble que l'expérience ait atteint les dernières limites de son domaine, et qu'elle ne puisse rejoindre les conclusions des prémisses fournies par elle. Les thèses de la théodicée ne sont-elles pas invérifiables?

Au terme, comme au début, des raisonnements, nous rencontrons pourtant l'expérience; et nous ne saurions, sans dommage, repousser ses avertissements.

Nous avons vu se partager en deux groupes, et même en deux camps, les philosophes théistes. D'après les uns, on prouve l'existence de Dieu; d'après les autres, on la constate, on l'affirme, on la sent. Ceux-ci sont les mystiques de la philosophie; ceux-là sont les logiciens. Le conflit donne lieu à bien des raisonnements. Mais l'expérience suggère une série de remarques qui, sans le résoudre par elles-mêmes, contribuent à le délimiter. C'est par une analyse logique et psychologique des conclusions engendrées par les différentes preuves de la théodicée traditionnelle, que nous comprenons l'origine et la solution du conflit.

Développons, en effet, l'un ou l'autre de ces arguments, et comparons la conclusion à laquelle il aboutit, avec notre adhésion à l'existence de Dieu. Nous constaterons, sans doute, qu'elles ne se font pas équilibre. Une différence de niveau entre les deux plateaux de la balance nous révèle que notre conviction l'emporte sur le poids du raisonnement. La conclusion logique du raisonnement nous parût-elle certaine, notre croyance est plus ferme encore. Cette disproportion explique, en partie, l'erreur du mystique, et impose au logicien une concession. Il doit avouer que sa croyance dépasse la portée de son argument.

L'examen comparatif de nos preuves et de notre état de certitude nous découvre d'autres résultats. Quel que soit l'argument analysé, l'écart signalé plus haut se retrouve.

Essaierons-nous de réunir, en une seule masse, les diverses preuves de l'existence de Dieu, dans l'espoir que leur poids total correspondra au degré de notre conviction ? L'écart, en effet, diminuera. Mais nous devrons convenir, peut-être avec désappointement et inquiétude, que les deux plateaux ne sont pas encore sur une ligne horizontale. L'analyse psychologique nous demande cette nouvelle concession.

Serait-ce donc que, pour établir l'équilibre parfait, il faut jeter dans le plateau des arguments classiques, le poids additionnel du sentiment, de la volonté, de l'habitude, de causes inconscientes ? L'expérience psychologique fournit une nouvelle réponse. Elle nous montre, dans les trésors latents de la raison implicite, des ressources et un appoint d'ordre intellectuel. Elle nous avertit que toute connaissance directe ne se transforme pas en connaissance réfléchie, et que les arguments formulés n'épuisent pas nos raisons de croire. Joignons donc nos idées distinctes et nos connaissances obscures : leur somme équivaudra, sans doute, à notre état de conviction.

Une observation minutieuse décèlera encore une légère différence. C'est que la certitude, qui, par essence, est d'ordre cognitif, intéresse à divers degrés nos autres facultés. Elle s'accompagne de notes harmoniques, qui n'altèrent pas le son fondamental, mais qui lui communiquent un timbre particulier. Elle détermine en tout notre être, par les conséquences pratiques qu'elle entraîne, une suite indéfinie d'ondulations, qui semblent un épanouissement et une multiplication de sa force. La somme de nos arguments implicites ou explicites ne provoque pas d'emblée cet ébranlement général.

L'analyse nous achemine, de proche en proche, jusqu'à cette remarque, qui ne contient pas encore, mais qui prépare, la solution du conflit, en déterminant le coefficient psychologique des preuves de l'existence de Dieu.

6. — L'expérience s'entend de plusieurs façons. Elle intervient à presque toutes les étapes des argumentations de la théodicée.

On peut néanmoins grouper les principaux services

qu'elle lui rend, et préciser la nature de ses informations. *L'objet de l'expérience, en théodicée, ce n'est pas Dieu, mais notre dépendance et la dépendance du monde à l'égard de Dieu.*

En particulier, nous n'avons, en nous-mêmes, ni la raison suffisante de notre existence, ni le principe suprême de la loi morale qui nous lie, ni l'objet du bonheur auquel nous aspirons. L'observation atteste ces lacunes et ces ambitions; et ainsi elle ébauche la démonstration de l'existence de Dieu.

Mais la religion naturelle ne confère pas à notre cœur une telle plénitude, et à notre raison une telle suffisance, que désormais notre âme forme un système clos à tout secours nouveau et à toute autorité supérieure. Une observation sincère nous force d'avouer encore notre dépendance essentielle; et ainsi elle prépare la voie, tout au moins elle laisse une entrée dans notre âme, pour la révélation chrétienne.

TABLE DES MATIÈRES

INTRODUCTION

OBJET ET BUT DE L'OUVRAGE

LIVRE PREMIER

L'EXISTENCE DE DIEU

CHAPITRE PREMIER

L'ATHÉISME EST-IL CONFORME A L'EXPÉRIENCE ?

CHAPITRE II

DIEU EST-IL OBJET D'EXPÉRIENCE IMMÉDIATE

LIVRE II

LE DIEU PERSONNEL

CHAPITRE PREMIER

LES OBJECTIONS DE L'EXPÉRIENCE

CHAPITRE II

LES TÉMOIGNAGES FAVORABLES DE L'EXPÉRIENCE

LIVRE III

LA DÉTERMINATION DES ATTRIBUTS DIVINS

CHAPITRE PREMIER

LES DIVERS PROCÉDÉS

CHAPITRE II

LE ROLE DE L'EXPÉRIENCE

LIVRE IV

LE PROBLÈME DU MAL

CHAPITRE PREMIER

LA VALEUR DES SOLUTIONS

CHAPITRE II

LA COMPLEXITÉ DU PROBLÈME

LIVRE V

L'EXPÉRIENCE PSYCHOLOGIQUE ET LE DIEU DU CHRISTIANISME

CHAPITRE PREMIER

LA GENÈSE DE L'APOLOGÉTIQUE D'IMMANENCE

CHAPITRE II

L'OBSERVATION PSYCHOLOGIQUE

CHAPITRE III

L'EXPÉRIMENTATION

CONCLUSION

L'EXPÉRIENCE EN THÉODICÉE

La Chapelle-Montligeon (Orne). — Imp. de Montligeon.

www.ingramcontent.com/pod-product-compliance
Lightning Source LLC
LaVergne TN
LVHW020616110826
845149LV00002B/489